国家骨干高职院校项目建设成果

Gaosu Gonglu Lianwang Shoufei Xitong
高速公路联网收费系统
Yingyong yu Weihu
应用与维护

张春雨　李小伍　**主　编**
肖　苏　任剑岚　**副主编**
　　　　何耀忠　**主　审**

人民交通出版社股份有限公司
China Communications Press Co.,Ltd.

内 容 提 要

本书是交通安全与智能控制专业职业岗位核心能力课程教材,是在各高等职业院校积极推进和创新先进职业教育思想和理念,深入推进"校企合作、工学结合"人才培养模式的大背景下,根据新的教学标准和课程标准组织编写而成。

本书以高速公路收费系统的应用与维护为主线,内容主要包括收费车道控制设备应用维护,收费计算机网络应用维护,收费闭路设备应用维护,不停车收费设备应用维护,收费附属设施应用维护,高速公路收费员操作实务,共六个学习情境、十七个工作任务。

本书主要供高职高专院校交通安全与智能控制、高速公路机电系统集成等专业教学使用。

图书在版编目(CIP)数据

高速公路联网收费系统应用与维护/张春雨,李小伍主编.
—北京:人民交通出版社股份有限公司,2015.1
国家骨干高职院校项目建设成果
ISBN 978-7-114-12297-2

Ⅰ.①高… Ⅱ.①张… ②李… Ⅲ.①高速公路—公路费用—征收—系统—高等职业教育—教材 Ⅳ.①F540.4

中国版本图书馆 CIP 数据核字(2015)第 124631 号

国家骨干高职院校项目建设成果

书　　名:	高速公路联网收费系统应用与维护
著 作 者:	张春雨　李小伍
责任编辑:	卢仲贤　任雪莲　李学会
出版发行:	人民交通出版社股份有限公司
地　　址:	(100011)北京市朝阳区安定门外外馆斜街 3 号
网　　址:	http://www.ccpress.com.cn
销售电话:	(010)59757973
总 经 销:	人民交通出版社股份有限公司发行部
经　　销:	各地新华书店
印　　刷:	北京虎彩文化传播有限公司
开　　本:	787×1092　1/16
印　　张:	13.75
字　　数:	330 千
版　　次:	2015 年 1 月　第 1 版
印　　次:	2023 年 1 月　第 6 次印刷
书　　号:	ISBN 978-7-114-12297-2
定　　价:	58.00 元

(有印刷、装订质量问题的图书由本公司负责调换)

江西交通职业技术学院
优质核心课程系列教材编审委员会

主　任：朱隆亮
副主任：黄晓敏　刘　勇
委　员：王敏军　李俊彬　官海兵　刘　华　黄　浩
　　　　张智雄　甘红缨　吴小芳　陈晓明　牛星南
　　　　黄　侃　何世松　柳　伟　廖胜文　钟华生
　　　　易　群　张光磊　孙浩静　许　伟

道路桥梁工程技术专业编审组(按姓名音序排列)
蔡龙成　陈　松　陈晓明　邓　超　丁海萍　傅鹏斌
胡明霞　蒋明霞　李慧英　李　娟　李　央　梁安宁
刘春峰　刘　华　刘　涛　刘文灵　柳　伟　聂　堃
唐钱龙　王　彪　王立军　王　霞　吴继锋　吴　琼
席强伟　谢　艳　熊墨圣　徐　进　宣　滨　俞记生
张　先　张先兵　郑卫华　周　娟　朱学坤　邹花兰

汽车运用技术专业编审组
邓丽丽　付慧敏　官海兵　胡雄杰　黄晓敏　李彩丽
梁　婷　廖胜文　刘堂胜　刘星星　毛建峰　闵思鹏
欧阳娜　潘开广　孙丽娟　王海利　吴纪生　肖　雨
杨　晋　游小青　张光磊　郑　莉　周羽皓　邹小明

物流管理专业编审组
安礼奎　顾　静　黄　浩　闵秀红　潘　娟　孙浩静
唐振武　万义国　吴　科　熊　青　闫跃跃　杨　莉
曾素文　曾周玉　占　维　张康潜　张　黎　邹丽娟

交通安全与智能控制专业编审组
陈　英　丁荔芳　黄小花　李小伍　陆文逸　任剑岚
王小龙　武国祥　肖　苏　谢静思　熊慧芳　徐　杰
许　伟　叶津凌　张春雨　张　飞　张　铮　张智雄

学生素质教育编审组
甘红缨　郭瑞英　刘庆元　麻海东　孙　力　吴小芳
余　艳

序 PREFACE

  为配合国家骨干高职院校建设，推进教育教学改革，重构教学内容，改进教学方法，在多年课程改革的基础上，江西交通职业技术学院组织相关专业教师和行业企业技术人员共同编写了"国家骨干高职院校重点建设专业人才培养方案和优质核心课程系列教材"。经过三年的试用与修改，本套丛书在人民交通出版社股份有限公司的支持下正式出版发行。在此，向本套丛书的编审人员、人民交通出版社股份有限公司及提供帮助的企业表示衷心感谢！

  人才培养方案和教材是教师教学的重要资源和辅助工具，其优劣对教与学的质量有着重要的影响。好的人才培养方案和教材能够提纲挈领，举一反三，而差的则照搬照抄，不知所云。在当前阶段，人才培养方案和教材仍然是教师以育人为目标，服务学生不可或缺的载体和媒介。

  基于上述认识，本套丛书以适应高职教育教学改革需要、体现高职教材"理论够用、突出能力"的特色为出发点和目标，努力从内容到形式上有所突破和创新。在人才培养方案设计时，依据企业岗位的需求，构建了以岗位需求为导向，融教学生产于一体的工学结合人才培养模式；在教学内容取舍上，坚持实用性和针对性相结合的原则，根据高职院校学生到工作岗位所需的职业技能进行选择。并且，从分析典型工作任务入手，由易到难设置学习情境，寓知识、能力、情感培养于学生的学习过程中，力求为教学组织与实施提供一种可以借鉴的模式。

  本套丛书共涉及汽车运用技术、道路桥梁工程技术、物流管理和交通安全与智能控制等27个专业的人才培养方案，24门核心课程教材。希望本套丛书能具有学校特色和专业特色，适应行业企业需求、高职学生特点和经济社会发展要求。我们期待它能够成为交通运输行业高素质技术技能人才培养中有力的助推器。

  用心用功用情唯求致用，耗时耗力耗资应有所值。如此，方为此套丛书的最大幸事！

江西省交通运输厅总工程师

2014 年 12 月

前 言

为落实《国家中长期教育改革和发展规划纲要(2010—2020)》精神，深化职业教育教学改革，积极推进课程改革和教材建设，满足职业教育发展的新需求，为此，我们根据工学结合、理实一体化课程开发程序和方法，编写了本套供高职高专院校交通安全与智能控制、高速公路机电系统集成等专业教学使用的教材。

本教材充分考虑了目前高等职业教育的特点以及高速公路联网收费系统对人才的需求，坚持面向交通、面向高速公路，以能力为本位，以职业发展为导向，以经济结构调整和科技进步服务为原则；注重理论知识与实践技能的有机结合，实践内容与现行行业标准紧密结合。

本书有如下特点：

1. 整合学习体系

将高速公路联网收费系统应用与维护分成收费车道控制设备应用维护、收费计算机网络应用维护、收费闭路设备应用维护、不停车收费设备应用维护、收费附属设施应用维护、高速公路收费员操作实务六个学习情境，保证每个学习情境的完整性与独立性，每个学习情境的内容以工作任务的形式，按构造、原理、安装、检测维护、故障诊断与排除和任务工单来进行编排，融"教、学、做"为一体，构建以行动导向为主要特点的理论、实践一体化模式。

2. 理论、实践一体化

本书将理论学习与实践学习融为一体，图文配合，使读者能够全面掌握相关知识，更有利于提高读者的实际操作能力。

3. 引导读者主动学习

读者通过自己的实际操作填写实训指导手册，并进行数据的处理与分析，把理论知识应用到实践中，提高对理论知识的掌握。

本书由江西交通职业技术学院张春雨、李小伍任主编，江西交通职业技术学院肖苏、任剑岚任副主编，主审为何耀忠，其中张春雨编写学习情境四、学习情境六，李小伍编写学习情境三、学习情境五，肖苏编写学习情境一、学习情境二。参加本书编写工作的还有江西交通职业技术学院张铮、张飞、任剑岚、熊慧芳、王小龙。

本书的编写得到江西省交通运输厅信息中心、江西路通科技有限公司、中创软件工程股份有限公司的大力支持，同时也得到江西省高速公路联网管理中心的悉心指导，在此表示衷心的感谢。

在本书的编写过程中,参考了大量的著作和文献资料,在此一并向有关作者、编者表示真诚的感谢!

由于编者水平有限,书中不妥或错误之处在所难免,恳请读者批评指正。

作 者

2014 年 12 月

CONTENTS 目录

学习情境一　收费车道控制设备应用维护 …………………………………… 1
　　工作任务一　车道控制设备认知 ……………………………………………… 2
　　工作任务二　车道控制设备日常维护 ………………………………………… 17
　　工作任务三　车道控制设备常见故障排除 …………………………………… 25

学习情境二　收费计算机网络应用维护 ………………………………………… 32
　　工作任务一　收费计算机拓扑联网 …………………………………………… 33
　　工作任务二　收费计算机网络设备应用 ……………………………………… 40
　　工作任务三　收费计算机网络常见故障排除 ………………………………… 49

学习情境三　收费闭路设备应用维护 …………………………………………… 56
　　工作任务一　收费闭路电视使用 ……………………………………………… 57
　　工作任务二　收费闭路电视日常维护 ………………………………………… 72
　　工作任务三　收费闭路设备常见故障排除 …………………………………… 78

学习情境四　不停车收费设备应用维护 ………………………………………… 91
　　工作任务一　不停车收费车道设备应用 ……………………………………… 92
　　工作任务二　不停车收费常用操作 …………………………………………… 100
　　工作任务三　不停车收费车道常见故障排除 ………………………………… 108

学习情境五　收费附属设施应用维护 …………………………………………… 118
　　工作任务一　收费附属设施的使用 …………………………………………… 119
　　工作任务二　收费附属设施的维护与故障排除 ……………………………… 137

学习情境六　高速公路收费员操作实务 ………………………………………… 147
　　工作任务一　入口车道程序操作流程 ………………………………………… 148
　　工作任务二　出口车道程序操作流程 ………………………………………… 160
　　工作任务三　车道维护操作流程 ……………………………………………… 176

附录一　收费系列岗位工作职责 ………………………………………………… 178

附录二　收费员综合考核实施标准 ……………………………………………… 183

附录三　高速公路收费相关规范 ………………………………………………… 187

参考文献 …………………………………………………………………………… 208

学习情境一　　收费车道控制设备应用维护

情境概述

一、职业能力分析

1. 专业能力
(1)掌握利用面板指示灯状态对车道设备控制器进行维护和故障检修。
(2)能够对票据打印机进行日常维护和故障分析。
(3)学会检查车辆检测线圈的表面状态。
(4)学会检查信号灯的线缆接头情况。

2. 社会能力
(1)通过分组活动,培养团队协作能力。
(2)通过规范文明操作,培养良好的职业道德和安全环保意识。
(3)通过小组讨论、上台演讲评述,培养与客户的沟通能力。

3. 方法能力
(1)通过查阅资料、文献,培养自学能力和获取信息能力。
(2)通过情境化的任务单元活动,掌握解决实际问题的能力。
(3)填写任务工单,制订工作计划,培养工作方法能力。
(4)能独立使用各种媒体完成学习任务。

二、学习情境描述

南昌东收费分中心建成初期,由于收费员业务不熟练,使得收费车道控制设备频频出现故障:车道控制机不能控制所有车道设备,栏杆状态与收费界面上显示不一致,线圈检测不到车辆,票据打印出现乱码字符等。江西省收费结算中心现派出一名维护员,前去对分中心车道控制设备中的车道控制器、自动栏杆、车辆检测线圈、雨棚信号灯、雾灯、字符叠加器、票据打印机、通行信号灯和闪光报警装置进行依次排查,保障了收费车道控制子系统的正常运行。

三、教学环境要求

软硬条件: 建设理实一体化的高速收费实训室,配置多媒体设备、实物台架。包括仿真收费监控系统及各部分硬件实物,模拟软件控制系统以及可上网的计算机和工作台等。

师资条件: 主讲教师应具备教师资格、硕士以上学历,能综合运用各种教法设计课程,掌握新技术,具有较强的专业能力,具有相关职业资格证书。辅助教师应具有较强的职业技能,接受过一定的专业教育培训,具有大专以上学历,有较丰富的企业一线工作经验,取得高级工以上职业资格证书。

教学方法:本课程在教学过程中,教师应立足于加强学生实际操作能力的培养,因材施教,采用案例教学法、项目教学法,以任务驱动型项目提高学生学习兴趣,"教"与"学"互动,教师示范,学生操作,学生提问,教师解答、指导,边操作、边演示、边讲解。着力培养学生对本课程的学习兴趣,从而提高学生学习的主动性和积极性。实现教、学、做一体化。

工作任务一 车道控制设备认知

 任务概述

通过本工作任务的学习,了解收费车道系统中各项设备的名称、功能和技术参数。熟悉车道控制系统中的各项设备,能够正确操作这些设备,并熟知具体设备的安全操作规范,掌握收费车道控制系统的工作流程。

通过创设学习情境,激发学生的学习兴趣;通过任务驱动,锻炼学生的自主学习能力,培养学生严谨务实的工作作风。

 相关知识

收费车道系统是以高质量的车道控制器为主体,辅以一系列的车道外围设备构成。车道控制器位于每个车道的收费亭内,大部分车道外围设备通过 RS-232 和 I/O 两种连接方式与车道控制器相连。收费车道设备配置见表1-1-1。

收费车道设备配置   表1-1-1

序号	车道设备名称	与车道控制器的连接	设置位置
1	车道控制器	—	收费亭内
2	专用键盘	键盘口	收费亭内
3	显示器	显示口	收费亭内
4	票据打印机	RS-232 口或并行口	收费亭内
5	非接触IC卡读写器	RS-232 口	收费亭内
6	费额显示器	RS-232 串行口,SPK 接口	出口收费亭的外侧面
7	通行信号灯(含黄色声光报警器)	数字 I/O 板	车道收费亭的侧后方
8	自动栏杆	数字 I/O 板	车道的尾部
9	车辆检测器	数字 I/O 板	设备机箱内(线圈埋设在车道路面下)
10	雨棚信号灯	数字 I/O 板	车道上方的雨棚上
11	雾灯	不连接	车道的岛头部分
12	手动栏杆	不连接	车道的岛头
13	车牌自动识别设备	RS-232	收费亭内

一、设备介绍及技术参数

1. 车道控制器

车道控制器(图1-1-1)主要由工业控制机、接口板、电源和设备机箱等部分组成。

1)主要功能

车道设备控制器是控制车道设备的接口,它的主要功能为采集外围设备的反馈信号、控制外围设备的正常运转。所有这些功能都是通过与车道控制机间的通信来完成的。

2)技术参数

(1)工业控制机。

①工业级CPU 32位微处理器,运行频率为Intel Core DUO双核处理器。

②2.2GHz,充分电磁兼容设计,低功耗,全面故障自我诊断能力及报警提示,集成声卡。

③带有CMOS后备电池RAM的实时时钟/日历。

④2G RAM。

⑤320GBIDE硬盘,带有减震保护措施。

⑥显卡:512M显存。

⑦1个并口,10个串口。

⑧视频图像捕捉卡:捕获的静态图像分辨率为786×576以上,32位真彩色;动态捕获速率为15帧/s以上。

⑨视频分配器:1路视频输入为0.5~1.5Vp-p;4路视频输出为1.0Vp-p 75Ω。

⑩内置32位100MEthernet网卡。

⑪鼠标接口及专用键盘接口。

(2)扩展接口板(图1-1-2)。

①至少16路数字量I/O板。

②提供10个双通道异步通信接口RS-232和RS-422/RS-485口。

③所有接口板和功能板附有光电隔离保护,以减少雷电及高能浪涌的冲击。

图1-1-1 车道控制器

图1-1-2 扩展接口板

(3)车道控制器外围电路及设备机箱。

①继电器:触点电流容量需大于实际电流10倍以上,寿命为$5×10^6$次以上。

②接线端子排及线槽:所有外设均可直接接到端子排上,所有车道控制器的内部走线均在线槽内。

③风扇:需采用含油轴承、免维护、高可靠风扇,确保机箱内产生正气压,以防止灰尘堆积。

④电源控制:车道控制器需对总电源和工控机等各独立设备电源分别控制,并做抗干扰处理。

⑤设备机箱:1mm 以上厚度不锈钢制机箱,正面开门,便于安装和内部维修。门框和进线孔加密封橡胶垫圈,不设通风孔,保证机箱防水、防尘。表面烤漆或喷塑,保证 10 年内不脱落,环境保护条件 IP53。

(4)电源防雷保护器(图 1-1-3)。

①放电电流等级:5kA。

图 1-1-3　电源防雷保护器

②最大放电电流:25kA。

③防护级别:1.8kV。

④可防护的内部短路电流:10kA。

(5)视频字符叠加器。

通过 RS-232 接口(或 PCI/ISA 总线)与工控机通信,在视频画面下方叠加收费操作数据(包括收费站名、车道号、车型、处理类型、金额、收费员身份码、日期、时间等)。

①2 路视频输入,4 路视频输出。

②视频输入输出:1Vp-p /75(BNC)。

③PC 接口方式:RS-232。

④无延迟汉字动态叠加。

2. 收费专用键盘

1)主要功能

(1)键盘逻辑包括锁定功能,防止错误数据或同时有两个以上键码的输入。第一个按下的键应予承认,在该键放开之前,按其他键无效。

(2)键盘上的各种键不会因为重复使用而出现错误登记。如果收费员按键操作顺序发生错误,则键盘不能正常工作,收费员只有按规定正确操作,才能完成收费过程登记,否则操作无效。

(3)键帽字符印刷中文文字,直接标注该键操作功能。文字和符号的设计应符合人机工程原理,清晰易识,不易磨损。

(4)键盘能提供一些定制键和备用键。具体个数根据键位布局图按要求制作。

(5)每键之间有合适的间隔,常用键比一般键尺寸要大 2～4 倍。

(6)尽量减少键的数量,满足计重收费系统工程的需要。

2)技术规范

(1)可用不锈钢或铁板喷塑加工,或上盖为 ABS 工程塑料、下盖为铁板喷塑。

(2)按键开关采用进口、可靠性高、寿命长的二段式机械开关,手感舒适。

(3)键帽采用双层结构,保证在使用寿命期限内字符不磨损。

(4)键码、键帽印刷中文字符,具体内容按布局要求制作。

(5)键盘设有防水、防尘保护膜,防护等级不低于 IP56。

(6)有抗电磁干扰措施,保证在强电磁干扰环境中能可靠地使用。

(7)接口设置 AT 大口或 PS/2 小口以及 RS-232 口可选,另带 PS/2 口。

(8)工作电压:5V,DC。

(9)工作电流:≤250mA。

(10)工作环境要求:工作温度为5~45℃。工作湿度为10%RH~90%RH。

(11)平均无故障时间 MTBF:≥10 000h。

(12)按键的机械寿命:≥2 000万h。

3. 按键介绍

收费专用键如图1-1-4所示。

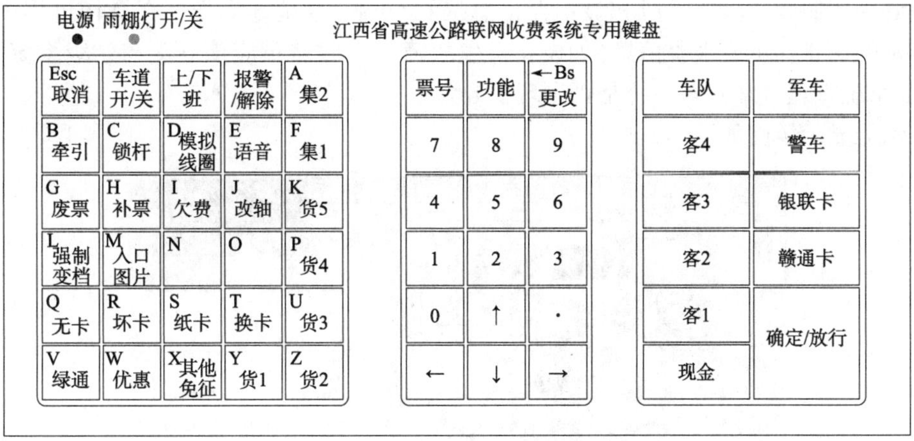

图1-1-4 收费专用键盘

1)车型键

车型键用于输入车辆的车型。

(1)客1~客4:输入客车车型,按车型计费。

(2)货1~货5:输入货车车型,在货车计重模式下按重量计费,在货车车型模式下按车型收费。

(3)集1~集2:输入集装箱车辆车型,按车型计费。

2)控制键

①上/下班;②确认/放行;③Esc/取消;④更正;⑤报警/解除;⑥牵引;⑦锁杆;⑧模拟线圈;⑨语音;⑩功能;⑪车道开/关;⑫票号;⑬废票;⑭补票;⑮欠费;⑯改轴;⑰无卡;⑱坏卡;⑲纸卡;⑳换卡;㉑强制变档;㉒入口图片。

3)特殊处理键

①军车;②警车;③绿通;④优惠;⑤其他免征;⑥现金;⑦银联卡;⑧赣通卡;⑨车队。

4)数字键

0~9。

5)字母键

A~Z。

6)助键

①↑;②↓;③→;④←;⑤•。

4. 按键开关技术性能

(1)操作力:65CN±20CN。

(2)双键按力:110CN以上。

(3)电压:12V AC、DC。

(4)电流:10mA AC、DC。
(5)寿命:≥20×10^6 次。

二、显示器

车道显示器主要负责车道收费数据、信息的显示,在收费员进行收费操作的过程中必须时刻注意显示器的数据显示,在收费员进行每一步操作之前和之后都会有相应的提示信息,收费员必须按照收费操作手册和显示器信息提示,正确、规范地操作。在操作过程中,如果出现异常的信息提示或报警信息(如设备发生故障等),收费员应该立刻与站级系统管理员联系,由系统管理员来检查系统是否出现了异常。

显示器显示界面如图 1-1-5 所示。

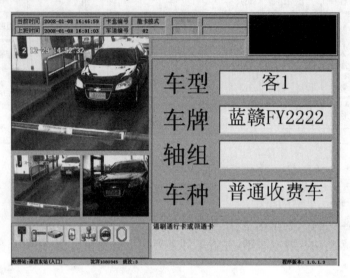

图 1-1-5　显示器界面

显示器主要显示以下内容:

1. 车道基本信息

车道基本信息显示的主要是跟本车道相关的信息,当前时间是自然日期,整个联网收费系统内所有计算机的当前日期、时间都是相同的。如果收费员发现车道显示的日期、时间与其他车道不同,需要及时与站级系统管理员联系,由系统管理员检查是否需要调整车道机的日期、时间。

(1)当前时间:自然日期和时间。
(2)卡盒编号:正在使用的卡盒编号,不使用卡盒时显示散卡模式。
(3)车道编号:本车道的车道号。
(4)收费站:本站的站名及车道类型。
(5)程序版本:该软件的版本号。
(6)公告栏:显示上级下发的有效的公告信息。

2. 上班登录信息

上班登录信息只有在收费员上班登录成功后才显示,在收费员下班后此部分自动清除。

(1)上班时间:本收费员上班的时间。
(2)姓名工号:本收费员的姓名及工号。

(3)班次:本班次的班次号。

3. 视频图像信息

视频图像信息区域动态显示本车道的过车信息,在收费操作过程中会有相应的收费数据叠加信息。

4. 车辆收费信息

车辆收费信息显示收费员收费操作过程中输入的车辆信息。在收费确认、车辆放行或者取消本次收费后信息自动清除。

(1)车型:当前车辆车型信息。
(2)车种:当前车辆车种信息。
(3)轴组:当前车辆的轴组组成信息。
(4)车牌:当前车辆的车牌号。

5. 设备状态信息

设备状态信息主要显示本车道的外设的当前工作状态。

(1)在无车状态下车道灯图标为红灯,栏杆图标为落下状态,在收费确认、车辆放行后车道灯图标为绿灯,栏杆图标为抬起状态,当车辆通过后车道灯图标又恢复为红灯,栏杆图标恢复为落杆状态。

(2)在车道出现异常车辆后(如冲岗车、非法闯入车辆),系统产生报警信息,此时报警器图标显示为报警状态。车道正常状态下,报警器图标显示为关闭状态。

(3)网络状态图标显示车道与本站站级管理系统的网络是否正常,在网络发生故障时,网络图标显示为有红色标志的故障状态,此时收费员需要立刻与站级系统管理员联系,由系统管理员检查网络线路,排除故障。

(4)IC卡读写器图标显示车道控制器与IC卡读写器的通信是否正常,在通信发生故障后,IC卡读写器图标显示为带有红色标志的故障状态,此时收费员需要立刻与站级系统管理员联系,由管理员检查IC卡读写器及其连接线路,排除故障。

6. 操作提示信息

操作提示信息主要为收费员提示当前的操作状态和下一步应该进行何种操作。在收费员进行了异常或非法操作后,提示信息区会显示警告信息。如果提示信息区出现了其他异常的或收费员无法处理的信息,收费员需要立刻与站级管理员联系,由管理员检查系统是否出现了异常。

三、票据打印机

1. 主要功能

(1)在所有出口车道均配备票据打印机,如图1-1-6所示。当驾驶员用现金支付通行费后,收费员按下"放行"键,票据打印机按既定的格式打印一张收据交给驾驶员。票据打印机受车道控制器控制。

(2)票据打印机的纸卷是由收费员更换的,票据打印机有专门的非锁定装置以便收费员更换打印纸。

(3)票据打印机包括提前进纸装置,并生成"测试"收据以验证进纸、定位的正确性和打印机的正常工作。这些控制

图1-1-6 票据打印机

装置安装在打印头附近且不需要从键盘上的其他键确认其性能。测试收据与正常收据有明显区别,以免混淆。

2. 技术参数

(1)打印方式:9 针串行点阵。

(2)打印方向:双向、逻辑搜索。

(3)打印速度:每秒钟可打印 7.5 行。

(4)字库:95 英数字符,32 国际字符;128 × 8 图形。

(5)进纸速度:约 106mm/s 持续进纸。

(6)行间距(初始设定):4.23mm。

(7)色带盒:ECR-39。黑色寿命:3 000 000 字符;紫色寿命:4 000 000 字符。

(8)打印份数:3 份(1 份原件 + 2 份拷贝)。

(9)接口:RS-232C 串形接口和 Centroids5。

(10)数据缓冲:4kB。

(11)电源:DC24V + / − 10% ,2A。

(12)耗电量:操作时平均 40W(不计入钱箱控制接口),待机时平均 6W。

四、非接触 IC 卡读卡器

1. 工作原理

非接触式 IC 卡又称射频卡,由 IC 芯片、感应天线组成,封装在一个标准的 PVC 卡片内,芯片及天线无任何外露部分,是世界上最近几年发展起来的一项新技术,它成功地将射频识别技术和 IC 卡技术结合起来,结束了无源(卡中无电源)和免接触这一难题,是电子器件领域的一大突破。卡片在一定距离范围(通常为 5 ~ 10mm)靠近读写器表面,通过无线电波的传递来完成数据的读写操作。射频读写器向 IC 卡发一组固定频率的电磁波,卡片内有一个 IC 串联谐振电路,其频率与读写器发射的频率相同,这样在电磁波激励下,LC 谐振电路产生共振,从而使电容内有了电荷;在这个电荷的另一端,接有一个单向导通的电子泵,将电容内的电荷送到另一个电容内存储,当所积累的电荷达到 2V 时,此电容可作为电源为其他电路提供工作电压,将卡内数据发射出去或接收读写器的数据。非接触 IC 卡读卡器如图 1-1-7 所示。

图 1-1-7 非接触 IC 卡读卡器

2. 技术参数

(1)结构:8 位微处理器。

(2)读卡距离: > 2.5cm。

(3)工作频率:22MHz。

(4)数据接口:RS-232 串口或 USB 口(可选)。

(5)供电方法:5V 直流、通过 PS/2 键盘口或 USB 口供电。

(6)工作温度: − 10 ~ 50℃。

(7)工作湿度:10% RH ~ 90% RH。

(8)储藏温度: − 20 ~ 70℃。

(9)读卡次数: > 100 000 次。

（10）材质：ABS优质塑料。

（11）软件接口：Windows 32位动态链接库,适用于Windows 98/ME/2000/XP/7。

（12）开发工具版本：R5读卡软件。

五、费额显示器

1. 主要功能

（1）费额显示器(图1-1-8)是向驾驶员显示征费过程信息的标志,收费前,向驾驶员显示车辆类型、应收金额等。

（2）费额显示器安装在出口车道收费岛上,其安装位置应使驾驶员在各种照明和自然环境条件下能清晰地看见其显示的内容。

（3）在工作条件下,收费员选择的车型和应支付的费额以字符及数字方式显示在费额显示器上。当车辆驶入检测器检测域后,费额显示器即处于空白状态。

（4）费额显示器是由车道控制机控制的,当调整费率时,不需要变更费额显示器。

图1-1-8　费额显示器

2. 技术参数

（1）屏体参数

①96×56点阵单元组成3行汉字字符显示系统。

②外形尺寸。宽×高×厚：650mm×410mm×120mm；立柱高：500mm。

③点阵：ϕ4.8mm红色超高亮管芯。

④点距：6.0mm。

（2）箱体材料

①机壳表面及立柱采用拉丝不锈钢制作。

②显示屏面板采用浅茶色(3mm厚)有机玻璃密封。

（3）显示信息

显示信息为ASCII码或汉字内码(能够显示《信息交换用汉字编码字符集 基本集》(GB 2312—1980)一级汉字库中所有汉字信息),每屏显示3排信息,每排可以显示12个16×8点阵ASCII码字符或6个16×16点阵字符,每屏可显示36个16×8点阵ASCII字符或18个16×16点阵汉字。显示顺序从左至右、从上至下。

（4）具有语音报价功能,声音清晰洪亮,音色甜美。

字符处理、语音处理为两个单独的处理模块,能够并行处理(播报语音时能够处理字符显示命令；处理字符显示时能够响应语音播报指令),指令响应间隔时间≤100ms(不含指令接收时间)。

（5）喇叭功率：30W。

（6）输入电压：交流220(1±15%)V。

（7）功率消耗：≤150W。

（8）通信接口：标准RS-232接口或RS-485接口。

（9）通信参数。

①波特率：1 200b/s。

②数据位:8bit。
③停止位:1bit。
④奇偶校验:无。
⑤流控制:无。

(10)有效视距:视力在4.8以上的驾驶员于50m外可以清晰分辨。

(11)环境温、湿度:可稳定地工作于-20~+60℃的环境下(相对湿度95%)。

(12)使用寿命:≥100 000h;MTBF≥50 000h,MTTR≤0.5h。

六、通行信号灯

1. 主要功能

(1)绿色箭头灯亮时,准许本车道车辆按指定方向行驶;红色叉形灯亮时,禁止本车道车辆通行,但是已缴费驶出通行车道的车辆,可以持续通过车辆通道。通行信号灯如图1-1-9所示。

(2)通行信号灯安装在收费岛上收费亭的后部,其安装位置和亮度应满足在任何环境条件下,在收费亭前的驾驶员都能清晰看见。

(3)通行信号灯中心距路面高度约1.5m。

(4)通行信号灯为红绿两色灯,发光单元宜采用LED。

2. 技术参数

(1)红色LED管亮度不低于0.8cd/颗,绿色LED管亮度不低于1.2cd/颗。

(2)信号灯直径为160~200mm。

(3)LED MTBF:大于15 000h。

(4)防护等级:IP65。

(5)温度:-20~+60℃。

(6)湿度:95%/-5~+60℃。

七、自动栏杆

1. 主要功能

(1)用于高速公路收费站控制车辆出入收费车道,如图1-1-10所示。

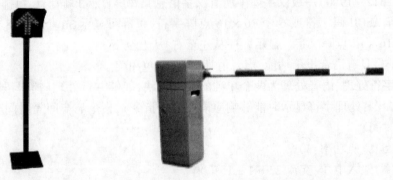

图1-1-9 通行信号灯　　　　图1-1-10 自动栏杆

(2)自动栏杆安装在收费岛上,受控于车道控制机,栏杆的抬起由收费员操作键盘控制,栏杆的下落由车道控制机检测到车辆检测器的数据后控制。

(3)栏杆由PVC材料制成,杆体表面贴有红、白相间的高强反光膜。栏杆的断面形状为圆形,栏杆的断面尺寸为 φ75×3.5mm,杆长≥3.0m,栏杆臂下边缘距水平地面的高度在 750~1 050mm 之间。

(4)栏杆悬臂被车辆碰撞,可以水平移动,如碰撞力过大时,悬臂自行脱离,以保护自动栏杆的机械传动装置,减轻对碰撞车辆的损害。

2. 技术参数

(1)栏杆抬起时间不大于 1.8s。

(2)MTBF:大于 1 000 000 次。

(3)MTTR:小于 0.5h。

(4)电源 AC 220(1±15%)V,50~60Hz;最小电流 50mA,最大电流 5A。

(5)使用寿命大于 5 000 000 起落次或大于 10 年。

(6)操作温度范围:-20~+50℃。

八、车辆检测器

1. 主要功能

(1)车辆检测器(图 1-1-11)采用环形线圈检测器,它由埋在每条车道路面下的环形线圈和设于自动栏杆机箱内的检测器构成,用于统计驶入、驶出车道的车辆数和控制车道摄像机的图像抓拍以及控制通行信号灯、自动栏杆的动作。

图 1-1-11 车辆检测器

(2)当车道处于关闭状态时,检测器仍处于工作状态,以检测在车道关闭时的违章车辆。当有违章车辆通过时,应能引起黄色闪光报警器报警,直至事情处理完毕。

2. 线圈埋设要求

(1)线圈电缆由截面面积不小于 1.5mm² 的多股铜导线构成,应用于超低压电路(AC32V 以下)。

(2)埋设后的环形线圈绝缘电阻:大于 500MΩ(DC500V 时)。

(3)自回转范围:70~1 000μH。

3. 技术参数

(1)工作电压:10~25V。

(2)指示器:LED 指示线圈处于检测状态或故障状态。

(3)电感量检测范围:60~500μH。

(4)工作频率:四级可调。

(5)I/O 反应时间:2.5ms。

(6)线圈防护:变压器隔离,齐纳二极管,气体浪涌保护器。

(7)连接器:直链 19PIN。

(8)尺寸:160mm×100mm。

(9)工作温度:-40~+85℃。

(10)线圈尺寸:2m×2m。线圈间距:2m。

4. 线圈安装规范

(1)线圈和馈线应该用绝缘铜线(最小横截面面积为 1.5mm²)制作。

(2)馈线应该每米至少双绞 20 圈。

(3)应该尽量避免焊接点,万不得已时则必须保证良好接触并做好绝缘。非良好的连接点将导致线圈检测器误操作。

(4)馈线将受到外界电磁干扰,所以应该使用屏蔽电缆,屏蔽电缆的屏蔽线在线圈检测器端应良好接地。

(5)为了避免线圈检测器误操作,线圈之间应至少相隔0.3m,并做不同的频率设定。

九、雨棚信号灯

1. 主要功能

(1)雨棚信号灯(图1-1-12)安装在每一车道上方的雨棚上,在车道迎车流行驶方向的雨棚上方安装红色(用×表示)和绿色(用↓表示)的组合信号灯,在车道背车流行驶方向的雨棚上安装红色信号灯(用×表示)。红色表示车道关闭,不允许车辆驶入该车道;绿色表示车道开放,车辆可以驶入该车道。

图1-1-12 雨棚信号灯

(2)雨棚信号灯应是超高亮度纯红LED和超高亮度纯绿LED组成的模块,其信号应保证视力0.8以上的驾驶员在200m以外能清晰地分辨,且不受外界光线变化的影响。

(3)雨棚信号灯应有合适的外罩以避免太阳光直射信号灯的表面显示板;应具有防水功能。

2. 技术参数

(1)显示尺寸不小于500mm×500mm。

(2)红色LED灯光源:直径为26mm,由6个超高亮度红色LED组成。

(3)绿色LED灯光源:直径为26mm,由4个超高亮度纯绿LED组成。

(4)LED光源波长:红色为615nm,绿色为500nm。

(5)LED亮度:红色,Max 9 300mcd,Min 4 000mcd;绿色,Max 4 000mcd,Min 3 000mcd。

(6)安装角度:6°;可视角度:±25°。

(7)操作温度:-25 ~ +60℃。

(8)储存温度:-30 ~ +80℃。

(9)功耗(P_m):400mW。

(10)电源:AC 220(1±15%)V,(50±3)Hz。

(11)正向电流(IFM):120mA。

(12)脉冲正向电流(IFMP):120mA;占空率:1:10;脉冲宽度:0.1ms。

(13)反向电压(V_R):18V。

(14)MTBF:10 000h。

(15)MTTR:0.5h。

十、雾灯

(1)雾灯(图1-1-13)安装在每一车道的岛头部分,在雾天、黑夜或能见度低的条件下开启雾灯,用于指示车道位置。

(2)雾灯是高亮度的,具有很强的穿透力,以保证在雾天、黑夜或能见度低的条件下,视力0.8以上的驾驶员在75m以外能清晰可见。

图1-1-13 雾灯

（3）雾灯由收费站人工开关控制。

十一、手动栏杆

手动栏杆主要由横杆、旋转轴、底座等组成。技术要求如下：

（1）横杆、立柱等主要金属构件宜采用不锈钢制成，其他易腐蚀的金属构件应按相关国家标准做相应的防腐处理。

（2）横杆与旋转轴连接应灵活、无卡滞现象。

（3）横杆处于关闭位置时应保持水平。

（4）横杆表面应贴敷红白相间的反光膜，红白间距为250mm，并在横杆中部悬持禁止驶入标志。

十二、车牌自动识别设备

1. 设备布局

（1）在收费站入、出口车道安装一套车牌自动识别设备，采用一杆双机设备。

（2）车牌识别可使用视频触发或线圈触发，如需采用线圈触发，触发线圈应埋设于收费窗口附近的车道路面上。

2. 处理流程

（1）入口车道：通过对车牌号进行自动识别，将识别结果及车牌部分压缩图像（≤300字节）传给车道控制机，车道控制机将车牌信息（包括车牌号及车牌颜色）及车牌部分图像写入通行卡内，同时提供带有叠加信息的模拟视频信号及车辆的抓拍图像。

（2）出口车道：通过对车牌号进行自动识别，将识别结果传给车道工控机，同时提供带有叠加信息的模拟视频信号及车辆的抓拍图像。车道工控机读取通行卡内的车牌信息及车牌部分图像，将出、入口的车牌号进行自动比对。

3. 设备组成及技术要求

该系统由三部分设备组成：触发设备、摄像机、识别处理设备。摄像机分为车道摄像机和车牌识别摄像机。

1）触发设备

触发设备：触发方式为线圈触发或者视频触发，当车辆进入检测区域时，触发抓拍设备并启动图像捕捉。

2）摄像机

（1）车道摄像机

①彩色CCD，水平分辨率≥520线。

②全自动白平衡或可选用手动白平衡。

③感光部件：1/4″或1/3″CCD。

④焦距为3~8mm。

⑤具备直接控制闪光灯补光功能。

（2）车牌识别摄像机

①彩色CCD，水平分辨率≥520线。

②全自动白平衡或可选用手动白平衡。

③感光部件:1/4″或 1/3″或 1/2″CCD 或 CMOS。
④具备直接控制闪光灯补光功能。
⑤焦距为 4~50mm。
⑥手动或者自动光圈。
⑦CS 接口。

(3)辅助照明设备

闪光灯或其他辅助光源。闪光灯和电源模块正常安全使用次数≥100 万次。

3)识别处理设备

车牌识别处理单元可采用板卡嵌入式或独立硬件处理单元完成。可以提供车辆抓拍图像,同时能与全省联网收费软件配合使用。

4. 主要技术参数

(1)整牌识别率≥92%。
(2)牌照后 4 位整体识别率或任意 5 位(字母和数字)识别率≥98%。
(3)牌照定位率:≥98%。
(4)图像格式:2 幅,近景、远景各一幅,360×288,JPEG。
(5)有效识别车辆行驶速度:20~100km/h。
(6)牌照二值化图片容量为 280 字节。
(7)视频采集卡要求:采集图像输出分辨率为 768×576 像素,具有 A/D 转换功能。

 任务实施

车道控制设备的检查。

 任务工单

学习领域:高速公路联网收费系统应用与维护

学习情境一:收费车道控制设备应用维护 工作任务一:车道控制设备认知	班级		
	姓名		学号
	日期		评分

一、内容

熟悉车道控制系统中的各项设备,能够正确操作这些设备,并熟知具体设备的安全操作规范;掌握收费车道控制系统的工作流程。

二、知识准备

1. 填空题。

(1)车道控制器主要由_____、_____、_____和_____等部分组成。
(2)收费专用键盘划分为 4 个不同的区域,分别是_____、_____、_____和_____。
(3)费额显示器是由_____控制的,当调整费率时,不需要变更费额显示器。
(4)收费车道系统是以高质量的_____为主体,辅以一系列的_____构成,车道控制器位于每个车道的收费亭内,大部分车道外围设备通过_____和_____两种连接方式与_____相连。
(5)车道收费系统是整个收费系统的_____,具有_____、_____、_____、_____等功能。
(6)车道设备由两部分组成,分别为_____和_____。
(7)车道控制器主要由_____、_____、_____和_____等部分组成。

(8)_____、_____、_____、_____为受控设备,主要接收控制设备的指令。

(9)交换机为_____设备。

(10)车牌自动识别系统在入口抓拍车辆图像并提取车牌号信息记录于通行卡内,出口同样抓拍车辆图像、提取车牌号信息,比对通行卡内记录的入口车牌号信息,用以防止车辆中途_____、_____、_____、_____。该系统由三部分设备组成:_____、_____、_____。

2. 依次说出下列设备的名称。

(1)

(2)

(3)

(4)

(5)

(6)

答:(1)_____;(2)_____;(3)_____;
(4)_____;(5)_____;(6)_____。

3. 阐述下列设备的功能。

(1)

(2)

(3)   (4)

(1)答：_____

_____

(2)答：_____

_____

(3)答：_____

_____

(4)答：_____

_____

三、实施

1. 阐述车道控制系统的主要功能。

2. 描述车辆驶入收费站至离开收费站过程中，收费车道控制设备的工作过程。

四、小结

1. 在完成工作任务的过程中，你是如何计划并实施过程的？在小组中承担了什么具体工作？

2. 对本次工作任务，你有哪些好的建议和意见？

工作任务二　车道控制设备日常维护

 任务概述

通过本工作任务的学习，了解车道控制设备的正常工作状态，明确设备日常维护的工作要点，初步掌握故障的处理方法，制订合理的检修及维护方案。

通过创设学习情境，激发学生的学习兴趣；通过任务驱动，锻炼学生的自主学习能力，培养学生严谨务实的工作作风。

 **相关知识**

一、车道控制器系统的日常维护

车道控制器系统的主要设备是车道控制器，它是一台工控计算机，内置硬盘、主板、显示模块、网络模块、图像捕捉卡等器件。在设备正常运行时，需保证室内温度不超过30℃，空气保持干燥，在车道长时间不开道的情况下，建议关闭电源，在需要的时候再打开电源，系统会自动恢复到正常工作状态。

(1)在室内温度过高时，应打开技术柜的风扇进行散热，最好打开技术柜的后面板，保证柜内空气流通，以防止计算机温度太高，出现异常现象。

(2)在进行维修检测时，插拔接头的时候，必须先关上电源，再进行操作，防止带电操作，烧毁元件。

(3)显示器可采用干布擦除灰尘，显示器附近不得有磁性物质，否则将导致显示器偏色。

二、车道控制器的日常维护

车道控制器是整个收费系统的核心设备，负责收集信息，发出指令，协调所有设备运转，只有它工作正常其他设备才能完好的协同工作。可以说，车道控制是整个收费系统中最重要的设备，它的运行状况直接关系到收费工作是否能正常进行。因为车道控制在收费系统中的重要地位，一般选用运行相对稳定的工业控制计算机(简称工控机)作为车道控制器。车道控制器的电源、机箱、主板都是为了能适应长时间不间断运行而设计的。为了更好地使用车道控制器，使其始终保持良好的工作性能，在日常使用中必须对其进行必要、合理的维护。

(1)保证车道控制器有一个平稳的工作环境。当车道控制器对磁盘或硬盘进行读写操作时出现振动，驱动器会严重磨损或导致硬盘损坏。车道控制器靠墙放置时，四周距离墙壁至少应有10cm的距离，以保证其良好的散热环境，否则，车道控制器硬件会加速老化，缩短其使用寿命。

(2)加强车道控制器电源的维护。车道控制器是24h不间断工作的，因此其电源性能也是比较稳定的。日常使用和维护中要具体做到如下几点：

①要经常清洁车道控制器周围环境，尽量减少灰尘进入电源，防止灰尘影响风扇的运

行。积尘过多的风扇有可能停止运行或转速降低,影响电源散热。

②要防止瞬时断电。瞬时断电又突然来电往往会产生一个瞬间极高的电压,很可能烧坏硬件。

③配备 UPS(不间断电源)。电压的波动(过低或过高)也会对车道计算机造成损伤,因此,应配备 UPS。

④防止静电和雷击。

(3)正确维护机箱内的板卡。维护机箱内板卡时要注意以下几点:

①不要在底板带电的情况下拔插板卡。插拔板卡时不可用力过猛、过大。用酒精等清洗底板时,要注意防止维护工具划伤底板。

②底板上的插槽内和板卡上不能积灰,否则会导致板卡接触不良或短路。当机箱内灰尘较多需要除尘时,应关闭车道控制器电源,小心拔出板卡,使用吹风机将板卡插槽内和板卡上的灰尘吹掉。

③往插槽内插入板卡时,要注意插槽内的金属脚和板卡上的金手指是否对齐、有无弯曲现象,否则将影响板卡在系统中的运行,出现开机不显示、板卡找不到、死机等各种现象。

(4)定期清洁机箱上的风扇。机箱上的风扇是专门为车道控制设计的,它向机箱内吹风,降低机箱内温度。维护中要注意:电源是否接到插头上,风扇外部的滤网是否洁净。滤网要定时清洗,每月至少清洗一次,以防过多的灰尘进入机箱。

(5)使用、维护中的其他注意事项如下:

①严禁不按操作规程关闭车道控制器。

②在打开机箱,接触机箱内板卡前,要将手上的静电放掉。

③未经许可,严禁将优盘、光盘等存储介质插入到车道控制器内运行。

三、自动栏杆的日常维护

自动栏杆是车道阻断、放行车辆的设备,主要由电机、控制器、检测器、机械传动部分和栏杆体组成。它的日常维护主要是除尘保洁和润滑。

1. 清洁方法

对自动栏杆外表的除尘保洁可使用软布蘸清水进行擦拭。对机箱内部进行保洁,可使用吸尘器或吹风机除尘。因机箱内部有电路,故千万不要使用水来冲洗。对难以去除的灰尘,可使用干燥的软布进行擦拭。注意,在清洁机箱内部时,应切断栏杆机电源,防止触电。

2. 自动栏杆的润滑

对自动栏杆的润滑可使用润滑油、黄油。需要润滑部位主要是一些机械传动的连接处。

3. 自动栏杆清洁保养时的注意事项

(1)自动栏杆正常工作时,严禁打开机箱门,以免造成机器损坏或意外人身事故。

(2)自动栏杆起落时,严禁人员在栏杆起落范围内站立、行走,严禁在该区域摆放物品。

(3)自动栏杆起落时,若无特殊情况,不得强行终止栏杆的起落动作,也不得在带电状态下,手动强行抬落栏杆,以免损伤电机。

四、车辆检测线圈的日常维护

本系统,使用了抓拍线圈和落杆线圈。车辆检测线圈分为线缆和检测器两个部分,其中线缆部分已经敷设到车道下面,通过管道连接到自动栏杆内部的控制主机上。

(1)每隔一段时间,检查线圈表面状态,防止由于车道路面损坏,造成线圈不能正常工作。

(2)经常检查线缆的连接情况,防止由于线缆松动而检测不到车辆信号。

(3)移开线圈附近的金属物,防止金属物影响线圈的检测精度。

五、雨棚信号灯的日常维护

雨棚信号灯分为前灯和后灯,后灯一般为红灯状态,前灯绿灯和红灯的控制由车道控制器控制。

经常检查雨棚信号线缆接头处,防止线头松动。

六、雾灯的日常维护

(1)检查线缆接头情况。

(2)在不需要的时候,关闭雾灯电源,以延长使用寿命。

七、字符叠加器的日常维护

(1)检查线缆接头情况。

(2)防止设备受潮。

八、票据打印机的日常维护

票据打印机是车道控制机的输出设备,是打印车辆通行费票据的设备。熟练掌握票据打印机的使用和维护方法,对保证票据即时打印和打印的质量十分重要。

1. 票据打印机的使用环境

(1)保持票据打印机工作环境的清洁,尽可能地减少灰尘。

(2)放置票据打印机的工作台要平稳无振动,避开火炉、暖气片等发热装置。

(3)避免在有较强电势场中使用票据打印机,尽量避开诸如扬声器和无线电话机、电台的干扰。

(4)保持票据打印机合适的工作环境温度,一般在 5~40℃ 之间。尽量保证工作环境温度不要突变,以防打印机内部故障。

(5)保持票据打印机稳定的供电电压。

2. 票据打印机使用方法

票据打印机的使用包括安装打印票据、更换色带盒、更换色带、调整打印头间隙,要严格按照操作流程来使用。

3. 票据打印机使用中的注意事项

为了保证票据打印机的正常使用,降低故障出现频率,延长打印机的寿命,在使用中应注意以下几点:

(1)票据打印机不用时,要关掉电源,以免缩短打印机的使用寿命。

（2）遇到雷雨天气,如有可能,最好关掉打印机电源,以免遭受外界雷击,损坏打印机。

（3）不要在打印机上面放置其他物品,尤其是金属物品如大头针、回形针等,以免异物掉入票据打印机内,造成机内部件或电路板损坏。

（4）票据打印机工作时,其打印头表面温度较高,不要用手随意触摸打印头表面。

（5）票据打印机正在打印期间,不要将手伸进打印机内,以免妨碍字车移动,甚至弄坏某部件。

（6）票据打印机并行接口电缆线的长度不能超过2m。插拔打印机与车道计算机的通信线缆时必须将票据打印机和车道控制机的电源都关掉,否则可能会损坏票据打印机接口电路或车道控制机。

（7）票据打印机长期闲置不用时,要经常通电,以散发掉内部的水气。

（8）打印机使用地点要注意防鼠,以防老鼠啃咬线缆,导致打印机打印故障。

4. 票据打印机的维护方法

为了保持票据打印机工作在最佳状态,以防出现故障,必须对票据打印机进行维护。票据打印机的维护包括日常检查、定期检查和打印机的清洁。

（1）日常检查应包括如下事项：

①检查打印票据是否安装到位。

②拆下色带盒,顺着色带盒旋钮旁的方向标记,用手转动色带移动一周。观察色带是否干涩,是否起毛,是否被打印头打穿的现象,如有,应及时更换色带,以免影响打印质量或损坏打印头。

③检查色带盒的安装是否到位。安装完毕后,用手转动色带盒上的旋钮,检查是否能转动色带。如果不能转动,说明色带盒内色带卡死或色带盒旋钮下方的齿轮孔未与打印机上色带盒安装位置上的齿轮紧密啮合,需要重新安装。

④检查打印机内有无杂物。

⑤检查打印头前面的色带保护片是否破损。如果破损,应及时更换。因为在打印过程中破损的色带保护片会刮色带或刮纸,最终将打印针刮断。

（2）定期检查应包括如下事项：

①定期检查打印机的机械装置,检查其有无螺钉松动或脱落现象,自车导轨轴套是否磨损。检查输纸机构、字车和色带传动机构的运转是否灵活,若有松动、晃动或不灵活,则应分别予以紧固、更换或调整。

②检查打印头和打印辊之间的间隙是否符合要求,若有偏离则需要调整。调整的方法为移动打印机上的纸厚调节杆位置,使打印出的字符达到最佳的质量。

③检查字车导轨上的润滑情况。如果导轨表面干涩,可用脱脂棉或干净的软布将其表面擦拭干净后,在导轨上滴上少许润滑油(一般可采用钟表油),然后打开打印机电源,打印机在自检过程中,字车导轨来回移动,润滑油就均匀分布在导轨上了。

（3）清洁打印机应包括如下事项：

①打印机表面清洁。应经常用软布蘸取酒精或专用清洁剂擦除打印机外壳上的色带墨迹、油污和灰尘等,以保持外观清洁。

②打印机机内清洁。每隔1个月清除一次机内的纸屑(主要是使用穿孔纸的纸屑)和灰尘;用柔软的干布擦除字车导轨上的污垢,用吸尘器清除电路板上的灰尘,特别应注意清除机内的光敏遮断器(字车初始位置检测器)和反射式光电耦合器(缺纸检测器或纸宽检测

器)的纸屑和灰尘,以免造成打印机工作误检测。

③清洗打印辊。色带上的油墨对打印辊有腐蚀作用,时间一长会使打印辊变得凹凸不平,并加速其老化。为了避免上述现象发生,要定期清洗打印辊。可用柔软的布蘸取少许酒精(不可使用橡胶水、汽油之类对打印辊有腐蚀作用的溶剂),以清除掉打印辊上的油泥、污垢,使其保持光滑平整。

④清洗打印头。其步骤为:拆下打印头,将其前端出针处 1~2cm 浸泡在无水酒精中,一般浸泡 2h 左右。如果打印头出针处污染重,可适当延长浸泡时间;取出浸泡好的打印头,用毛笔轻轻刷洗打印头出针处,或用医用注射器吸入无水酒精对准出针口处冲洗多次,直至将污物洗净,然后晾干;将打印头电缆和打印头连接好,打印头先不装在打印机的字车架上而是拿在手中(最好把打印头连接电缆从字车架上拆下再安装打印头,这样可以在机架的左侧或右侧拿着打印头而不受运动中的字车干扰),执行自检打印 2min 左右。自检完毕后,用脱脂棉吸干打印头出针处的酒精及污物,再进行自检打印,并吸干出针处的酒精及污物,直至脱脂棉上无污物。

九、IC 卡读写器的日常维护

在使用 IC 卡作为车辆通行券的收费公路上,IC 卡读写器是车道控制机和 IC 通行卡进行车型、入口收费站等信息数据交换的设备。对 IC 卡读写器的清洁保养主要是擦拭其表面的灰尘和油污。具体的清洁保养方法是:用柔软的湿布进行擦洗,对表面不易清除掉的油污,可用软布蘸上乙醇进行擦拭。

十、通行信号灯的日常维护

(1)检查线缆接头情况。
(2)防止设备受潮。

十一、摄像机的日常维护

摄像机主要用于拍摄车辆图片,其日常保养方法如下:
(1)检查防护罩,并清洁干净。清洁有机玻璃材料制成的防护罩时,要注意不要用干布擦拭,以免灰尘颗粒划伤防护罩表面。
(2)擦洗摄像机镜头。使用专用擦镜纸小心将镜头表面的灰尘擦掉。
(3)检查摄像机支架是否牢固。

十二、闪光报警装置的日常维护

(1)检查线缆接头情况。
(2)防止设备受潮。

十三、费额显示器的日常维护

收费站使用的费额显示器一般都由金属外壳加内部 LED 显示板组成。由于费额显示器一般安装在收费亭外或车道安全岛上,故室外高温、灰尘和车辆尾气对费额显示器影响比较大。对费额显示器的清洁保养分为外部清洁保养和内部清洁保养。

1. 外部清洁保养

费额显示器外部清洁主要是擦拭灰尘油污,可用软布蘸清水或专用金属外壳清洗剂擦拭。注意,如用水清洁的话,应先关闭费额显示器电源。清洁时,注意不要将水渗入到显示器内部。清洁完毕,最好将外壳残留液体擦干。

2. 内部清洁保养

费额显示器内部清洁包括电路板的清洁、散热孔和散热风扇的检查和维护。

(1)打开费额显示器门,关闭供电电源。

(2)用细毛刷掸去电路板上吸附的灰尘。如积灰较重,或毛刷无法作业时,可用吸尘器或吹风机去除灰尘。

(3)检查费额显示器内部散热风扇叶片是否转动自如,叶片上是否有积灰,如有积灰,可用吸尘器或吹风机进行除尘。

(4)如风扇叶片转动不自如,可添加少许润滑油。

任务实施

一、对车道控制器进行日常维护

(1)保证车道控制器有一个平稳的工作环境。车道控制器靠墙放置时,四周距离墙壁至少应有 10cm 的距离,以保证其良好的散热环境。

(2)应经常清洁车道控制器周围环境,尽量减少灰尘进入电源,防止灰尘影响风扇的运行。积尘过多的风扇有可能停止运行或转速降低,影响电源散热。

(3)应防止瞬时断电。瞬时断电又突然来电往往会产生一个瞬间极高的电压,很可能烧坏硬件。

(4)配备 UPS(不间断电源)。

(5)防止静电和雷击。

(6)不要在底板带电的情况下拔插板卡。

(7)当机箱内灰尘较多需要除尘时,应关闭车道控制器电源,小心拔出板卡,使用吹风机将板卡插槽内和板卡上的灰尘吹掉。

(8)往插槽内插入板卡时,要注意插槽内的金属脚和板卡上的金手指是否对齐、有无弯曲现象,否则将影响板卡在系统中的运行,出现开机不显示、板卡找不到、死机等各种现象。

(9)定期清洁机箱上的风扇。

二、对票据打印机进行日常维护

(1)检查打印票据是否安装到位。

(2)检查色带盒的安装是否到位。

(3)检查打印机内有无杂物。

(4)检查打印头前面的色带保护片是否破损。

(5)定期检查打印机的机械装置,检查其有无螺钉松动或脱落现象,字车导轨轴套是否磨损。检查输纸机构、字车和色带传动机构的运转是否灵活,若有松动、晃动或不灵活,则应分别予以紧固、更换或调整。

(6)检查打印头和打印辊之间的间隙是否符合要求。
(7)检查字车导轨上的润滑情况。

学习领域:高速公路联网收费系统应用与维护

学习情境一:收费车道控制设备应用维护 工作任务二:车道控制设备日常维护	班级	
	姓名	学号
	日期	评分

一、内容
对车道控制设备进行日常维护。

二、知识准备
1.填空题。
(1)车道控制器为一台_____,内置硬盘、主板、显示模块、网络模块、图像捕捉卡等器件。
(2)在室内温度过高时,为防止计算机温度太高出现异常现象,最好打开技术柜的_____。
(3)车道控制器为电子元件产品,需要保证运行温度不能超过_____℃。
(4)自动栏杆在长时间运行后,需要对_____部位进行清除灰尘,重新加润滑剂。
(5)车辆检测线圈分为线缆和检测器两个部分,其中_____部分已经敷设到车道下面,通过管道连接到自动栏杆内部的控制主机上。
(6)雨棚信号灯分为前灯和后灯,后灯一般为_____状态,前灯绿灯和红灯的控制由车道控制器控制。经常检查雨棚信号_____接头处,防止线头松动。
(7)当票据打印机在进行检修或上下票时,必须在关闭_____情况下进行,否则容易损坏设备传动结构。
(8)V8650型雨棚信号灯的显示尺寸:_____(_____)。
(9)雾灯是_____亮度的,具有很强的_____,以保证在_____、_____或_____的条件下,眼睛视力_____以上的驾驶员在_____米以外能清晰可见。
(10)通行信号灯中心距路面高度约_____,为_____两色灯,发光单元宜采用_____,外壳采用_____。

2.选择题。
(1)下列对费额显示器描述正确的是(   )。
  A.费额显示器(含通行灯、语音报价)安装于收费亭前部,是给驾驶员提供收费金额信息的装置
  B.语音报价是以声音的方式向驾驶员通告车型及应收金额等信息的车道设备,它与费额显示器分开使用,完成收费过程中对收费者的提示
  C.通行灯是收费车道必备的交通指示设备,它由红绿两盏信号灯交替亮,熄指挥交费车辆
  D.红灯为常亮状态,只有当完成交费后绿灯才亮,车辆一旦离开落杆线圈,又切换成红灯状态。它与自动栏杆的动作是一致的,即红灯亮时,自动栏杆处于落杆状态,绿灯亮时,自动栏杆抬起

(2)下列对车辆检测器描述正确的是(   )。
  A.双通道车辆检测器的主要用途是记录车流量,提供车辆位置信息,抓拍检测器通过与埋设于收费窗口中心线位置环形线圈连接,检测感应信号,处理后形成脉冲信号并经交换机中转输入至工控机,进行抓拍
  B.用于统计驶入、驶出车道的车辆数和控制车道摄像机的图像抓拍以及控制通行信号灯、自动栏杆的动作

C. 当车道处于关闭状态时,检测器仍处于工作状态,以检测在车道关闭时的违章车辆。当有违章车辆通过时,应能引起红色闪光报警器报警,直至事情处理完毕

D. 导线的截面积为 1.5mm² 的多股软铜导线构成,抗拉强度低,耐腐蚀,耐磨损

3. 判断题。

(1) 手动栏杆主要由竖杆、旋转轴、底座等组成。　　　　　　　　　　　　(　　)

(2) 触发设备:设置在车道的检测线圈,不可与车辆检测线圈合用,当车辆进入检测区域时,触发辅助光源并启动图像捕捉。　　　　　　　　　　　　　　　　　　　　　(　　)

(3) 收费专用键盘是特别定制的,收费键盘共有 40 个键,划分为 4 个不同的键区域。(　　)

(4) 风扇:需采用含油轴承,免维护高可靠风扇,确保机箱内产生正气压以防止灰尘堆积。(　　)

(5) 接线端子排及线槽:所有外设均可直接接到端子排上,所有的车道控制器的内部走线均在线槽内。

(　　)

(6) 带电的云层与大地上某一点之间发生迅猛的放电现象,叫做"直击雷"。　　(　　)

三、实施

1. 了解车道控制器系统的组成,当室内温度过高时,阐述应进行的日常维护操作。

2. 请对车辆检测线圈进行常规检查,确保线圈的检测精度。

3. 检查票据打印机内部情况,并进行清洁处理。

四、小结

1. 在完成工作任务的过程中,你是如何计划并实施过程的,在小组中承担了什么具体工作?

2. 对本次工作任务,你有哪些好的建议和意见?

工作任务三　车道控制设备常见故障排除

任务概述

通过本工作任务学习,了解车道控制设备的常见故障种类,明确车道设备常见故障的产生原因,初步掌握故障的处理方法,制订合理的检修及维护方案。

通过创设学习情境,激发学生的学习兴趣;通过任务驱动,锻炼学生的自主学习能力,培养学生严谨务实的工作作风。

**相关知识**

车道控制设备常见故障及处理见表 1-3-1 ~ 表 1-3-11。

车道控制器系统常见故障及处理　　　　　　　　　　　　　　　　　　表 1-3-1

设备名称	故障表现	故障处理
车道控制器系统	显示器无显示	1. 检查显示器电源是否正常; 2. 检查显示器与控制机接头是否松动; 3. 检测显示延长线是否故障; 4. 检查控制机显示模块是否烧坏
	语音报价器无声音	1. 检查语音报价器电源是否打开; 2. 检查语音报价器与控制机接头是否松动; 3. 检测音频线是否出现故障; 4. 检查是否系统内部音量关闭或设置太小
	键盘操作无反应	1. 检查系统是否死锁; 2. 检查键盘与控制机接头是否松动; 3. 检查是否键盘本身出现故障
	系统提示出错	报告管理员,到现场分析故障原因

车道控制器常见故障及处理　　　　　　　　　　　　　　　　　　　　表 1-3-2

设备名称	故障表现	故障处理
车道控制机	车道系统瘫痪	1. 检查车道控制机的输入正常与否; 2. 万用表测试车道控制机电压状态; 3. 检测线路插头是否有松动; 4. 检查供电设备是否有短接现象
	不能正常生成显示图像或不显示图像	1. 车道摄像机是否正常工作; 2. 检查视频采集、分配卡,若数据无叠加,检查字符叠加器
	与设备连接的继电器指示灯不亮	1. 检查继电器工作状态; 2. 检查相应设备工作状态
	直流部分输出不正常工作	检查车道控制机内部电源模块输入(出)状态

续上表

设备名称	故障表现	故障处理
车道控制机	未加电工作	1. 检查车道控制机是否正常供电; 2. 检查工控机电源连接是否正确
车道控制机	系统自动重启或死机	检查操作系统及应用软件工作状态及散热状态
车道控制机	初始化不成功车道无法打开	检查操作系统,若异常则重装系统;检查应用软件各模块,若文件错误、缺失则重装,并调整配置
车道控制机	数据不能正常上传	1. 检查网卡、交换机工作状态,若异常则更换; 2. 测试各网络配件连接状态,若异常则修复操作
显示器	显示屏黑屏,指示灯不亮	1. 检查供电电源插座和车道工控机的电源插头是否松动; 2. 若无连接问题,用万用表检查电源是否有 220V 输出,若电压正常,则显示器已坏,需更换备用机;因其他设备影响供电稳定
显示器	显示屏黑屏,指示灯为黄色	1. 先检查车道控制机是否正常工作,是否有输出,若没有输出则为车道控制机故障,参见上表处理; 2. 调整屏幕的对比度和亮度; 3. 显示器与电脑数据线连接不好,加以修正
键盘	键盘失灵	1. 检查是否为个别键问题,若只能使用上、下班键,则判定车道控制机死机,在控制柜内重启动车道控制机;若所有键均无反应,则判定键盘线断; 2. 若键入的符号与标示不一致,则需要重新定义键盘

自动栏杆常见故障及处理 表1-3-3

设备名称	故障表现	故障处理
自动栏杆	自动栏杆不能控制	1. 检查电源是否打开; 2. 检查车道控制器电源是否打开; 3. 检查自动栏杆与控制器连接线缆是否松动; 4. 检查栏杆控制主机上的抬落杆接头是否松动; 5. 检查自动栏杆控制主机是否损坏
自动栏杆	栏杆状态与收费界面上显示不一致	检查自动栏杆与车道控制器状态位线缆接头是否松动
自动栏杆	栏杆抬杆或落杆不能到位	检查主机参数设置是否正确
自动栏杆	栏杆运动过程中出现异常响声	检查是否机械部分出现问题,重新调整结构
自动栏杆	自动栏杆电机螺钉经常脱落和划扣	由于自动栏杆降落时抖动和弹簧拉力不合适,选择合适限位卡,调整弹簧拉力使其减小到合适值
自动栏杆	不能正常使用,且显示状态为与地面成45°角	1. 断电造成,检查控制器内是否有电源指示、配电箱内是否跳闸,如果有,合闸即可; 2. 若非电源问题,检查栏杆工作模式设定,如果模式错误,则打开机柜调整即可

车辆检测器常见故障及处理 表1-3-4

设备名称	故障表现	故障处理
车辆检测器	检测指示灯不亮	1.检查检测器供电是否正常； 2.检查检测板是否损坏
	车辆通过没有检测到	1.灵敏度太低,调高灵敏度； 2.检查线圈是否损坏——环路短路或短路； 3.检查线圈接头是否松动； 4.检查检测器设置是否正确； 5.检测线圈线缆是否有故障
	检测通道故障	1.检查是否连接到线圈； 2.检查线圈是否损坏——环路短路或短路； 3.检查检测板是否损坏
	产生误检信号	1.检查线圈之间是否有串扰,设置频率； 2.检查是否有噪声干扰,降低灵敏度； 3.检查线圈电感量是否超出制定范围,更换线圈

雨棚信号灯常见故障及处理 表1-3-5

设备名称	故障表现	故障处理
雨棚信号灯	红灯不亮,绿灯亮	1.检查控制机柜内插头是否松动； 2.LED信号灯:检查LED是否老化,并更换显示异常部分LED管
	红、绿灯都不亮	1.检查控制机柜内插头是否松动； 2.LED信号灯:检查并更换老化LED管
	无显示	1.检查雨棚灯电源开关是否合上； 2.检查车道控制器接头是否松动； 3.检查雨棚信号灯是否有故障
	显示状态与操作流程相反	检查车道控制器处红绿灯接头是否插反
	雨棚信号灯不能控制	1.检查车道控制器接头是否松动； 2.检查车道控制器是否有故障

雾灯常见故障及处理 表1-3-6

设备名称	故障表现	故障处理
雾灯	无显示	1.检查雾灯电源开关是否合上； 2.检查线缆接头是否松动
	雾灯不闪烁	检查灯头控制部分是否有故障

字符叠加器常见故障及处理 表1-3-7

设备名称	故障表现	故障处理
字符叠加器	无字符叠加	1.检查车道控制机与字符叠加器控制连接线缆是否松动； 2.检查字符叠加器电源是否打开； 3.检查字符叠加器是否有故障
	出现乱字符	重新开关字符叠加器电源
	车道图像出现干扰	字符叠加器故障,更换字符叠加器

票据打印机常见故障及处理　　　　　　　　　　　　　表 1-3-8

设备名称	故障表现	故障处理
票据打印机	票据打印机报警在屏幕显示打印故障	1. 检查票据打印机的上盖是否盖好； 2. 检查是否缺纸； 3. 查看色带盒,是否有色带紧.油污多等问题,如果有,则清理油污或调整色带； 4. 检查是否卡纸,如有则取出并清理碎片和灰尘； 5. 检查打印机是否自检,如果能自检则查看联机状态;反之则更换打印机
	打印出数据不正常	1. 清除数据缓冲区数据； 2. 若是数据线问题,则更换数据线
	不能顺利打印且常卡纸	调整左右走纸控制杆到合适距离,以免因距离过窄、票据卷缩造成卡纸
	打印数据不清晰	1. 调整纸张控制杆到合适位置； 2. 更换色带
	打印时不走纸	调整控制杆与导纸滑杆距离
	票据打印机打印缓慢	给打印头传动机构注入润滑油
	指示灯全亮并伴有持续蜂鸣	打印机处理器故障,关闭电源,重启
	打印速度过慢	与声卡冲突,屏蔽声卡多余设备驱动,在 BIOS 中设置打印模式为 SPP + ECP 模式

通行信号灯常见故障及处理　　　　　　　　　　　　　表 1-3-9

设备名称	故障表现	故障处理
通行信号灯	红灯不亮,绿灯亮	1. 检查控制机柜内插头是否松动； 2. LED 信号灯:检查 LED 是否老化,并更换显示异常部分 LED 管
	红、绿灯都不亮	1. 检查控制机柜内插头是否松动； 2. LED 信号灯:检查并更换老化 LED 管
	无显示	1. 检查车道控制机与通行信号灯控制连接线缆是否松动； 2. 通行信号灯故障,更换通行信号灯
	不能控制	控制线缆接头松动,重新紧固

声光报警装置常见故障及处理　　　　　　　　　　　　表 1-3-10

设备名称	故障表现	故障处理
声光报警器	声光报警器转动但无声	检查蜂鸣器是否损坏
	声光报警器警灯不亮	1. 检测灯泡； 2. 检查灯卡座及立柱内接线是否有电； 3. 检查车道控制机内插头是否松动
	不报警	1. 检查线缆接头是否松动； 2. 若报警装置故障,则更换报警装置

费额显示器常见故障及处理 　　　　　表 1-3-11

设备名称	故 障 表 现	故 障 处 理
费额显示器	字段不能完全显示	检查 LED 是否老化,并对故障部件予以更换
	费额显示器不显示	1.拆开费额显示器,观察内部排线是否松脱; 2.万用表检测供电部分是否正常; 3.进水是最常见的故障原因,做好防水措施,断电后用电吹风吹干; 4.若仍然不正常,则需予以更换

任务实施

一、模拟车道系统瘫痪的故障检修过程

(1)检查车道控制机的输入正常与否。
(2)使用万用表测试车道控制机电压状态。
(3)检测线路插头是否有松动。
(4)检查供电设备是否有短接现象。

二、模拟车辆检测器检测通道故障的维修过程

(1)检查是否连接到线圈。
(2)检查线圈是否损坏——环路短路或短路。
(3)检查检测板是否损坏。

三、模拟票据打印机报警在屏幕显示打印故障的维修过程

(1)检查票据打印机的上盖是否盖好。
(2)检查是否缺纸。
(3)查看色带盒,是否有色带紧、油污多等问题,如果有,则清理油污或调整色带。
(4)检查是否卡纸,如有则取出并清理碎片和灰尘。
(5)检查打印机是否能自检,如果能自检则查看联机状态;反之则更换打印机。

四、模拟字符叠加器无字符叠加故障的检修过程

(1)检查车道控制机与字符叠加器控制连接线缆是否松动。
(2)检查字符叠加器电源是否打开。
(3)检查字符叠加器是否有故障。

任务工单

学习领域:高速公路联网收费系统应用与维护

学习情境一:收费车道控制设备应用维护 工作任务三:车道控制设备常见故障排除	班级			
	姓名		学号	
	日期		评分	

一、内容

熟悉车道控制系统中各项设备的常见故障,掌握故障解决方法。

二、知识准备

1. 选择题。

(1) 一般不由打印机打印的信息是(　　)。
　　A. 日期　　　　　B. 时间　　　　　C. 站名　　　　　D. 缴费者姓名

(2) 接通电源,栏杆机无动作的故障原因有(　　)。(多选)
　　A. 接线松动　　　B. 保险管熔断　　C. 控制器有误　　D. DCQ 死锁

(3) 雷击的主要形式有(　　)。(多选)
　　A. 直击雷　　　　B. 二次雷　　　　C. 感应雷　　　　D. 球形雷

(4) 系统故障查找方法有(　　)。(多选)
　　A. 分析法　　　　B. 排除法　　　　C. 替换法　　　　D. 逐步查找法

2. 判断题。

(1) 亭内摄像机的主要作用是监视缴费者的付费过程,它由固定式摄像头和摄像机及外护罩组成,装在亭工作台右上方,主要监视区域为窗口。(　　)

(2) 设备机箱:5mm 以上厚度不锈钢制机箱,正面开门,便于安装和内部维修;门框和进线孔加密封橡胶垫圈,设通风孔,保证机箱防水、防尘;表面烤漆或喷塑,保证 5 年内不脱落。(　　)

(3) 票据打印机的纸卷是由收费员更换的,票据打印机有专门的锁定装置以便收费员更换打印纸。(　　)

(4) VFJ 新型非接触式 IC 卡读写器 CCR-230 是为独立脱机应用和第三方应用集成提供的智能终端设备。可选的存储模块使交易数据在被采集前已经得到安全的保存。(　　)

3. 请描述研华 IPC-610H 型工业控制机主要零部件构成。

4. 请描述 Highfulway-MAB-20 电动栏杆的构成。

5. 请描述设备日常维护保养的主要工作。

6. 请描述车辆驶离后,自动栏杆不能自动落杆故障的查找步骤、可能的原因及对应的排除故障方法。

三、实施

1. 语音报价器出现无声音故障,请对车道控制器系统进行检测,判断故障原因,并提出处理意见,最后检验问题是否妥善解决。

2. 车道控制器前面板无显示、车道控制机不能接收线圈信号,请判断故障原因,并提出处理意见,最后检验问题是否妥善解决。

3. 自动栏杆状态与收费界面上显示不一致,请判断故障原因,并提出处理意见,最后检验问题是否妥善解决。

4. 车辆检测线圈检测不到车辆,请判断故障原因,并提出处理意见,最后检验问题是否妥善解决。

5. 雨棚信号灯显示状态与操作流程相反,请判断故障原因,并提出处理意见,最后检验问题是否妥善解决。

6. 票据打印机不能打印,请判断故障原因,并提出处理意见,最后检验问题是否妥善解决。

四、小结

1. 在完成工作任务的过程中,你是如何计划并实施过程的?在小组中承担了什么具体工作?

2. 对本次工作任务,你有哪些好的建议和意见?

学习情境二　收费计算机网络应用维护

情境概述

一、职业能力分析

1. 专业能力

(1)掌握利用网络拓扑结构配置收费计算机网络。
(2)能够对收费计算机网络中的主机设备、外设和网络设备进行配置与维护。
(3)学会为主机设备配置软件系统。
(4)能够对收费站服务器系统出现的故障进行检测排除。
(5)能够解决中心双机热备份系统中磁盘阵列柜报警的故障。
(6)能够对管理计算机出现的操作无反应故障进行排除。
(7)掌握图像计算机不能访问的故障检修方法。
(8)能够对收费计算机网络访问速度缓慢进行故障检测和排除。
(9)了解各级计算机系统输出的报表。

2. 社会能力

(1)通过分组活动,培养团队协作能力。
(2)通过规范文明操作,培养良好的职业道德和安全环保意识。
(3)通过小组讨论、上台演讲评述,培养与客户的沟通能力。

3. 方法能力

(1)通过查阅资料、文献,培养自学能力和获取信息能力。
(2)通过情境化的任务单元活动,掌握解决实际问题的能力。
(3)填写任务工单,制订工作计划,培养工作方法能力。
(4)能独立使用各种媒体完成学习任务。

二、学习情境描述

南昌东收费分中心建成初期,由于收费员计算机知识的缺乏及应用能力的薄弱,使得收费计算机系统无法得到有效利用:计算机系统告知收费设备出现故障,IC卡无法正常读取,但原因未排查明确,监控设备出现图像模糊问题,财务计算机系统出现网络反应迟缓后又网络中断等。江西省收费结算中心现派出一名维护员,前去对分中心的收费设备、监控设备、服务器系统、备份系统、管理计算机、财务计算机、打印机、光盘驱动器、网络设备进行依次排查,保障收费计算机系统的正常运行。

三、教学环境要求

软硬条件：建设理实一体化的高速收费实训室，配置多媒体设备、实物台架。包括仿真收费监控系统及各部分硬件实物，模拟软件控制系统以及可上网的计算机和工作台等。

师资条件：主讲教师应具备教师资格、硕士以上学历，能综合运用各种教法设计课程，掌握新技术，具有较强的专业能力，具有相关职业资格证书。辅助教师应具有较强的职业技能，接受过一定的专业教育培训，具有大专以上学历，有较丰富的企业一线工作经验，取得高级工以上职业资格证书。

教学方法：在本课程教学过程中，教师应立足于加强学生实际操作能力的培养，因材施教，采用案例教学法、项目教学法，以任务驱动型项目提高学生学习兴趣，"教"与"学"互动，教师示范，学生操作，学生提问，教师解答、指导，边操作、边演示、边讲解。着力培养学生对本课程的学习兴趣，从而提高学生学习的主动性和积极性。实现教、学、做一体化。

工作任务一　收费计算机拓扑联网

 任务概述

通过本工作任务的学习，了解计算机系统中基本的网络拓扑结构，熟知其基本构造、特点以及信息在这些拓扑结构中的传输过程，从而进一步明确收费计算机联网拓扑结构的构成以及信息传递特点，并制订合理的计算机网络拓扑方案。

通过创设学习情境，激发学生的学习兴趣；通过任务驱动，锻炼学生的自主学习能力，培养学生严谨务实的工作作风。

 相关知识

一、网络拓扑结构

网络拓扑是指网络形状，或者是它在物理上的连通性。构成网络的拓扑结构有很多种。网络拓扑结构是指用传输媒体互连各种设备的物理布局，就是用什么方式把网络中的计算机等设备连接起来。拓扑图给出网络服务器、工作站的网络配置及其相互间的连接，它的结构主要有星形结构、环形结构、总线型结构、分布式结构、树形结构、网状结构等。

1. 星形结构

星形结构（图2-1-1）是最古老的一种连接方式，人们常使用的电话即属于这种结构。目前一般网络环境都被设计成星形拓扑结构。星形网是目前广泛而又首选使用的网络拓扑设计之一，它是指各工作站以星形方式连接成网，网络有中央节点，其他节点（工作站、服务器）都与中央节点直接相连，这种结构以中央节点为中心，因此又称为集中式网络。

星形拓扑结构便于集中控制，因为端用户之间的通信必须经过中心站。由于这一特点，也带来了易于维护和安全等优点。端用户设备因为故障而停机时也不会影响其他端用户间的通信。同时,星形拓扑结构的网络延迟时间较小,传输误差较低。但这种结构非常不利的一点是,中心系统必须具有极高的可靠性,因为中心系统一旦损坏,整个系统便趋于瘫痪。对此,中心系统通常采用双机热备份,以提高系统的可靠性。

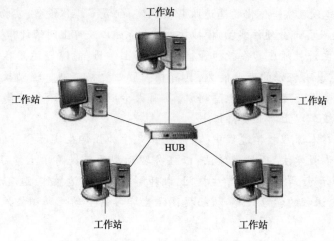

图 2-1-1　星形结构

在星形拓扑结构中,网络中的各节点通过点到点的方式连接到一个中央节点(又称中央转接站,一般是集线器或交换机)上,由该中央节点向目的节点传送信息。中央节点执行集中式通信控制策略,因此中央节点相当复杂,负担比各节点重得多。在星形网中,任何两个节点要进行通信都必须经过中央节点控制。

现有的数据处理和声音通信的信息网大多采用星形网,目前流行的专用小交换机 PBX (Private Branch Exchange),即电话交换机就是星形网拓扑结构的典型实例,它在一个单位内为综合语音和数据工作站交换信息提供信道,还可以提供语音信箱和电话会议等业务,是局域网的一个重要分支。

在星形网中,任何两个节点要进行通信都必须经过中央节点控制。因此,中央节点的主要功能有三项:当要求通信的站点发出通信请求后,控制器要检查中央转接站是否有空闲的通路,被叫设备是否空闲,从而决定是否能建立双方的物理连接;在两台设备通信过程中要维持这一通路;当通信完成或者不成功要求拆线时,中央转接站应能拆除上述通道。

由于中央节点要与多机连接,线路较多,为便于集中连线,目前多采用一种称为集线器(HUB)或交换设备的硬件作为中央节点。

2. 环形结构

环形结构(图2-1-2)是指传输媒体从一个端用户到另一个端用户,直到将所有的端用户连成环形。数据在环路中沿着一个方向在各个节点间传输,信息从一个节点传到另一个节点。这种结构显而易见消除了端用户通信时对中心系统的依赖性,在 LAN 中使用较多。

环形结构的特点是:

(1)每个端用户都与两个相邻的端用户相连,因而存在着点到点链路,但总是以单向方式操作,于是便有上游端用户和下游端用户之称。

(2)信息流在网中是沿着固定方向流动的,两个节点仅有一条道路,故简化了路径选择的控制。

(3)环路上各节点都是自举控制,故控制软件简单。

(4)由于信息源在环路中是串行地穿过各个节点,当环中节点过多时,势必影响信息传输速率,使网络的响应时间延长。

(5)环路是封闭的,不便于扩充;可靠性低,一个节点故障,将会造成全网瘫痪。

(6)维护难,对分支节点故障定位较难。

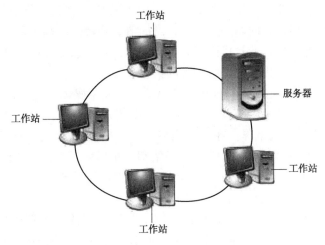

图 2-1-2　环形结构

3. 总线型结构

总线型结构(图2-1-3)的总线上传输信息通常多以基带形式串行传递,每个节点上的网络接口板硬件均具有收、发功能,接收器负责接收总线上的串行信息并转换成并行信息送到PC工作站;发送器是将并行信息转换成串行信息后广播发送到总线上,总线上发送信息的目的地址与某节点的接口地址相符合时,该节点的接收器便接收信息。由于各个节点之间通过电缆直接连接,所以总线型拓扑结构中所需要的电缆长度是最小的,但总线只有一定的负载能力,因此总线长度又有一定限制,一条总线只能连接一定数量的节点。

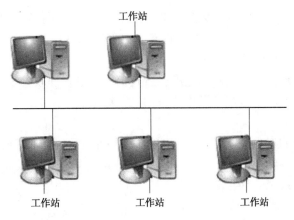

图 2-1-3　总线型结构

因为所有的节点共享一条公用的传输链路,所以一次只能由一个设备传输,需要某种形式的访问控制策略来决定下一次哪一个站可以发送,通常采取分布式控制策略。发送时,发送站将报文分成分组,然后一次一个地依次发送这些分组。有时要与其他站传送来的分组交替地在介质上传输。当分组经过各站时,目的站将识别分组的地址,然后拷贝下这些分组的内容。这种拓扑结构减轻了网络通信处理的负担,它仅仅是一个无源的传输介质,而通信处理分布在各站点进行。

在总线两端连接有端结器(或终端匹配器),其主要与总线进行阻抗匹配,最大限度地吸收传送端部的能量,避免信号反射回总线产生不必要的干扰。

总线型结构是使用同一媒体或电缆连接所有端用户的一种方式,也就是说,连接端用户的物理媒体由所有设备共享,各工作站地位平等,无中央节点控制,公用总线上的信息多以基带形式串行传递,其传递方向总是从发送信息的节点开始向两端扩散,如同广播电台发射的信息一样,因此又称广播式计算机网络。各节点在接受信息时都进行地址检查,看是否与自己的工作站地址相符,若相符则接收网上的信息。

使用这种结构必须解决的一个问题是确保端用户使用媒体发送数据时不能出现冲突。在点到点链路配置时,这是相当简单的。如果这条链路是半双工操作,只需使用很简单的机制便可保证两个端用户轮流工作。在一点到多点方式中,对线路的访问依靠控制端的探询来确定。然而,在 LAN 环境下,由于所有数据站都是平等的,不能采取上述机制。对此,研究了一种在总线共享型网络使用的媒体访问方法:带有碰撞检测的载波侦听多路访问,英文缩写为 CSMA/CD。

CSMA/CD 结构具有费用低、数据端用户入网灵活、站点或某个端用户失效不影响其他站点或端用户通信的优点。缺点是一次仅能一个端用户发送数据,其他端用户必须等待到获得发送权;媒体访问获取机制较复杂;维护难,分支节点故障查找难。尽管该结构有上述一些缺点,但由于其布线要求简单,扩充容易,端用户失效、增删不影响全网工作,所以 CSMA/CD 是 LAN 技术中使用最普遍的一种网络结构。

4. 分布式结构

分布式结构的网络是将分布在不同地点的计算机通过线路互连起来的一种网络形式。

分布式结构的网络具有如下优点:

(1)由于采用分散控制,即使整个网络中的某个局部出现故障,也不会影响全网的操作,因而具有很高的可靠性。

(2)网中的路径选择最短路径算法,故网上延迟时间少,传输速率高,但控制复杂。

(3)各个节点间均可以直接建立数据链路,信息流程最短。

(4)便于全网范围内的资源共享。

分布式结构的缺点为连接线路用电缆长,造价高;网络管理软件复杂;报文分组交换、路径选择、流向控制复杂;在一般局域网中不采用这种结构。

5. 树形结构

树形结构是分级的集中控制式网络,与星形结构相比,它的通信线路总长度短,成本较低,节点易于扩充,寻找路径比较方便。但除了叶节点及其相连的线路外,任一节点或其相连的线路故障都会使系统受到影响。

6. 网状结构

网状拓扑结构(图2-1-4)主要指各节点通过传输线互相连接起来,并且每一个节点至少与其他两个节点相连。网状拓扑结构具有较高的可靠性,但其结构复杂,实现起来费用较高,不易管理和维护,不常用于局域网。

在网状结构中通常将多个子网或多个网络连接起来。在一个子网中,集线器、中继器将多个设备连接起来,而桥接器、路由器及网关则将子网连接起来。根据组网硬件的不同,主要有以下三种网状拓扑。

(1)网状网:在一个大的区域内,用无线电通信链路连接一个大型网络时,网状网是最好的拓扑结构。通过路由器与路由器相连,可让网络选择一条最快的路径传送数据。

(2)主干网:通过桥接器与路由器把不同的子网或 LAN 连接起来形成单个总线或环形拓扑结构,这种网通常采用光纤做主干线。

(3)星状相连网:利用一些叫做超级集线器的设备将网络连接起来,由于星形结构的特点,网络中任一处的故障都可容易查找并修复。

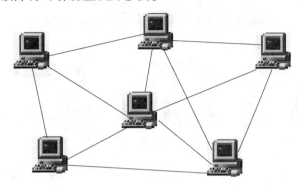

图 2-1-4　网状结构

7. 混合型结构

将两种或几种网络拓扑结构混合起来构成的一种网络拓扑结构称为混合型拓扑结构(也称之为杂合型结构)。

由星形结构和总线型结构的网络结合在一起的网络结构更能满足较大网络的拓展,解决星形网络在传输距离上的局限,而同时又解决了总线型网络对连接用户数量的限制。这种网络拓扑结构同时兼顾了星形网与总线型网络的优点,在缺点方面得到了一定的弥补。

混合型结构主要用于较大型的局域网中,如果一个单位有几栋建筑在地理位置上分布较远(当然是同一小区中),如果单纯用星形网来组整个公司的局域网,因受星形网传输介质——双绞线的单段传输距离(100m)的限制很难成功;如果单纯采用总线型结构来布线则很难承受公司的计算机网络规模的需求。结合这两种拓扑结构,在同一栋楼层可采用双绞线的星形结构,不同楼层可采用同轴电缆的总线型结构,在楼与楼之间也必须采用总线形结构。传输介质当然要视楼与楼之间的距离而定,如果距离较近(500m 以内),可以采用粗同轴电缆来作传输介质,如果在 180m 之内,还可以采用细同轴电缆来作传输介质,但是如果超过 500m,则只有采用光缆或者粗缆加中继器来满足了。这种布线方式就是我们常见的综合布线方式。

二、收费计算机联网拓扑结构

本项目计算机网络拓扑按三层实施:收费站—收费广场—收费分中心,如图 2-1-5 所示。

1. 收费站

收费站以太网交换机除了连接本站的广场以太网交换机之外,还通过通信系统提供的 10/100M 通道与收费分中心计算机网络相联。

2. 收费广场

收费广场的车道控制机通过收费广场以太网交换机,构成星形拓扑的局域网。收费站机房设置服务器和各种功能工作站,通过收费站以太网交换机,也构成星形拓扑的局域网。收费广场以太网交换机与收费站以太网交换机之间采用 100BASE-FX 连接。

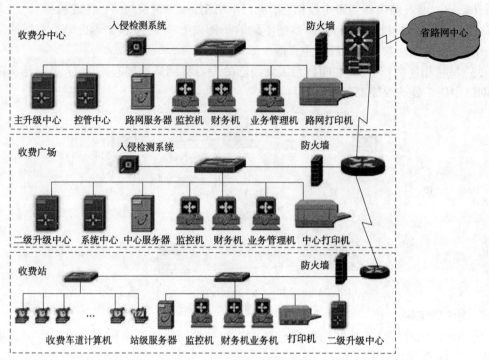

图 2-1-5 收费网络拓扑结构

3. 收费分中心

南昌东收费分中心设置双机热备份服务器和若干功能工作站,也通过以太网交换机构成星形拓扑的局域网。收费站计算机局域网和南昌东收费分中心计算机局域网通过以太网交换机的局域网接口以及通信系统提供的 10/100M 通道相连接。同时,南昌东收费分中心以太网交换机与监控系统计算机网络相联,将交通量等按时提交给监控计算机系统。收费系统计算机网络通过南昌东监控分中心三层以太网交换机以及通信系统提供的 10/100M 通道实现与江西收费结算中心计算机系统的连接。

 任务实施

(1)模拟基本网络拓扑结构信息传递。
(2)根据网络拓扑结构图,制订收费计算机网络的配置方案。

 任务工单

学习领域:高速公路联网收费系统应用与维护

学习情境二:收费计算机网络应用维护 工作任务一:收费计算机拓扑联网	班级		
	姓名		学号
	日期		评分

一、内容
掌握常见的网络拓扑结构,了解收费计算机网络的构成,绘制收费计算机联网拓扑图。
二、知识准备
1.填空题。
(1)常见的网络拓扑结构有_____、_____和_____。

(2)以中央节点为中心,其他节点(工作站、服务器)都与中央节点直接相连,这种结构称为_____。

(3)使用公共电缆组成一个封闭的环,各节点直接连到环上,信息沿着环按一定方向从一个节点传送到另一个节点,这种结构称为_____。

(4)采用一条称为公共总线的传输介质,将各计算机直接与总线连接,信息沿总线介质逐个节点广播传送,这种结构称为_____。

(5)本项目收费计算机网络拓扑按三次实施,分别是_____、_____和_____。

2. 选择题。

(1)下列不属于高速公路收费系统中软件系统的是( )。
    A. 服务器操作系统   B. 数据库管理系统   C. 终端操作系统   D. MOCVD 设备

(2)下列公式中正确的是( )。
    A. 车次差异 = 检测器数 – 正常车次   B. 现金差异 = 实收现金 – 应收现金 – 应收支票
    C. IC 卡差异 = 应收 IC 卡 – 实收 IC 卡   D. 欠款额 = 未带现金车辆实付的通行费

(3)下列表述中不正确的是( )。
    A. 收费员班次日汇总表:此表的数据采自收费站上传的收费员班次汇总表,汇总后统计出全线当日通行卡卡数、车次、现金收缴等情况
    B. 特殊处理次数日汇总表:此表数据来自收费站上传的特殊处理次数日报表,经过汇总后,统计出当日单线特殊车辆(如紧急车、公务车、违章车等)处理情况
    C. IC 卡月统计表:按月对收费分中心 IC 卡的发行、坏卡、调入、调出、卡流失等情况进行统计
    D. IC 卡年统计表:按年对收费分中心 IC 卡的发行、坏卡、调入、调出、卡流失等情况进行统计

3. 判断题。

(1)收费作业控制功能是指对收费员的键盘输入进行处理,通过基本输入输出模块控制一系列车道外围设备,完成入口发卡、出口收费的操作,此功能由车道软件完成。( )

(2)应用软件安装在车道控制机、收费工作站、路由器上,用于实现各级收费系统的功能。江西省采用全省统一的收费应用软件。( )

(3)入口、出口车道特殊处理明细表:每个收费站每日输出一张,输出内容应包括处理类型、班次、车道号、收费员及处理时间。( )

4. 简述收费计算机系统中输出的收费站报表有哪些。

三、实施

1. 阐述环形拓扑结构的特点。

2. 描述收费广场的网络拓扑结构特点并绘制拓扑图。

四、小结

1. 在完成工作任务的过程中,你是如何计划并实施过程的?在小组中承担了什么具体工作?

2. 对本次工作任务,你有哪些好的建议和意见?

工作任务二　收费计算机网络设备应用

 任务概述

通过本工作任务的学习,了解收费计算机网络及设备大类,明确其各大类设备的构成及其功能,熟知各设备使用的注意事项,掌握基本的设备使用方法,并进行实物操作。

通过创设学习情境,激发学生的学习兴趣;通过任务驱动,锻炼学生的自主学习能力,培养学生严谨务实的工作作风。

 相关知识

一、收费站计算机网络构成

收费站计算机网络由主机设备、网络设备和外设构成,如图 2-2-1 所示。

1. 主机设备

主机设备包括车道控制机(图 2-2-2)、车牌识别单元、工作站和收费站数据服务器。

收费车道控制机和车牌识别单元接入收费广场以太网交换机,收费广场以太网交换机与收费站以太网交换机通过 100BASE-FX 相接,形成一个树形网络。传输介质采用多模光纤。

在收费站机房设置各种功能工作站:管理工作站、监控工作站、财务工作站,并分别接入所在的收费站以太网交换机。传输介质采用 5 类双绞线。

财务工作站主要完成收费员上缴收费款的登记,通行费的统计、查询、报表、对账、清账处理、手工录入等。

管理工作站能选择显示当前的交易情况以及收费管理情况,使监控人员能够监视车道的当前收费交易,并且能够调看每个车道抓拍的车辆图片,监视收费人员对特殊情况的处理;能打印收费报表;能完成通行卡、空白发票等的领用、回收、装箱等管理;能完成通行费的上交登记、修正等。

监控工作站主要是完成系统设备状态、通信状态的监视以及对系统进行必要的配置维护。

同时设置 1 台服务器,作为收费站数据存储点,通过 100BASE-TX 接入收费站以太网交换机,并作为收费站局域网与上级计算机系统之间的通信网关。

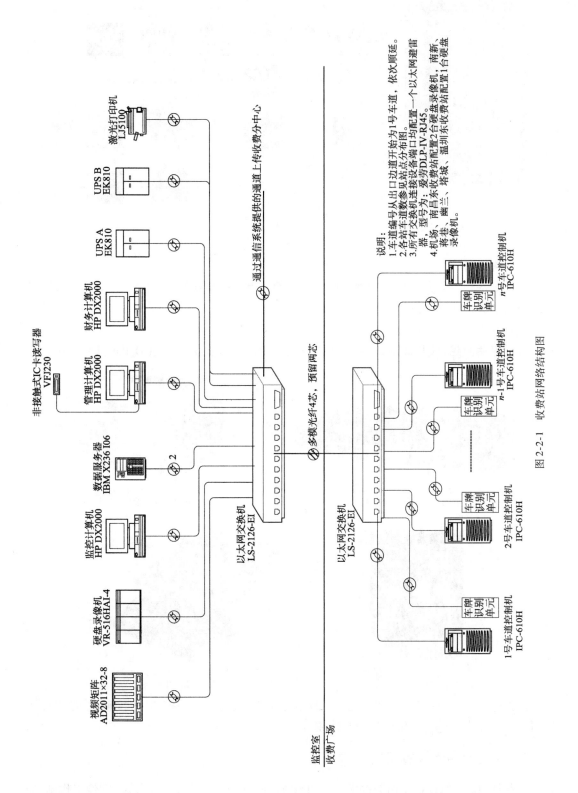

图 2-2-1 收费站网络结构图

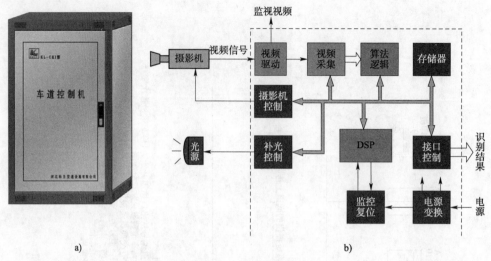

图 2-2-2　车道控制机

2. 网络设备

网络设备包括收费广场以太网交换机和收费站以太网交换机(图 2-2-3),它们实现收费计算机网络边缘接入,并提供上传接口。

3. 外设

外设包括激光打印机(图 2-2-4)、非接触 IC 卡读写器(图 2-2-5)、CD-RW(图 2-2-6)等。

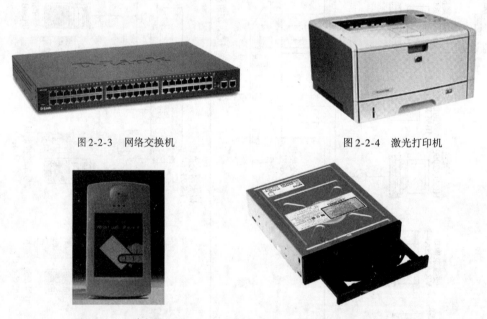

图 2-2-3　网络交换机　　　　　　　图 2-2-4　激光打印机

图 2-2-5　IC 读卡器　　　　　　　图 2-2-6　CD-RW

激光打印机设置在各收费站,可进行日常打印或报表、图片等打印,非接触式 IC 卡读写器可以供操作人员进行身份认证登录使用。

二、收费分中心计算机网络构成

收费分中心计算机网络由数据服务器、业务管理工作站、IC 卡管理工作站、图像工作站、激光打印机、非接触式 IC 卡读写器、CD-RW 等构成,如图 2-2-7 所示。各种主机设备通过 UTP-5

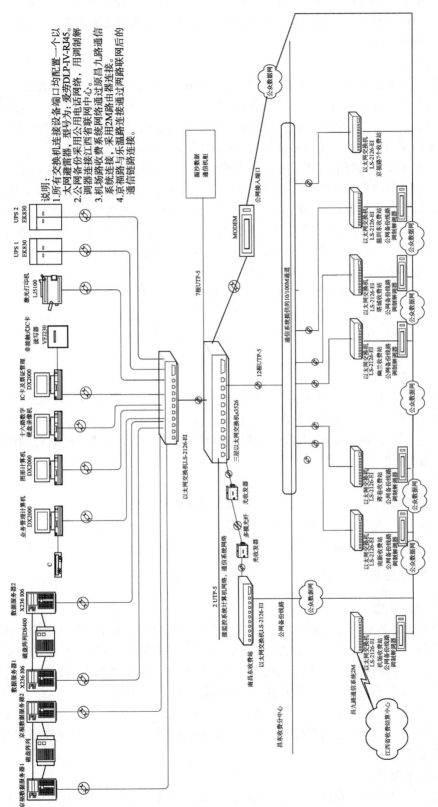

图 2-2-7 收费中心计算机网络结构

与收费分中心以太网交换机相接。同时，各收费站的以太网交换机也接入收费分中心以太网交换机，构成一个树形快速以太网。收费分中心以太网交换机通过三层以太网交换机与上级计算机网络相接。

1. 主机设备

主机设备设置了数据服务器、业务管理工作站、IC卡管理工作站、图像工作站。

数据服务器主要是本路收费系统数据库的运行平台，存储本路所有数据、参数等，并与收费站以及收费结算中心通信，传输收费拆分数据、原始数据以及通行卡管理等数据。收费分中心服务器采用双机热备份，并采用RAID5方式配置磁盘阵列。

业务管理工作站必须由有相应身份卡的操作人员登录方能操作，能选择显示某站当前的交易情况以及各收费站的收费管理情况，使监控人员能够监视收费站的当前收费交易，并且能够调看每个车道抓拍的车辆图片，监视收费人员对特殊情况的处理；能够生成并能打印收费报表；能完成本路段通行费的统计、查询、报表、对账、清账处理及收费员上缴收费款的登记，以及通行卡的领用、回收、装箱等管理，并打印出上缴单据。

IC卡管理工作站主要完成汇总各收费站通行卡、票证的领用、使用情况，发放、回收数量，并进行收费站之间调卡决策，同时进行通行卡清点、装箱等管理。

图像工作站主要是对网络通信状态、系统设备工作状态、车道开闭状态等的图形界面进行监视，并对系统进行必要的配置维护，配置维护操作必须由有相应身份卡的操作人员登录方能操作。

2. 网络设备

网络设备包括收费分中心以太网交换机和监控分中心三层以太网交换机，收费分中心以太网交换机可实现收费站计算机网络的汇接，提供100BASE-TX/FX接口和VLAN划分。监控分中心三层以太网交换机实现与高速公路联网收费结算中心计算机系统的广域网连接，同时提供扩展接口。

3. 外设

外设包括激光打印机、非接触IC卡读写器、CD-RW等。

激光打印机可进行日常打印、报表打印、图片打印等。非接触式IC卡读写器可以供操作人员进行身份认证登录使用。

三、收费计算机系统功能

1. 数据通信功能

本路收费计算机系统为快速以太网。收费计算机系统中每个域中主机间通信关系都需要加以严格控制，它们只与域内服务器通信，域间通信通过各级服务器实现。信息的主要流向是自下而上的。本系统将按《江西省高速公路联网收费暂行技术要求》对以太网交换机进行配置。

实时接收收费车道的原始数据和特殊车辆图像，并存入数据库中。

向收费结算中心传输收费原始、拆分数据，收费统计数据（交通量、通行费、IC卡、拆账等）。

接收收费结算中心下传的系统运行参数（同步时钟、费率表、黑名单、系统设置参数等）并下传给收费车道。

2. 车道监视功能

收费管理工作站可以直接从服务器数据库中调出各车道最后一辆车的处理信息（如车型、应交通行费、处理时间、处理类型、收费员操作情况等）并在显示器上显示出来，同时显示的还有每一车道状态(如打开、关闭、故障、维修、正在处理的车辆情况等)及正在操作的收费员或维修人员姓名。上述内容还可以形象、直观地以车道模拟图形式在监视终端予以显示。

3. 统计、检索、打印报表功能

根据收费系统功能和管理要求,可自动产生收费情况报表、交通量情况报表、管理报表三大类报表。如有要求,可实时显示和打印当天(当班)本路或某收费站车道累计收费额和分车型车流量。

4. 数据备份及恢复功能

除硬盘存储数据外,还采用光盘机对历年的资料进行备份。无论收费分中心工作站、服务器、车道控制机或网络通信设备是否发生故障,都不会有任何数据丢失或被破坏的情况发生,本系统采用使用光盘刻录机把历年的资料刻录成光盘的方式实现此功能。

5. 财务管理功能

收费员下班后,可通过终端输入所收现金的种类、数量,自动完成通行费的计算工作,收费分中心计算机统计值与收费员交款的差异也会显现出来(如有差异),如果出现长短款的情况,可以在稽查后经授权修正数据。

6. IC 卡管理功能

IC 卡的管理包括卡的发放、查询、回收清点、调配申请、统计等。承包人应提出一套详细的 IC 卡管理方案,防止卡的流失。

7. 系统管理功能

系统管理功能包括操作员的登录操作、权限设定、系统维修测试、故障自动报警、帮助提示等功能。

8. 收费作业控制功能

收费作业控制功能是对收费员的键盘输入进行处理,通过基本输入输出模块控制一系列车道外围设备,完成入口发卡、出口收费的操作。此功能由车道软件完成。

9. 图像抓拍及处理功能

图像抓拍及处理功能通过视频捕捉卡将每辆特殊处理车的一帧车道图像抓拍到车道控制机的内存缓冲区中,当确认为特殊车辆后将图像保存并上传收费站、分中心服务器,多媒体处理工作站从数据库中取出图像进行编辑、打印和检索操作。另外,特殊车辆的报警信号也上传收费分中心视频切换矩阵,将特殊车辆的图像切换至多媒体处理工作站上,并在数字视频录像上做出相应标签。

四、收费计算机系统的硬件配置和软件系统

1. 硬件配置

1)收费分中心服务器

采用 IBM X236 I03 型服务器。

2)收费站服务器

采用 IBM X236 I03 型服务器。

3)磁盘阵列柜

采用 IBM DS400 型磁盘阵列柜。

4)工作站

采用 HP d248 型台式机。

5) 收费站以太网交换机

采用华为 LS-S2403H-EI 型以太网交换机,内置 1 个 10/100M 光纤模块。

6) 收费分中心以太网交换机

采用华为 LS-S2403H-EI 型以太网交换机。

7) 可读写光盘机

采用 BENQ(明基)5232X 内置 CD 刻录机。

8) 激光打印机

选用惠普公司生产的 LaserJet5100 型激光打印机。

9) 彩喷打印机

采用 HP Deskjet 3748 彩色喷墨打印机。

10) 非接触式 IC 卡读写器

同车道 IC 卡读写器。

2. 软件系统

1) 服务器操作系统

服务器操作系统安装在服务器上,采用 Windows 2000 Advanced Server。

2) 终端操作系统

终端操作系统安装在车道控制机、各种工作站上,车道控制机以及工作站上采用 Windows 2000 Professional。

3) 数据库管理系统

数据库管理系统安装在服务器上,采用 MS SQL Server。

4) 应用软件

应用软件安装在车道控制机、收费工作站、数据服务器上,用于实现各级收费系统的功能。江西省采用全省统一的收费应用软件。

(1) 模拟收费服务分中心数据服务器中收费系统数据的参数设置。

在实训室通过收费站模拟软件进行收费系统数据的参数设置。

(2) 实地进行 IC 通行卡的领用、发放、回收、调卡、盘点等管理。

入口发卡员在上班前从票证员处领取 IC 卡,查验 IC 卡数量,核实无误后,填写《IC 卡领用单》,票证员与发卡员签字确认。

出口收费员在下班交卡时把 IC 卡交回票证员,查验 IC 卡数量,核实无误后,填写《IC 卡回收单》,票证员与发卡员签字确认。

异常卡的处理如下:

①非本系统卡操作,出口车道按照无卡车辆处理。

②非正常通行卡、非入口发出卡操作,出口车道按本车辆在联网区域内可行驶的最远距离收取通行费,并对 IC 卡另行登记存放。

③出口未读卡:由于出口 IC 卡读卡器故障或特殊情况原因而导致的未正常读取信息的 IC 卡,应由收费员单独存放,下班后交票证室存放,累积到一定数量时,交由高速公路管理处计财科票证人员处理。

④收费员在车道发现异常坏卡,在确保畅通的条件下,应及时报告监控室;监控室应与

驾驶员说明的入口站联系,查询是否属实,如属实,按照正常情况收取通行费;若对方监控室无法查询,则按照联网区域内可行驶的最远距离收取通行费。通行卡属人为损坏的,还要赔偿通行卡成本费,并对 IC 卡另行登记存放。通行卡属人为丢失的,除按照出口车道在联网区域内可行驶的最远距离收取通行费外,还要赔偿通行卡成本费 10 元。以上情况均应填写《工作日志》。

超时卡的处理:超时车辆如持有路政巡逻人员开据的车辆占道费票据、拖车证明或服务区的餐饮、住宿证明或与入口站进行核对无误后,则在《工作日志》中记录"出/入口时间、车号、车型、超时原因",由班长签字确认后,按正常车辆收取通行费并放行。若由交通事故、天气恶劣等情况造成超时的,则在《工作日志》中记录"出/入口时间、车号、车型、超时原因",由班长签字确认后,按正常车辆收取通行费并放行。超时车辆如无以上证明和情况发生,则在《工作日志》中记录详细原因,按联网区域内可到本站的最远距离收取通行费。

(3)实地进行图像工作站的图形界面监视及设备维护。

任务工单

学习领域:高速公路联网收费系统应用与维护

学习情境二:收费计算机网络应用维护 工作任务二:收费计算机网络设备应用	班级			
	姓名		学号	
	日期		评分	

一、内容

了解收费站和收费分中心计算机网络的构成,掌握各项设备的硬件配置和软件系统的安装,了解收费计算机系统的功能。

二、知识准备

1. 填空题。

(1)收费站计算机网络由_____、_____和_____构成。

(2)收费站计算机网络中的主机设备包括车道控制机、_____、_____和收费站数据服务器。

(3)收费广场以太网交换机与收费站以太网交换机通过 100BASE-FX 相接,形成一个树形网络。传输介质_____。

(4)收费站计算机网络的主要网络设备为_____。

(5)收费分中心的主机设备设置了数据服务器、_____、IC 卡管理工作站和_____。

(6)收费分中心计算机网络由_____、业务管理工作站、_____、_____、激光打印机、_____、_____等构成。

(7)数据库管理系统安装在服务器上,采用_____。

(8)根据收费系统功能和管理要求,可自动产生_____、_____、_____三大类报表。

2. 判断题。

(1)Microsoft SQL Server 支持多用户的高性能快速响应,允许同时存取多个客户、多用户 DBMS。(　　)

(2)Microsoft Windows Professional 具有先进性、通用性、可扩展性、可靠性、完备性等特点。(　　)

(3)为了防止硬盘损坏、偶然或恶意的数据破坏、自然灾害(火灾、水灾、地震等)、盗窃、病毒等造成的数据破坏,我们可以根据 SQL Server 提供的工具制订一套完整的数据备份方案,将重要数据备份到磁带设备并放到安全的地方,或通过网络将备份发送到远程站点由专人来管理。(　　)

(4)收费系统要求 24h 不间断运行,任何一个站点故障都可能引起全线系统的瘫痪,可靠性是一个系统是否真正实用的关键。(　　)

3. 依次说出下列设备的名称。

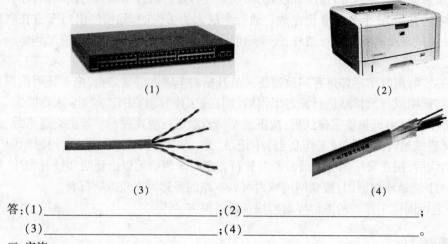

(1)   (2)

(3)   (4)

答：(1)_____;(2)_____;
  (3)_____;(4)_____。

三、实施

1. 阐述收费计算机系统的主要功能。

2. 描述以太网交换机的作用。

3. 阐述收费分中心的图像工作站的功能。

四、小结

1. 在完成工作任务的过程中,你是如何计划并实施过程的？在小组中承担了什么具体工作？

2. 对本次工作任务,你有哪些好的建议和意见？

工作任务三 收费计算机网络常见故障排除

任务概述

通过本工作任务的学习,了解收费计算机网络常见的故障种类,明确网络常见故障的产生原因,初步掌握故障的处理方法,制订合理的检修及维护方案。

通过创设学习情境,激发学生的学习兴趣;通过任务驱动,锻炼学生的自主学习能力,培养学生严谨务实的工作作风。

相关知识

一、服务器系统

(1)显示器无显示:
①显示器电源没打开,检查电源部分。
②显示处于能源保护状态。
(2)计算机操作无反应:系统死锁,重新启动电源。
(3)系统启动不能正常进入操作界面:
①检查光驱是否有光盘。
②根据系统提示报告,检查硬盘等设备是否有故障。
③系统崩溃,需要重新安装系统。
(4)服务器不能访问:
①网络断开,检查网络。
②服务器设置出错,重新按照计算机网络资源分配表设置。
③系统忙,稍等片刻或重新启动服务器。
服务器安装顺序:
(1)使用设备提供的引导光盘进行引导,进入操作界面。
(2)根据提示,选择安装模式和操作系统。
(3)根据提示,插入 Windows2000 Server 光盘。
(4)安装操作系统 Windows2000 Server。
(5)配置操作系统硬件驱动程序。
(6)按照计算机网络资源分配表进行系统设置。
(7)测试系统。
(8)安装 Sql Server 2000。
(9)安装数据库。
(10)配置数据库数据参数和用户参数。

二、中心双机热备份系统

(1)系统不能访问规定的服务器资源:
①磁盘阵列柜没开。

②服务器集群服务没有启动,手动启动两台服务器的集群服务。
③网络断开,检查网络,重新启动磁盘阵列柜与服务器。
(2)服务器集群服务不能启动:
①磁盘阵列柜没开。
②系统配置出现故障,检查配置,恢复正常状态。
③网络断开,检查网络。
(3)磁盘阵列柜报警(能够继续使用):
①有一个坏硬盘,检查磁盘阵列柜前面板,坏硬盘对应的灯将为红色,及时更换相同硬盘,系统将自动恢复原硬盘数据。
②有一个冗余电源出现故障,检查电缆插头。
(4)磁盘阵列柜报警(不能够继续使用):系统有不止一个硬盘故障,坏硬盘对应的灯将为红色,及时更换相同硬盘,重新从系统备份中恢复数据。

在系统安装完成后,不再需要对服务器系统进行控制,当系统出现问题时,需要管理员对其出现的问题进行干涉。

设备启动顺序为先开磁盘阵列柜电源,10s 后开服务器一,5min 后开服务器二。关机顺序为先关服务器二,再关服务器一,最后关磁盘阵列柜。严禁系统正常使用过程中关闭系统。

在服务器系统突然断电后,须马上关闭服务器和磁盘阵列电源开关。待来电后依次打开电源。

当两台服务器同时失去网络连接后,待网络连通后,需要管理员进入服务器,操作集群软件,把其中服务器一热备份资源手工导入。

三、管理计算机和财务计算机

(1)显示器无显示:
①显示器电源没打开,检查电源部分。
②显示处于能源保护状态。
(2)计算机操作无反应:系统死锁,重新启动电源。
(3)系统启动不能正常进入操作界面:
①检查光驱是否有光盘。
②根据系统提示报告,检查硬盘等设备是否有故障。
③系统崩溃,需要重新安装系统。
(4)计算机不能访问:
①网络断开,检查网络。
②计算机设置出错,重新按照计算机网络资源分配表设置。
③系统忙,稍等片刻或重新启动计算机。
计算机安装顺序:
(1)使用设备提供的恢复光盘进行引导,进入操作界面。
(2)根据提示,选择安装模式和操作系统。
(3)配置操作系统硬件驱动程序。
(4)按照计算机网络资源分配表进行系统设置。
(5)测试系统。

(6)安装 Sql Server 2000 客户端。
(7)安装管理软件到指定目录,注册 OCX 控件。
(8)根据站点编号,配置管理软件 INI 文件中的站服务器地址。

四、图像计算机

(1)显示器无显示:
①显示器电源没打开,检查电源部分。
②显示处于能源保护状态。
(2)计算机操作无反应:系统死锁,重新启动电源。
(3)系统启动不能正常进入操作界面:
①检查光驱是否有光盘。
②根据系统提示报告,检查硬盘等设备是否有故障。
③系统崩溃,需要重新安装系统。
(4)计算机不能访问:
①网络断开,检查网络。
②计算机设置出错,重新按照计算机网络资源分配表设置。
③系统忙,稍等片刻或重新启动计算机。
(5)无图像显示:
①图像显卡上的视频插头松动。
②图像显卡驱动出错。
计算机安装顺序:
(1)重新安装 Windows XP。
(2)安装硬件驱动。
(3)安装图像卡驱动,使用图像卡软件检查图像显示是否正常。
(4)按照计算机网络资源分配表进行系统设置。
(5)安装图像管理软件。
(6)根据站点编号,配置管理软件 INI 文件站号和对应视频矩阵的端口配置。

五、打印机

(1)不能打印:
①打印机电源没电。
②打印机没纸。
③打印机服务器电源没开。
④打印机服务器配置出错,重新配置。
⑤计算机打印设置出错,重新设置。
(2)打印字符不清楚:更换墨盒。

六、可读写光盘驱动器

不能刻录:
(1)刻录机电源没有打开。

(2)刻录软件出错,重新安装刻录软件。
(3)刻录光盘出错,更换刻录光盘。

七、计算机网络

(1)计算机网络不能访问:
①计算机网络设备配制出错,参照网络资源分配表重新设置。
②网络接头松动,重新紧固。
③交换机无电,检查电源。
④网络线故障,采用备用线缆。
⑤光纤接头松动。
⑥与通信机柜的网络连接失败,检查线路与通信设置。
(2)网络访问缓慢:网络出现故障,检查网络接头和线缆状态。
在进行网络检修时,注意车道交换机相应端口 LED 显示状态,可以方便帮助检查故障工作。

任务实施

一、模拟读写器不能正常读卡的故障排查

对读写器进行测试,如果显示无法打开读写器,需检查读写器的连接线缆是否松动,读写器的电源指示灯是否亮,连接在串口扩展卡接口上的数据线是否松动。当显示无法识别卡且卡为正常卡时,检查读写器的后部内的 SIM 卡是否松动或接触不良。如果读写器的电源指示灯不亮,应检查车道控制器内插排上的电源插头是否松动和变压器是否工作正常,工作正常情况下变压器应微热,如果电源插头和插线板上电压均正常,且读写器为好的,应检查供电变压器是否损坏。

二、模拟票据打印机卡纸、无法工作的故障排查

票据打印机通常会出现卡纸现象,所以在撕下打印票据的时候应避免生硬地拽动,应从一侧利用打印机上的锯齿将票据撕下,避免票据偏向而导致卡纸。打印机应定期进行内部清洁,将打印机的盖取下,卸下票据,轻轻将打印机翻转向下,轻拍打印机,使内部积存的碎纸屑全部倒出,纸屑也是卡纸的主要原因之一。

当打印机不打印时须检查打印机的电源是否正常,数据线是否连接紧密,打印机由串口扩展板扩展出的串口控制,打印机更换票据后或维修后,须盖上打印机盖子,否则打印机将无法工作。测试方法:将测试票据朝上,按住打印机的 FEED 键,同时打开电源,打印机会自动进行测试打印,当打印机打出汉字时便可以关闭电源,取下测试票据,此时就可以正常使用了。

三、模拟显示器黑屏的故障排查

首先,应先目测观察显示器前面板的指示灯是否亮,同时检查显示器后部的电源线是否松动。如果插紧显示器后的电源线,显示器前面板的指示灯不亮,表示显示器因没有电不工作。显示器供电位置在车道控制器内工控机后的插线板,检查显示器的电源插座是否插紧,

并进一步用万用表测量是否有 AC220V。如果有 AC220V,表示该显示器需要更换;如果没有 AC220V,则说明电路不通,应通知专业人员进行维修。

在确认显示器的电源线和信号线接触无误,显示器的指示灯显示为黄色后,才可继续检查是否是工控机内部主板等出了问题,是否可能是接触不良或者是某个电容电阻烧断。

任务工单

学习领域:高速公路联网收费系统应用与维护

学习情境二:收费计算机网络应用维护	班级			
	姓名		学号	
工作任务三:收费计算机网络常见故障排除	日期		评分	

一、内容

熟悉收费计算机系统中各项设备的常见故障,掌握故障解决方法。

二、知识准备

1. 填空题。

(1)计算机网络拓扑按三层实施:_____、_____、_____。

(2)收费广场的车道控制机通过_____以太网交换机,构成_____的局域网。

(3)_____与_____之间采用 100BASE-FX 连接。

(4)局域网与上级局域网互联应遵循_____协议系列,以在其支持下,实现_____和_____。

(5)主机设备包括:_____、_____、_____和_____。

(6)收费车道控制机和_____接入收费广场以太网交换机,收费广场以太网交换机与收费站以太网交换机通过 100BASE-FX 相接,形成一个_____。传输介质采用_____。

(7)财务工作站主要完成收费员上缴收费款的登记,通行费的_____、_____、_____、_____、_____等功能。

2. 选择题。

(1)下列对南昌东收费分中心计算机系统构成图的说明表述正确的是(   )。

　A. 所有交换机连接设备端口均配置多个以太网避雷器,型号为:爱劳 DLP-IV-RJ45

　B. 公网备份采用公用电话网络,用调制解调器连接市联网中心

　C. 机场路收费系统网络通过原昌樟通信系统连接,采用 2M 路由器连接

　D. 京福路与乐温路连接通过两路联网后的通信链路连接

(2)下列对业务管理工作站表述不正确的是(   )。

　A. 业务管理工作站必须由有相应身份卡的操作人员登录方能操作

　B. 能选择显示某站当前的交易情况以及各收费站的收费管理情况,使监控人员能够监视收费站的当前收费交易

　C. 不能调看每个车道抓拍的车辆图片

　D. 能监视收费人员对特殊情况的处理

(3)下列对数据通信功能表述正确的是(   )。(多选)

　A. 实时接收收费车道的原始数据和特殊车辆图像,存入数据库中

　B. 向收费结算中心传输收费原始数据、拆分数据、收费统计数据(交通量、通行费、IC 卡、拆账等)

　C. 接收收费结算中心下传的系统运行参数(同步时钟、费率表、黑名单、系统设置参数等)并下传给收费车道

　D. 可实时显示和打印当天(当班)本路或某收费站车道累计收费额和分车型车流量

(4) IC卡的管理包括(　　　)。(多选)
　　A. IC卡发放　　　　　B. IC卡查询　　　　　C. IC卡回收清点　　　　D. IC卡调配申请
(5) 系统管理功能包括(　　　)。(多选)
　　A. 操作员的登录操作　　B. 操作员的权限设定　C. 系统维修测试　　　　D. 语音报警
3. 简述各级计算机系统对输出的报表有哪些要求。

4. 简述高速公路收费系统中计算机系统的功能。

三、实施
1. 系统启动不能正常进入操作界面,请对服务器系统进行检测,判断故障原因,并提出处理意见,最后检验问题是否妥善解决。

2. 磁盘阵列柜报警但能够继续使用,请对中心双机热备份系统进行检测,判断故障原因,并提出处理意见,最后检验问题是否妥善解决。

3. 若服务器突然断电,阐述应立即执行的操作。

4. 管理计算机操作无反应,请判断故障原因,并提出处理意见,最后检验问题是否妥善解决。

5. 图像计算机无图像显示,请判断故障原因,并提出处理意见,最后检验问题是否妥善解决。

6.可读写光盘驱动器不能刻录,请判断故障原因,并提出处理意见,最后检验问题是否妥善解决。

7.收费计算机网络不能访问,请判断故障原因,并提出处理意见,最后检验问题是否妥善解决。

四、小结

1.在完成工作任务的过程中,你是如何计划并实施过程的?在小组中承担了什么具体工作?

2.对本次工作任务,你有哪些好的建议和意见?

学习情境三　收费闭路设备应用维护

📹 情境概述

一、职业能力分析

1. 专业能力

（1）能够对前端、视频传输和视频存储设备进行识别、选型和调试。

（2）能够独立实现闭路电视系统功能：视频切换、图片抓拍、视频和图片存储、视频浏览。

（3）掌握广场摄像机、车道摄像机、室内遥控摄像机、多模光端机、多路音频复用光端机、视频控制矩阵和数字硬盘录像机等设备的工作原理及日常维护。

（4）能够解决常见故障。

2. 社会能力

（1）通过分组活动，培养团队协作能力。

（2）通过规范文明操作，培养良好的职业道德素养和安全环保意识。

（3）通过小组讨论、演讲评述，培养与客户的沟通能力。

3. 方法能力

（1）通过查询资料、文献，培养自学能力和获取信息能力。

（2）通过情境化的任务单元活动，掌握解决实际问题的能力。

（3）填写任务工单，制订工作计划，培养工作方法能力。

（4）能够独立使用各种媒体完成学习任务。

二、学习情境描述

南昌绕城公路乐化至温家圳段收费闭路电视系统已经实施完成，即将投入使用。现招聘一名收费闭路电视系统的工程师，主要负责路段的收费闭路电视系统的使用和日常维护以及常见故障的排除。

你作为工程师应聘成功后，需要在整个闭路电视系统中实现视频切换、图片抓拍、视频和图片存储、视频浏览功能。同时负责整个闭路电视系统中广场摄像机、车道摄像机、室内遥控摄像机、多模光端机等设备的调试、安装、维护及常见故障的排除。

三、教学环境要求

软硬条件：建设理实一体化的高速收费实训室，配置多媒体设备、实物台架。包括仿真收费监控系统及各部分硬件实物，模拟软件控制系统以及可上网的计算机和工作台等。

师资条件：主讲教师应具备教师资格、硕士以上学历，能综合运用各种教法设计课程，掌握新技术，具有较强的专业能力，具有相关职业资格证书。辅助教师应具有较强的职业技能，接受过一定的专业教育培训，具有大专以上学历，有较丰富的企业一线工作经验，取得高级工以上职业资格证书。

教学方法：在本课程教学过程中，教师应立足于加强学生实际操作能力的培养，因材施教，采用案例教学法、项目教学法，以任务驱动型项目提高学生学习兴趣，"教"与"学"互动，教师示范，学生操作，学生提问，教师解答、指导，边操作、边演示、边讲解。着力培养学生对本课程的学习兴趣，从而提高学生学习的主动性和积极性。实现教、学、做一体化。

工作任务一　收费闭路电视使用

任务概述

收费闭路电视系统是高速收费系统不可缺少的重要组成部分。它是由收费车道监视、收费广场监视、收费亭监视、收费亭监听、票款管理室监视和监控大厅监视组成的一个多路合一的闭路电视监视系统，保证了整个收费系统的监管性和安全性。

通过本工作任务的学习，应了解闭路电视监视系统构成，掌握闭路电视监视系统的所有设备性能，掌握闭路电视监视系统的设备安装与调试，以及闭路电视监视系统的设备维护与维修。这都是作为高速公路收费站闭路电视监视系统工程技术人员所必须掌握的技能。

通过创设的学习情境，激发学生学习兴趣；通过任务驱动，锻炼学生的自主学习能力，培养学生严谨务实的工作作风。

一、闭路电视系统构成

闭路电视系统的监视内容包括收费车道监视、收费广场监视、收费亭监视、监听、票款管理室监视、监控大厅监视。各收费站的前端摄像机（广场摄像机的控制信号）通过光端机接入收费站视频切换控制矩阵。数字闭路电视监控系统原理图如图3-1-1所示。

本项目采用收费分中心—收费站两级监控模式，每个收费站视频矩阵切换出二路图像，通过由通信系统提供的专用图像通路上传至收费分中心。闭路电视系统用于收费管理人员对收费广场的交通流量以及收费员的车型、车种判别情况进行直观的监视，并对特殊情况自动标签录像。

闭路电视系统由前端设备、传输设备、存储控制设备三部分组成。前端设备包括广场摄像机、车道摄像机、收费亭摄像机（含拾音器）、票款管理室摄像机、监控大厅摄像机。传输设备包括视频/数据/音频光端机。存储控制设备包括视频控制矩阵、数字硬盘录像机、彩色监视器、监视器台架等。

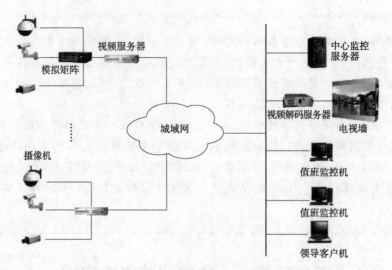

图 3-1-1 数字闭路电视监控系统原理图

1. 前端设备

(1)车道摄像机:对每个收费车道所通过的车辆和收费员的对应操作过程进行监视。车道摄像机视频经视频数据叠加卡处理后的混合视频上传至收费站机房视频控制矩阵。对每辆车都进行视频抓拍,将抓拍的特殊车辆图片缓储在车道控制机里,并通过以太网上传至收费站、收费分中心数据服务器中进行存储,供图像工作站进行处理、检索。

(2)收费亭摄像机(包括拾音器):每个收费亭设置 1 台彩色半球摄像机,可以配合车道摄像机视频监视收费员的操作,还可以监视收费亭内的情况,保证收费员的人身安全。收费亭摄像机视频经视频数据叠加卡处理后的混合视频上传至收费站机房视频控制矩阵。

(3)收费广场摄像机:广场摄像机安装在收费广场两侧渐变段的土路肩上。广场摄像机为室外型一体化球形摄像机,用于监视收费广场范围发生的交通堵塞状况及其他异常状况。每个双向收费广场设置两台广场摄像机,分别安装在收费车道出口一侧渐变段的土路肩上。

(4)票款管理室摄像机:票款管理室摄像机安装在票款管理室内,用于监视票款管理室的情况,规范票款管理员的操作,保证票款管理员的人身安全。

(5)监控大厅摄像机:监控大厅摄像机安装在收费分中心监控大厅内,用于监视值班员的操作,保证值班员的人身安全。

2. 前端设备选型及配置

1)摄像机的选择

摄像部分的主体是摄像机,其功能为观察、收集信息。摄像机的性能及其安装方式是决定系统质量的重要因素。光导管摄像机目前已被淘汰,由电荷耦合器件(简称 CCD 摄像机)所取代。其主要性能及技术参数要求如下。

(1)色彩:摄像机有黑白和彩色两种,通常黑白摄像机的水平清晰度比彩色摄像机高,且黑白摄像机比彩色摄像机灵敏,更适用于光线不足的地方和夜间灯光较暗的场所。黑白摄像机的价格比彩色摄像机便宜。但彩色的图像容易分辨衣物与场景的颜色,便于及时获取、区分现场的实时信息。

(2)清晰度:有水平清晰度和垂直清晰度两种。垂直方向的清晰度受到电视制式的限制,有一个最高的限度,由于我国电视信号均为 PAL 制式,PAL 制垂直清晰度为 400 行。所以摄像机的清晰度一般是用水平清晰度表示。水平清晰度表示人眼对电视图像水平细节清晰度的量度,用电视线 TVL 表示。

目前选用黑白摄像机的水平清晰度一般应要求大于 500 线,彩色摄像机的水平清晰度一般应要求大于 400 线。

(3)照度:单位被照面积上接收到的光通量称为照度。Lux(勒克斯)是标称光亮度(流明)的光束均匀射在 1m² 面积上时的照度。摄像机的灵敏度以最低照度来表示,这是摄像机以特定的测试卡为摄取标,在镜头光圈为 0.4 时,调节光源照度,用示波器测其输出端的视频信号幅度为额定值的 10%,此时测得的测试卡照度为该摄像机的最低照度。所以,实际上被摄体的照度应该是最低照度的 10 倍以上才能获得较清晰的图像。

目前一般选用黑白摄像机的最低照度,当相对孔径为 $F/1.4$ 时,最低照度要求选用小于 0.1Lux;选用彩色摄像机的最低照度,当相对孔径为 $F/1.4$ 时,最低照度要求选用小于 0.2Lux。

(4)同步:要求摄像机具有电源同步、外同步信号接口。对电源同步而言,使所有的摄像机由监控中心的交流同相电源供电,使摄像机场同步信号与市电的相位锁定,以达到摄像机同步信号相位一致的同步方式。

对外同步而言,要求配置一台同步信号发生器来实现强迫同步,即电视系统扫描用的行频、场频、帧频信号,复合消隐信号与外设信号发生器提供的同步信号同步的工作方式。

系统只有在同步的情况下,图像进行时序切换时才不会出现滚动现象,录、放像质量才能提高。

(5)电源:摄像机电源一般有交流 220V、交流 24V、直流 12V,可根据现场情况选择摄像机电源,但推荐采用安全低电压。选用 12V 直流电压供电时,往往达不到摄像机电源同步的要求,必须采用外同步方式,才能达到系统同步切换的目的。

(6)自动增益控制(AGC):在低亮度的情况下,自动增益功能可以提高图像信号的强度以获得清晰的图像。目前市场上 CCD 摄像机的最低照度都是在这种条件下的参数。

(7)自动白平衡:当彩色摄像机的白平衡正常时,才能真实地还原被摄物体的色彩。彩色摄像机的自动白平衡就是实现其自动调整。

(8)电子亮度控制:有些 CCD 摄像机可以根据射入光线的亮度,利用电子快门来调节 CCD 图像传感器的曝光时间,从而在光线变化较大时可以不用自动光圈镜头。使用电子亮度控制时,被摄景物的景深要比使用自动光圈镜头时小。

(9)逆光补偿:在只能逆光安装的情况下,采用普通摄像机时,被摄物体的图像会发黑,应选用具有逆光补偿的摄像机才能获得较为清晰的图像。

2)镜头选择

镜头按功能和操作可分为以下几类。

(1)摄取静态目标的摄像机,可选用固定焦距镜头,当在有视角变化要求的动态目标摄像场合,可选用变焦距镜头。镜头焦距的选择要根据视场大小和镜头到监视目标的距离而定。

$$F = A \times \frac{L}{B}$$

式中:F——焦距,mm;

A——像场宽,mm;

L——镜头到监视目标的距离;
B——视场高(*L*、*B* 采用相同的度量单位)。

(2)选择镜头焦距时,必须考虑摄像机图像敏感器画面的尺寸,有"2/3"、"1/2"、"1/3"、"1/4"四种模式,这四种模式都具有垂直×水平尺寸为3×4的方位比,而四种模式摄像机对应于某一个镜头,则下一个模式正好与它上一个模式摄像机相差一个镜头焦距的档次。如"1/2"摄像机使用16mm镜头的视角范围正好与"1/3"摄像机使用12mm焦距的镜头相同。依此类推。

(3)对景深大、视场范围广的监视区域及需要监视变化的动态场景,一般对应采用带全景云台的摄像机,并配置6倍以上的电动变焦距带自动光圈镜头。

(4)使用电荷耦合器件(CCD)时,一般均应选择自动光圈镜头,室内照度恒定或变化很小时可选择手动可变光圈镜头,电梯轿厢内的摄像机镜头应根据轿箱体积的大小选用水平视场角大于70°的广角镜头。

(5)随着小型化需要,镜头尺寸需缩小,除通常摄像机镜头的标准C接口外,引入了Cs接口。由于Cs接口比C接口短5mm,减小了镜头与敏感件的间距,故Cs接口系统体积小,质量轻,且Cs接口镜头价格较便宜。Cs接口摄像机可配用Cs接口镜头,也可使用C接口镜头再加上引入5mm隔条环。而C接口摄像机只能配用C接口镜头,不能使用Cs接口的镜头。

(6)摄像机镜头应从光源方向对准监视目标,避免逆光。镜头的焦距和摄像机靶面的大小决定了视角,焦距越小,视野越大,焦距越大,视野越小。若要考虑清晰度,可采用电动变焦距镜头,根据需要随时调整。

(7)通光量:镜头的通光量是用镜头的焦距和通光孔径的比值(光圈)来衡量的,一般用*F*表示。在光线变化不大的场合,光圈调到合适的大小后不必改动,用手动光圈镜头即可。在光线变化大的场合,如在室外,一般均需要自动光圈镜头。

3. 视频传输设备

1)光端机

光端机(图3-1-2)主要作为各收费车道及广场视频、音频以及反向控制信号的传输设备。下面来介绍光端机在视频传输中的作用。比如在收费站很多处都安装了监控摄像头,工程师要把摄像头拍摄到得图像传到显示器或录像机上,让工作人员从监控室看到所监控的位置的图像。这套装置从每个摄像头到显示器都有一段距离,或长或短,距离短的离收费站监控室只有几十米,距离长的(如总站)有几千甚至几百千米。整套装置都用线缆来传输信号,一般都是铜做的金属线缆。而金属线缆有两个毛病,在传输距离超过

图3-1-2 光端机

700m的情况下,摄像头的信号到达显示器时就会严重损耗,显示器上什么都看不清。还有遇到强磁场、强电场干扰时图像也无法正常显示,多数情况下也是什么都看不清。解决这两个问题的办法就是放弃使用金属线缆,而改用光纤来传输信号。那光端机是做什么用的呢?我们就用解决远距离传输这个问题来说明它的作用。试想一下,直接把连接摄像头和显示器的金属线缆剪断,把几千米长的光纤接在中间,在接口的地方缠上胶带,这样能行吗?当然不行。这时就需要光端机的帮助。光端机都是成对使用的。当金属线缆剪断以后,其中一个光端机就接在连接着摄像头的金属线缆的断口上,是通过BNC视频接线方式连接的。这台光端机的作用是把摄像头通过很短的金属线缆传来的模拟信号转

换成光信号,再从它的光口通过几千米长的光纤把光信号发射出去。这条光纤一直接到几千米外的监控室,连接在另一台光端机上。这另一台光端机一边连接着光纤,另一边也通过BNC视频接线方式与连接着显示器的金属线缆断口相连接。它的作用是接收从光纤传来的光信号,并把光信号转换回模拟信号传送给显示器。这样几千米外的显示器就能够清晰显示所监控位置的图像了。光端机不止可以传输视频信号,还能传输音频、电话、网络和很多种控制信号。实际上,可以把连接在一起的金属线缆、光端机发射端、光纤、光端机接收端、金属线缆理解为一整条线缆,光端机只是这条线缆的一部分。

当然光端机分很多种,有视频光端机、数据光端机、PDH 光端机、SDH 光端机等等。

2)视频分配器

视频分配器(图 3-1-3)是一种把一个视频信号源平均分配成多路视频信号的设备。

视频分配器可实现一路视频输入,多路视频输出的功能,使之可在无扭曲或无清晰度损失情况下观察视频输出。通常视频分配器除提供多路独立视频输出外,还兼具视频信号放大功能,故也称为视频分配放大器。一路视频信号对应一台监视器或录像机,若想一台摄像机的图像送给多个视频输出设备,建议选择视频分配器,因为并联视频信号衰减较大,送给多个输出设备后由于阻抗不匹配等原因,图像会严重失真,线路也不稳定。

图 3-1-3 视频分配器

视频分配器除了阻抗匹配,还有视频增益,使视频信号可以同时送给多个输出设备短距离而不受影响,从而一定程度上保证视频传输的同步。

4. 传输系统

视频采集现场和控制中心总有一定距离,从视频采集现场到控制中心需要图像信号传输图像信号,同时从控制中心的控制信号要传送到现场,所以传输系统包括视频信号和控制信号传输两部分。

1)视频信号传输

一般采用同轴电缆传输视频基带信号,也可采用光缆传送电视信号以及用平衡电缆,也就是利用电话电缆传送。由于电缆对外界的静电场和电磁波有屏蔽作用,可减少串扰,传输损失也较小。但当电缆作为长距离传送媒体时,会发生对地不平衡低频地电流的影响,有时也会有高频干扰。信号传输带宽为 50Hz~4MHz,当传输距离在 200m 以内时,用同轴电缆传送,其衰减的影响一般可不予考虑;当传输距离大于 200m 时,电缆衰减量较大,为了能把整个带宽内不同频率的信号进行传输,必须使用电缆补偿放大器。某些场合,布线非常困难时,可以采用无线传输如微波定向传输,但它要占用频率资源,需经无线电管理委员会核准。

2)控制信号传输

对于 CCTV,常用的控制方式有直接控制、编码控制、同轴视控。目前直接控制由于线缆过多,很少采用。编码控制是将全部控制命令数字化(调制)后再传输,到控制设备后再解调,还原成直接控制量,可节约线缆。这种方式传输距离长,目前工程中采用较多。同轴视控就是控制信号与视频信号共用一条同轴电缆,利用频率分割或视频信号消隐期传输控制信号的方式传输,但价格较贵。

3)管槽敷设

为防止电磁干扰和外电源及变频电梯等干扰,电缆应敷设在接地良好的金属管或金属桥架上，同时保护线缆。

5. 控制系统

（1）视频矩阵切换器。

对多路视频输入信号和多路视频输出信号进行切换和控制，可以通过电子开关，组成切换矩阵，使任一路输入可切换至任一路输出。设计时应满足必要的视频输入/输出容量，并易扩展。一个CCTV系统除主控键盘外，还可根据需要设置分控键盘。

（2）双工多画面视频处理器。

能把多路视频信号合成一幅图像，达到在一台监视器上同时观看多路摄像机信号。常用的16画面分割器，又称为多画面视频处理器，双工的另一个用途是用一台录像机同时录制多路视频信号，并具有单路回放的功能，即能选择同时录下的多路视频信号的任意一路在监视器上回放。

（3）多画面分割器。

将多个画面通过视频数字处理合并成分割状的一个画面，就出现了多画面分割器。现有4画面分割器，9画面分割器，16画面分割器。这样用一台监视器，一台录像机上能同时监看、记录4、9、16个画面，多画面分割器通常分为三类。

①单工画面处理器：单纯监看一个画面，记录分割画面。

②双工画面处理器：在监视单画面、分割画面的同时可以进行记录。

③全双工画面处理器：在监视、记录的同时可以进行记录信号回放。

（4）视频分配器。

一路视频信号可同时分配成多路视频输出。

（5）数字化图像监控系统。

数字化图像监控系统以同轴电缆传输视频信号，称之为传统的模拟信号传输方式，这种传输方式，在较短距离内（如200m左右）视频信号的衰减不大，如果超过200m，则必须对视频信号进行补偿放大。常规的闭路电视监控系统较适合在一座建筑物或较小的地域范围内使用。

数字化监控系统是将计算机网络技术、多媒体技术与闭路电视技术相结合，适用于远距离传输多路视、音频信号。实际上就是将模拟信号进行数字化，并对其压缩编码，通过计算机网络及数字多媒体技术来传输视频图像。

数字化监控系统将计算机网络技术、多媒体技术与图像监控技术有机结合在一起，能高清晰、同步地传输图像信号，是一项全新的安保电视系统，它已成为现代化楼宇管理的有力工具。

数字化图像监控系统可实现远程图像监控，把分散在各地的监控点通过计算机网络有机联系在一起，并利用了多媒体技术，增强了整体安全和图像监控的自动化管理能力。

目前不少公司的产品均使用了特殊的压缩方法，采用了动态存储技术，从而保证了图像的质量。数据压缩和图像、声音的复合全部由硬件完成，在一个系统上可实现16路的实时监控。16路信号可同时存储，而且视频图像不丢帧，动态存储技术保证了监控端图像的连续性和高清晰度。

6. 视频存储设备

（1）视、音频控制矩阵：各收费站配控制矩阵管理收费站内视、音频信号，并负责提供7、8号视频传输通道到分中心。分中心视频控制矩阵与监控系统控制矩阵共用。分中心矩阵能控制各收费站矩阵实现矩阵联网,可以调用收费站各站图像。

(2)显示器:在各收费站配置一定数量的19″液晶彩色显示器供硬盘录像机显示图像。

(3)数字硬盘录像机:将数字硬盘录像机连接在视频控制矩阵的视频输出端口上,对所有上传视频以及音频进行录像。

7. 显示系统

显示与记录设备一般均安装在监视控制室,主要由黑白/彩色监视器、录像机及视频处理设备组成。

(1)黑白/彩色专用监视器。

实现对摄像机视频信号再现图像的设备,一般要求黑白监视器的水平清晰度应大于600线,彩色监视器的清晰度应大于350线。

(2)录像机。

录像机是监视系统的记录和重放装置,一般采用时滞录像机,用普通180min的录像带可以录24h以上,甚至可达480h、960h,并可用控制信号自动操作录像机的遥控功能。对于与安全报警系统联动的摄录像系统,宜单独配置相应的时滞录像机,目前已可采用数码光盘记录、计算机硬盘录像。

8. 数字硬盘录像系统

1)数字监控硬盘录像系统的功能

数字硬盘录像是当今闭路监控电视系统领域最新型的、性能最卓越的数字化图像记录设备,它将监控系统中所有的摄像机摄取的画面进行实时数字压缩并录制存档,可以根据任意检索要求对所记录的图像进行随机检索。由于采用了数字记录技术,能大大增强录制图像的抗衰减、抗干扰能力,因此无论经过多少次的检索或录像回放都不会影响播放图像的清晰度,而传统的模拟方式记录的录像带在经过若干次检索及回放后,图像质量将会有一定的衰减并引起信号信噪比的下降。当需要对已存储的图像进行复制时,数字记录的图像不存在复制劣化的问题,而模拟方式记录的图像每经过一次复制就要劣化一次。

数字硬盘录像系统是集计算机网络化、多媒体智能化与监控电视为一体,以数字化的方式和全新的理念构造出的新一代监控图像硬盘录像系统。系统在实现本地数字图像监控管理的同时,又能实现监控图像画面的远程传送,加强了整体安全管理。在系统中,所有图像数据均以数字形式保存,与传统的模拟信号系统相比,打印出的照片具有更高的清晰度和逼真感,数据的传输更可靠,速度更快。系统以模块化设计为基础,各个模块包括:信号采集模块、监控模块、图像录制模块、远程访问模块和中央控制模块。整个系统维护简便,易于安装。

由于数字硬盘录像设置在计算机系统中,信息可以自由传递到网络能够到达的范围,因此监控图像的显示不再拘于传统的图像切换方式,可以根据需要在任何被授权的地点监控任何一处的被控图像,使系统具有极强的安全管理能力。监控图像通过图像录制模块以高压缩率存储于高容量磁盘阵列中,可随时供调阅、快速检索。也就是说,可将多个摄像机(目前最多为16个)的多路图像实时显示于一台监视器上,同时,还可将所有的图像录制于其内置的硬盘驱动器中,以备回放、查找和转换,并可将图像备份至外置硬盘中。所有操作,都可在遥控器上完成,从而摆脱Windows操作系统,避免了死机现象。相对于传统的磁带记录方式,操作简便,可靠性和回放质量更高。所有记录可供长时间保存,重复利用率极高,还可被转录制成光盘用于存档保存。在大于40G的硬盘配置下,动态录像约可以存储一个月甚至更长时间。

2)数字监控硬盘录像系统的主要特点

(1)高效率,耐用,节省维修费用。

数字硬盘录像,使已录制图像的抗衰减、抗干扰能力大大增强,可以反复录像、回放、检索而不失真和破坏,高效耐用,节省了很多维修费用。与传统的录像带的图像存储经长期使用容易损坏相比较具有极大优越性。

(2)与现有的闭路监控电视系统设备可兼容。

在现有的闭路监控电视系统配置设备的基础上,只是更换旧的盒式录像机和多画面视频处理器,仍可保留系统配置的其他设备。

(3)采用特殊的压缩存储技术。

采用特殊的压缩存储技术,以满足高活动性的动态清晰度录像以及高效率的压缩存储这两方面的要求,目前有的借用标准的 MPEG 压缩存储技术,有的采用 D-TEG 编码压缩方法来达到高效压缩率比。

(4)提供高速搜索和高清晰度静像。

由于系统采用硬盘存储图像,故系统能提供快速搜索功能和高清晰度静像。图像分辨率一般可达 752×582 或 640×480 像素。录像速度为 25 帧/s,回放速度为 25 帧/s。录像和回放前都可以准确到年/月/日/时/分/秒,并可以独立调节每路画面的色彩、亮度、对比度和色彩饱和度。

(5)保密性强。

传统电视监控系统中使用磁带记录所发生的实时图像,一旦被犯罪分子所掌握,就为犯罪分子销毁证据、替换或抹掉录像带内容等多项技术犯罪提供了机会,因为任何人员,只要能够接触到录像机就可以进行各种操作。而数字化电视监控系统中图像的播放是由计算机程序来控制,对图像存档、回放和状态设置等操作均有严格的密码控制,即使是操作人员,如果不知道密码或其密码的权限不包含上述操作内容,就无法知道已录制图像的内容。另外,由于采用的是硬盘录像,不需要更换存储媒体,任何人都很难取走硬盘,或者取走也无法回放,保密性极强。

二、闭路电视系统主要功能

1. 视频切换

(1)各收费站视频矩阵切换出二路图像上传至收费分中心,在收费分中心设置视频监视设备,收费分中心可以切换、控制相应的所有视频。

(2)能与报警系统产生联动,一旦报警,广场摄像机自动转至相关车道,收费站内的数字硬盘录像机立即切换该车道的相关视频(包括车道、亭内、广场),这样可以及时了解收费广场状态。

2. 图片抓拍

收费车道控制机可抓拍所有车辆图片,记录并向收费站数据服务器、南昌东收费分中心数据服务器上传车辆图片,一方面可以配合收费亭摄像机图片,监督收费员的收费操作、车型判别、管理通行车辆,另一方面可以提供反查。

3. 视频、图片存储

(1)在各站均设置数字硬盘录像机,对各站视、音频进行 24h 不间断录像。

(2)正常图片保存 1 周后自动删除,特殊车辆图片保存 1 个月。

(3)收费站数字硬盘录像机中报警、特殊车辆通过时的车道、收费亭、广场视、音频可以在本地至少保留1个月,不同车辆通过时的车道、收费亭、广场视、音频至少保留1个星期,当硬盘容量达到极限时冲掉较老的录像。

4. 视频浏览

收费监控系统主要是对收费站的车道、收费广场、收费亭的收费情况,对收费车道通过的车辆类型、收费员的操作过程以及收费过程中的突发事件和特殊事件进行观察和记录,实施有效的监督。而视频浏览,就是各站可以通过管理工作站在网络上浏览记录在数字硬盘录像机上的历史视频文件,以方便稽查。

收费监控系统的功能和特点:本着既要先进、实用、成熟、可靠,又要做到系统开放性、可扩展性好,兼顾投资合理、效益最佳的目的,闭路电视监控对现场设备进行集中监视、控制和管理,使这些设备得以安全、可靠、高效地运行,最大限度地发挥智能管理的作用,创造安全、健康、舒适宜人和能提高工作效率的优良环境,节约能源,并减少维护人员。根据本项目的环境需要,并接合功能需求建立本项目闭路电视监控系统。

1)系统具有的功能

CCTV 主要任务是对建筑物内重要部位的事态、人流及道口车流量等动态状况进行宏观监视、控制,以便对各种异常情况进行实时取证、复核,达到及时处理的目的。

(1)实现各种遥控信号。

云台控制:上、下、左、右。

镜头控制:变焦、聚集、光圈。

录像控制:定点录像、时序录像。

防护罩控制:雨刷、除霜、风扇、加热。

(2)对视频信号进行时序、定点切换、编程。

(3)察看和记录图像,应有字符区分并作时间(年、月、日)的显示。

(4)实现同步切换:电源同步或外同步。

(5)接收安全防范系统中各子系统信号,根据需要实现控制联动或系统集成。

(6)内外通信联系。

(7)安保监视电视系统与安全报警系统联动时,应能自动切换、显示、记录报警部位的图像信号及报警时间。

(8)电源控制

摄像机应由安保控制室引专线统一供电,并由安保控制室操作通、断。对离安保控制室较远的摄像机统一供电确有困难时也可就近解决,如果系统采用电源同步方式时,则必须是与安保控制室同相的可靠电源。

2)系统具有的特点

系统具有运行—检测—调节的闭环监控系统,自动检测、自动判断、人工确认、指令建议、交通诱导,电子地图、仿真辖区的交通设施、周边环境及交通状况,多重时间告警与闭路电视监视的联动取证,大屏幕动态演示全线实时变化,简洁图形和菜单式人机界面,点选按钮方便调用系统各项功能,公路交通监控全过程的信息记录、储存、查询、输出,远程监控广域网结构,具备路网通道控制模型。

(1)MJPEG算法压缩技术。

MJPEG 是指 Motion JPEG,即动态 JPEG,按照 25 帧/s 速度使用 JPEG 算法压缩视频信号,完成动态视频的压缩,是由 JPEG 专家组制订的,其图像格式是对每一帧进行压缩,通常可达到 6∶1 的压缩率,但这个比率相对来说仍然不足。就像每一帧都是独立的图像一样,MJPEG 图像流的单元就是一帧一帧的 JPEG 画片。因为每帧都可任意存取,所以 MJPEG 常被用于视频编辑系统。动态 JPEG 能产生高质量、全屏、全运动的视频,但是,它需要依赖附加的硬件。而且,由于 MJPEG 不是一个标准化的格式,各厂家都有自己版本的 MJPEG,双方的文件无法互相识别。

MJPEG 的优点是画质还比较清晰,缺点是压缩率低,占用带宽很大。一般单路占用带宽 2M 左右。

(2) H.264 压缩技术。

H.264 视频编码标准是专为中高质量运动图像压缩所设计的低码率图像压缩标准。H.264 采用运动视频编码中常见的编码方法,将编码过程分为帧内编码和帧间编码两个部分。埃帧内用改进的 DCT 变换并量化,在帧间采用 1/2 像素运动矢量预测补偿技术,使运动补偿更加精确,量化后适用改进的变长编码表(VLC)地量化数据进行熵编码,得到最终的编码系数。

H.264 标准压缩率较高,CIF 格式全实时模式下单路占用带宽一般在几百左右,具体占用带宽视画面运动量多少而不同。缺点是画质相对差一些,占用带宽随画面运动的复杂度而大幅变化。

(3) MPEG-1(VCD 标准)压缩技术。

MPEG-1(VCD 标准)压缩技术制定于 1992 年,为工业级标准而设计,可适用于不同带宽的设备,如 CD-ROM,Video-CD。它用于传输 1.5Mbps 数据传输率的数字存储媒体运动图像及其伴音的编码,经过 MPEG-1 标准压缩后,视频数据压缩率为 1/200 ~ 1/100,影视图像的分辨率为 360 × 240 × 30(NTSC 制)或 360 × 288 × 25(PAL 制),它的质量要比家用录像系统(VHS- Video Home System)的质量略高。音频压缩率为 1/6.5,声音接近于 CD-DA 的质量。MPEG-1 允许超过 70min 的高质量的视频和音频存储在一张 CD-ROM 盘上。VCD 采用的就是 MPEG-1 的标准,该标准是一个面向家庭电视质量级的视频、音频压缩标准。MPEG-1 的编码速率最高可达 4-5Mbits/sec,但随着速率的提高,其解码后的图像质量有所降低。MPEG-1 也被用于数字电话网络上的视频传输,如非对称数字用户线路(ADSL)、视频点播(VOD)以及教育网络等。同时,MPEG-1 也可被用做记录媒体或是在 INTERNET 上传输音频。MPEG1 标准占用的网络带宽在 1.5M 左右。

(4) MPEG-2 (DVD 标准)压缩技术。

MPEG-2 (DVD 标准)压缩技术制定于 1994 年,设计目标是高级工业标准的图像质量以及更高的传输率,主要针对高清晰度电视(HDTV)的需要,传输速率在 3 ~ 10Mbits/sec 间,与 MPEG-1 兼容,适用于 1.5 ~ 60Mbps 甚至更高的编码范围。分辨率为 720 × 480 × 30(NTSC 制)或 720 × 576 × 25(PAL 制)。影视图像的质量是广播级的质量,声音也是接近于 CD-DA 的质量。MPEG-2 是家用视频制式(VHS)录像带分辨率的两倍。MPEG-2 的音频编码可提供左右中及两个环绕声道,一个加重低音声道,以及多达 7 个伴音声道(DVD 可有 8 种语言配音的原因)。由于 MPEG-2 在设计时的巧妙处理,使得大多数 MPEG-2 解码器也可播放 MPEG-1 格式的数据,如 VCD。除了作为 DVD 的指定标准外,MPEG-2 还可用于为广播、有线电视网、电缆网络以及多级多点的直播(Direct Broadcast Satellite)提供广播级的数字视频。MPEG-2 的另一特点是,可提供一个较广的范围改变压缩比,以适应不同画面质量、存储容量以及带宽的要求。对于最终用户来说,由于现存电视机分辨率限制,MPEG-2所带来的高清晰度画面质量(如DVD画面)在电视上效果并不明显,到是其音频特性(如加重低音,多伴音声道等)更引人注目。

MPEG-2的画质质量最好,但同时占用带宽也非常大,在4~15M之间,不太适于远程传输。

(5)MPEG-4压缩技术。

如果说,MPEG-1"文件小,但质量差";而MPEG-2则"质量好,但更占空间"的话,那么MPEG-4则很好地结合了前两者的优点。它于1998年10月定案,在1999年1月成为一个国际性标准,随后为扩展用途又进行了第二版的开发,于1999年底结束。MPEG-4是超低码率运动图像和语言的压缩标准,它不仅是针对一定比特率下的视频、音频编码,更加注重多媒体系统的交互性和灵活性。MPEG-4标准主要应用于视像电话(Video Phone)、视像电子邮件(Video Email)和电子新闻(Electronic News)等,其传输速率要求较低,在4 800~64kbits/sec之间,分辨率为176×144。MPEG-4利用很窄的带宽,通过帧重建技术,压缩和传输数据,以求以最少的数据获得最佳的图像质量。与MPEG-1和MPEG-2相比,MPEG-4为多媒体数据压缩提供了一个更为广阔的平台。它更多定义的是一种格式、一种架构,而不是具体的算法。它可以将各种各样的多媒体技术充分用进来,包括压缩本身的一些工具、算法,也包括图像合成、语音合成等技术。MPEG-4的特点是其更适于交互AV服务以及远程监控。MPEG-4是第一个使你由被动变为主动(不再只是观看,允许你加入其中,即有交互性)的动态图像标准。它的另一个特点是其综合性,从根源上说,MPEG-4试图将自然物体与人造物体相融合(视觉效果意义上的)。MPEG-4的设计目标还有更广的适应性和可扩展性。

MPEG-4标准的占用带宽可调,占用带宽与图像的清晰度成正比。以目前的技术,一般占用带宽大致在几百K左右。

总之,闭路电视监控系统是一个使本项目高度自动化、高效率的幽雅舒适、便利快捷、高度安全的环境空间。

主要设备介绍与安装

1. 监控摄像头的安装方法

(1)在满足监视目标视场范围要求的条件下,其安装高度:室内离地不宜低于2.5m;室外离地不宜低于3.5m。

(2)监控摄像头及其配套装置,如镜头、防护罩、支架、雨刷等,安装应牢固,运转应灵活,应注意防破坏,并与周边环境相协调。

(3)在强电磁干扰环境下,监控摄像头安装应与地绝缘隔离。

(4)信号线和电源线应分别引入,外露部分用软管保护,并不影响云台的转动。

(5)电梯厢内的监控摄像头应安装在厢门上方的左或右侧,并能有效监视电梯厢内乘员面部特征。

2. 云台、解码器安装

(1)云台的安装应牢固,转动时无晃动。

(2)应根据产品技术条件和系统设计要求,检查云台的转动角度范围是否满足要求。

(3)解码器应安装在云台附近或吊顶内(但须留有检修孔)。

3. 监控摄像头控制设备安装

(1)控制台、机柜(架)安装位置应符合设计要求,安装应平稳牢固、便于操作维护。机柜(架)背面、侧面离墙净距离应符合维修要求。

(2)监控摄像头所有控制、显示、记录等终端设备的安装应平稳,便于操作。其中监视器(屏幕)应避免外来光直射,当不可避免时,应采取避光措施。在控制台、机柜(架)内安装的设备应有通风散热措施,内部接插件与设备连接应牢。

(3)控制室内所有线缆应根据设备安装位置设置电缆槽和进线孔,排列、捆扎整齐,编号,并有永久性标志。

4. 广场摄像机

广场摄像机采用一体化、高性能室外型球体(彩色黑白日夜型)摄像机系统,包括镜头、云台、解码器、立柱、基础等。

本设备提供 64 个预置位和 3 个花样扫描,方便定点监控预置位。可手动调用也可由报警信号自动激活,保密区域的设置可防止其他人看到这些敏感区,密码保护使非法用户无法篡改球机内部的参数设定。球机的自动归位功能可使用户事先设定一个场景,从而使球自动调用此场景,无须人工调整。AD 球机具有良好的速度适应性,用户可以 $0.5°/s \sim 280°/s$ 的速度对球机进行操控,球型机允许 $360°$ 的水平转动,并具有自动翻转功能,即允许不间断的监控通过球机下方的物体。

安装注意事项:

(1)摄像机安装高度为离开路面 10m,能清楚地观察收费广场内的交通状况。

(2)摄像机立柱由钢管制成,且在强风下不会晃动。摄像机及其防护罩能牢固安装在立柱上。

(3)接地电阻不大于 4Ω。

5. 车道摄像机

车道摄像机如图 3-1-4 所示。

(1)1/3″ CCD 彩色摄像头。

(2)适应昼夜亮度变化,自动亮度调节,在高亮度及低亮度下均能得到清晰图像。

安装注意事项:

(1)摄像机安装在收费岛上,高度为离开路面约 2m,能清楚地观察车道的交通状况。

(2)摄像机立柱由钢管制成,在强风下不会晃动。

6. 收费亭摄像机

收费亭摄像机采用美国 Infinova 生产的 AD1462-358/N 彩色固定半球摄像机,如图 3-1-5 所示。

图 3-1-4　车道摄像机

图 3-1-5　收费亭摄像机

安装注意事项:
(1)摄像机安装在收费亭内收费工作台的右上方,便于观察收费员的操作。
(2)摄像机支架牢固,在收费车道车辆频繁通过的震动性环境下,摄像机角度不发生变化。

7. 室内遥控摄像机

采用一体化、高性能室内型球体摄像机系统,包括镜头、云台、防护罩、解码器、底座等,如图3-1-6所示。
(1)采用美国 Infinova 生产的 AD725C1/S/B 一体化、高性能室内型球体摄像机。
(2)水平扫描范围:360°。
(3)垂直扫描范围:≥90°。
安装注意事项:摄像机安装在室内装修后的天花板上。

8. 1 路视频/1 路反向数据数字多模光端机

1 路视频/1 路反向数据数字多模光端机采用北京蛙视生产的 VNX-1V-1D 型光端机,如图3-1-7所示,具体指标如下:
(1)1 路视频,1 路反向数据。
(2)传输模式:多模。
(3)数据接口:RS-422。

图 3-1-6　室内遥控摄像机

图 3-1-7　光端机

9. 4/8 路复用数字多模视频复用光端机

4/8 路复用数字多模视频复用光端机采用北京蛙视生产的 VNX-4V、VNX-8V 型光端机,具体指标如下:
(1)4/8 路视频。
(2)传输模式:多模。

10. 4 路音频复用光端机

4 路音频复用光端机采用北京蛙视生产的 VNX-4A 型光端机,具体指标如下:
(1)4 路单向音频。
(2)传输模式:多模光端机。

11. 视频控制矩阵

视频控制矩阵如图3-1-8所示,具体功能如下:
(1)以太网控制功能。
(2)全矩阵视频切换控制系统。
(3)内置模块化微处理器。

(4) 32 路视频输入/8 路视频输出。
(5) 5 种报警显示模式,5 种报警清除模式,选择手动清除。
(6) 3 个 RS-232 口。
(7) 16 个可编程报警输入,2 个报警输出。视频控制矩阵。
(8) 4 组曼彻斯特码控制输出。
(9) 前面板带有运行状态指示灯和报警状态指示灯。

12. 数字硬盘录像机

数字硬盘录像机如图 3-1-9 所示,具体指标如下:
(1) 嵌入式结构。
(2) 压缩格式:MGEG-4。
(3) 全实时(25 帧/s)图像、声音同步记录。
(4) 硬盘:200GB×4 块,可满足连续存储 30d 图像的需要。
(5) 同时进行 16 路数字视、音频的录像。
(6) 按照时间、地点、通道方式检索。
(7) 支持网络控制。分中心可以通过网络客户端调用收费站内任何 1 路视频录像。

图 3-1-8　视频控制矩阵

图 3-1-9　数字硬盘录像机

13. 19″彩色液晶显示器

19″彩色液晶显示器如图 3-1-10 所示。

14. 视频分配器

视频分配器的功能是把一路视频输入信号分配成多路视频输出信号,采用专用视频运算放大器,视频信号经过分配的同时,可实现一定的相位校正,在一定程度上纠正视频传输线路上的相位失真。VGA 视频分配器是娱乐、电教、监控等系统的视频匹配设备。经过视频分配器的分配输出,每一路视频信号的带宽、峰值电压和输出阻抗与输入的信号格式相一致,视频输出完全相同,可供其他视频处理器使用。

本系统采用广州英沙 VDA116 型视频分配器,1 路输入转 4 路输出。16 路视频输入,64 路视频输出。视频分配器如图 3-1-11 所示。

图 3-1-10　显示器

图 3-1-11　视频分配器

任务工单

学习领域:高速公路联网收费系统应用与维护

学习情境三:收费闭路设备应用维护	班级	
工作任务一:收费闭路电视使用	姓名	学号
	日期	评分

一、内容

熟悉收费闭路电视使用,掌握收费闭路电视系统组成及各部件功能。

二、知识准备

1.填空题。

(1)闭路电视系统由前端设备、_____、存储控制设备三部分组成。

(2)广场摄像机安装在收费广场两侧渐变段的_____上。

(3)在每个收费车道收费岛尾部均设置1台车道摄像机,可覆盖车道的_____区域。

(4)光端机主要作为各收费车道及广场视频、音频以及_____的传输设备。

(5)收费站数字硬盘录像机中报警、特殊车辆通过时的车道、收费亭、广场视、音频可以在本地至少保留_____,不同车辆通过时的车道、收费亭、广场视、音频至少保留_____,当硬盘容量达到极限的时候冲掉较老的录像。

2.依次说出下列设备的名称。

答:(1)_____ (2)_____

3.选择题。

(1)闭路电视系统功能应用包括以下( )部分内容。
　　A.视频切换　　　B.图片抓拍　　　C.视频、图片存储和浏览　　D.以上三者都是

(2)( )实现对输入视频图像的切换输出。准确概括那就是:将视频图像从任意一个输入通道切换到任意一个输出通道显示。
　　A.广场摄像机　　　B.音频复用光端机　　　C.视频矩阵切换控制主机　　D.录像机

三、实施

1.简述车道摄像机的功能。

2.闭路电视系统的构成及监视内容?

—— 71 ——

3. 简述闭路电视系统的操作流程。

四、小结

1. 在完成工作任务的过程中,你是如何计划并实施过程的?在小组中承担了什么具体工作?

2. 对本次工作任务,你有哪些好的建议和意见?

工作任务二　　收费闭路电视日常维护

 任务概述

完成本工作任务学习,应了解收费闭路电视系统硬件设备的日常维护与保养范围;掌握电子设备的一般性维护常识和方法;掌握收费闭路电视系统主要设备的故障检修和保养方法。

通过创设学习情境,激发学生的学习兴趣;通过任务驱动,锻炼学生的自主学习能力,培养学生严谨务实的工作作风。

 相关知识

一、电子设备的一般性维护常识

对电子设备的维护主要是依据各类不同设备的使用要求,有针对性地进行维护。

(1)各类电子设备的机架与机壳卫生,如:控制台、屏幕墙、计算机、收费车道等主要设备的外表面。至于设备内部的清洁工作,分中心技术人员应当定期用吸尘器进行清洁。

(2)定期给机电设备的易磨损机械部件清洁、上润滑油或更换零件。如:票据打印机和电动栏杆保养。

(3)定期给摄像机的镜头进行清洁,如:车道与票亭的摄像机的防护壳前的玻璃,还有摄像机内部的镜头和 CCD 元件的表面清洁。

(4)定期给 UPS 电源系统进行充放电维护工作,就像一个人总是不锻炼身体,体质状况就会下降一样,我们要定期给 UPS 电池放电后再充电,保持其良好的性能。同时,测试其在市电断电的情况下可维持的工作时间,确保市电断电时能正常收费,发现问题及时通知分中心进行更换。

(5)定期对计算机系统进行启动系统扫描维护,避免因长时间运行造成系统性能下降,就像人们不停地产生垃圾经常需要清洁一样,尤其是早期操作系统。

(6)检查机房的空调设备是否完好,有的车道的空调制冷效果极差,有的下水管破裂漏水严重,静电地板下的电缆长期沉泡在水中。

二、日常维护与保养范围

(1)清洁监控室的控制台、屏幕墙、计算机等主要设备的外表面。

(2)清洁收费车道主要设备(车道控制器、显示器、电动栏杆、费额显示器、摄像枪等)的外表面。

(3)保洁票据打印机、清除打印机内的碎纸屑,定期更换打印色带,给打印机传动部分上润滑油。

(4)清洁电动栏杆机、费额显示器、车道摄像机的外壳,注意不要用水龙头冲洗,避免设备进水。

(5)检查工控机箱与外部连接的各接线端子的接触是否良好;定期清理排气风扇空气过滤网,给风扇轴承上润滑油,保证散热正常。

(6)定期检查收费系统的 UPS 工作情况,测试其在市电断电的情况下可维持的工作时间,确保市电断电时能正常收费。

(7)检查监控机房及车道票亭的消防设备是否完好。

任务实施

主要设备日常维护

1. 监视器

监视器是闭路监控系统(CCTV)组成部分,是监控系统的显示部分,是监控系统的标准输出,如图 3-2-1 所示,有了监视器的显示我们才能观看前端送过来的图像。监视器作为视频监控不可缺的终端设备,充当着监控人员的"眼睛",同时也为事后调查起到关键性作用。

监视器的日常维护知识如下:

1)避免"硬碰伤"

首先我们需注意的是,避免液晶监视器与一些硬质物体发生碰撞或摩擦。虽然其液晶屏幕是有科技含量的产品,但它也是比较脆弱的,因此不要让液晶监视器受到撞击或震动,或者直接掉落到地面上,上面也不要压重物。

2)避免进水

图 3-2-1 监视器

不要让任何带有水分的东西进入液晶监视器,如果不小心让水渗入里面,也不要惊慌失措,可把液晶监视器放在较温暖的地方,让里面的水分慢慢蒸发掉,比如说可以放在台灯下。

3)注意防潮

如果是在开机前发现只是屏幕表面有雾气,那我们只要用软布轻轻擦掉就可以了。平时,将液晶监视器放置在干燥的环境当中,保持液晶监视器干燥,避免在潮湿的环境中使用液晶监视器。如果发生屏幕"泛潮"的情况且较严重时,建议用户打电话给联系服务商,以便得到有效处理。因为潮气较为严重会损害元器件,有可能会导致液晶电极腐蚀,造成永久性的损害。

4）清洁方法

在进行屏幕清洁的时候,使用专用清洁剂,使用清洁剂的时候也需注意,不要把清洁剂直接喷到屏幕上,它有可能流到屏幕里造成短路,应把清洁剂喷洒到清洁软布上,然后再对屏幕进行擦拭,以避免故障问题产生。

5）不宜长时间工作

过长时间的连续使用时,可以让液晶监视器适当休息,如果在不用的时候,关掉显示器,或者让它显示全白的屏幕内容等。因为液晶监视器的像素是由许多的液晶体构成的,过长时间的连续使用,会使晶体老化或烧坏,损害一旦发生,就是永久性的、不可修复的。一般来说,不要使液晶显示器长时间处于开机状态连续72h以上。

6）不要使用屏幕保护程序

液晶监视器不像笔记本电脑,使用屏幕保护程序非但没有任何好处,反而还会造成一些负面影响,所以我们在液晶监视当中不要使用屏幕保护程序。

7）不可私自拆卸

与其他电子产品一样,液晶监视器不可私自随意拆卸,在监视器的内部会产生高电压。私自拆卸监视器不仅有一定的危险性,而且容易加重液晶监视器的故障问题。如果遇到相关问题,及时联系服务商比较好。

2. 录像机

录像机是一套进行图像存储处理的计算机系统,如图3-2-2所示,具有对图像、语音进行长时间录像、录音、远程监视和控制的功能。所以硬盘录像机如果使用和保养不当,即使在正常使用情况下,也可能出现故障。

关于硬盘录像主机的使用,请用户注意以下几点:

（1）指定专人操作主机,定时对系统及数据进行备份和维护,将故障可能造成的损失降到最低。

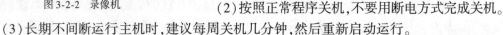

图3-2-2　录像机

（2）按照正常程序关机,不要用断电方式完成关机。

（3）长期不间断运行主机时,建议每周关机几分钟,然后重新启动运行。

（4）建议为主机配备不间断电源设备(在线式UPS),避免掉电或电压不稳造成系统破坏。

（5）硬盘录像主机为监控专用,不要作为普通计算机使用。

硬盘录像机的日常维护知识如下:

（1）保证硬盘录像机远离高温的热源及场所。

（2）保持硬盘录像机机箱周围通风良好,以利于散热。

（3）保证CCTV工程有良好的接地措施,以免视频、音频信号受到干扰,同时避免硬盘录像机被静电或感应电压损坏。

（4）音视频信号线以及RS-232,RS-485等接口,不要带电插拔,否则容易损坏这些端口。

（5）线路板上的灰尘在受潮后容易引起短路,影响硬盘录像机正常工作甚至损坏硬盘录像机,为了使硬盘录像机能长期稳定工作,要定期用对电路板、接插件、机箱风机、机箱等进行除尘。

（6）在硬盘录像机的本地视频输出(VOUT)接口上尽量不要使用电视机,否则容易损坏硬盘录像机的视频输出电路。

（7）硬盘录像机关机时,不要直接关闭电源开关,应尽量使用菜单中的关机功能,或面板上的关机按钮(常按3s以上),使硬盘录像机自动关掉电源,以免损坏硬盘。

(8)定期进行系统检查及维护。

3. 视频矩阵切换控制主机

视频矩阵切换控制主机可实现对输入视频图像的切换输出,如图3-2-3所示。准确概括为将视频图像从任意一个输入通道切换到任意一个输出通道显示。一般来讲一个 M×N 矩阵表示它可以同时支持 M 路图像输入和 N 路图像输出。这里需要强调的是必须要做到任意,即任意的一个输入和任意的一个输出。

图3-2-3 视频矩阵切换主机

视频矩阵切换控制主机的日常维护知识如下:

(1)可预组装系统,单机最多可连接64个摄像机和16台监视器。菜单综合设置管理(中英文操作界面可选;权限、切换、报警、前端及后端协议匹配设置等)集编程、群组及定时多种切换方式于一体,系统时间日期、状态、摄像机标题屏幕显示,显示位置可调整。视频放大、切换与控制线路独立设计,有效提升系统抗干扰能力。线路全芯片设计,设备低功耗,系统更稳定,视频输入及控制部分为过压、过流及防雷设计,设备运行更安全。2U 标准机箱,模块化对插结构设计,维护方便。

(2)矩阵切换控制主机是 CCTV 监控系统的核心,可以将与主机连接的任意前端视频显示,通过手动或自动切换调用到指定的监视器,并监听对应的音频。集合了音视频切换、报警输入输出及警后图像自动切换调用和前端联动控制等多种功能。

(3)采用模块化对插结构设计,具有音视频输入输出、视频环通放大及中央处理控制等多种模块插板。大规模使用专用视频放大、切换、控制以及字符叠加芯片。

(4)支持多种前端控制协议,可以通过控制键盘的操作,实现不同类型解码器或高速球的控制,也支持多种后端接收协议,兼容多种数字硬盘录像机,实现对前端的共同控制。

4. 广场摄像机

用在安防方面的摄像机,如图3-2-4所示,其像素和分辨率比电脑的视频头要高。监控摄像机只是一个单一的视频捕捉设备,不具备数据保存功能。

图3-2-4 广场摄像机

广场摄像机的日常维护知识如下:

(1)通电以前应保证火爆安防报警网各种状态设置正确。

(2)发生故障时,如果本机出现冒烟、异常气味或功能不正常,应立即关闭电源并断开电源线,停止使用机器。

(3)设置在远离电场和磁场的场所,如果设置在电视机、无线电发射机、电磁装置、电机、变压器、扬声器附近,它们产生的电磁场将会干扰图像。

(4)避免阳光或强光长时间直射,以免损坏摄像靶面。

(5)避免湿气、灰尘和高温,为了避免本机损坏,切勿把本机设置在有油烟或水蒸气、其他热源温度过高或有很多灰尘的地方。

(6)注意监控火爆安防报警网的工作电源的稳定性。

(7)定时清洁,用软布擦拭能去掉壳体上的赃物。要除去污垢,可用软布沾上洗涤剂溶液并拧干后擦拭,然后再用干的软布擦干。切勿使用汽油、涂料稀释剂或其他化学品清洁壳体,否则可能会引起变形和涂漆剥落。

(8)不要将球机瞄准强光物体否则可能导致CCD的损坏。

(9)注意光圈调整,降低或避免由于景物对比度的较大反差引起的"拖尾"现象。

5. 紧急报警系统

利用物理方法或电子技术,自动探测发生在布防监测区域内的侵入行为,产生紧急报警系统信号,并提示值班人员发生报警的区域部位,显示可能采取对策的系统。

紧急报警系统的日常维护知识如下:

(1)机械设备维护电动机保护地线接触良好,接地电阻不大于10Ω。使用500V兆欧表测量电动机的相间和对地绝缘电阻,每电阻不小于$15M\Omega$。三相电流平衡,任何一相与三相平衡值的偏差不得大于三相平均值的10%。电动机两端的滚动轴承内润滑脂适量、无灰尘,警鸣定轮与动轮无摩擦,转动灵活。各种紧固螺丝无松动、锈蚀现象。

(2)无线设备维护馈线与天线、机器的连接插件接触良好。无线终端固定可靠,天线架与地面垂直。馈线固定牢固,馈线外表无龟裂、芯线裸露。

(3)控制设备维护,终端控制设备及附属设备固定可靠无损。开关和过载保护器运用灵活,接触良好。控制盒的连接线牢固、整齐,有线、无线终端设备加电后,跳频指示无异常,手动和自动都能正常接收和显示警报信息。有线、无线终端正常工作后,通话性能应良好。

(4)电源线符合电动机的功率要求。电源线无龟裂现象,电源线路的相间及留地电阻不小于$20M\Omega$。

(5)月检清理各设备表面灰尘,检查各设备紧固件是否牢固。手动检查无线、有线终端跳频是否正常,发射按钮能否正常启动,无线终端天线是否垂直,螺丝有无松动,馈线接触是否良好。检查设备所用电源线路、控制线路有无短路、断路现象。警报设备各类开关有无受潮、腐蚀现象。警报风鸣轮转动是否灵活,有无摩擦现象。

(6)半年检查测试电源线路、电动机的相间电阻、电动机的对地电阻是否符合要求;测试电动机的保护电路是否符合要求。

(7)年检查结合控制设备加电测试进行,主要检查警报系统电气性能和机械性能是否符合要求,点动试转是否正常,控制及显示性能是否正常。

任务工单

学习领域:高速公路联网收费系统应用与维护

学习情境三:收费闭路设备应用维护 工作任务二:收费闭路电视日常维护	班级			
	姓名		学号	
	日期		评分	

一、内容

熟悉收费闭路电视日常维护,掌握收费闭路电视系统日常维护方法。

二、知识准备

1. 填空题。

(1)广场摄像机安装高度为离开路面_____m,能清楚地观察收费广场内的交通状况,接地电阻不大于_____Ω。

(2)当收费闭路电视系统图像出现干扰,应该检查_____。
(3)作为视频矩阵切换控制主机的日常维护操作,应检查_____连接情况。
(4)广场摄像机出现无图像故障时,应检查电源是否松动以及_____是否松动。
(5)当车道报警矩阵主机图像不跟随切换时,应检查矩阵主机与报警主机连接电缆是否松动以及_____内部设置是否正确。

2.依次说出下列设备的名称。

答:(1)_____ (2)_____

3.选择题。
(1)录像机的作用是(　　)。
 A.视频采集   B.视频播放
 C.视频的刻录   D.视频的数据的存储,用来保存和浏览
(2)收费闭路电视中不包含(　　)设备。
 A.监视器   B.音频复用光端机
 C.视频矩阵切换控制主机   D.车道控制器

4.判断题。
(1)闭路电视前端设备包括广场摄像机、车道摄像机、收费亭摄像机(含拾音器)、票款管理室摄像机和监控大厅摄像机。(　　)
(2)各收费站视频矩阵切换出2路图像上传至收费分中心,在收费分中心设置视频监视设备,收费分中心可以切换、控制相应的所有视频。(　　)
(3)收费站数字硬盘录像机中报警,特殊车辆通过时的车道、收费亭、广场视、音频可以在本地至少保留2个月。(　　)
(4)广场摄像机立柱由钢管制成,且在强风下不会晃动。摄像机及其防护罩不需要安装在立柱上。(　　)
(5)车道摄像机安装在车道上,高度为离开路面约2m,能清楚地观察车道的交通状况。(　　)
(6)当车道报警主机无反应时,可以对开关电缆、主机线缆进行检查。(　　)
(7)录像机无图像显示时,应检查视频端口输出是否正常。(　　)

三、实施

1.列出监视器日常维护的工作及需要注意的事项?

2.简述日常维护的工作流程。

四、小结

1.在完成工作任务的过程中,你是如何计划并实施过程的?在小组中承担了什么具体工作?

2.对本次工作任务,你有哪些好的建议和意见?

工作任务三　收费闭路设备常见故障排除

 任务概述

完成本工作任务学习,应了解收费闭路设备的故障诊断的常用方法;掌握电子设备的一般性检修常识和方法;掌握收费闭路主要设备的故障检修和故障排除方法。

通过创设学习情境,激发学生的学习兴趣;通过任务驱动,锻炼学生的自主学习能力,培养学生严谨务实的工作作风。

 相关知识

一、电子设备的维修常用方法

在机电设备出现故障时,迅速、准确的定位故障点,判断故障的类型,对于排除故障显得至关重要。这里我们简单介绍几种常见、简单、实用的方法,供大家参考。

1.观察法

所谓观察法,就是用人的所有感觉器官去判断设备是否异常,包括:眼睛看、耳朵听、鼻子闻、用手摸。就是要求我们在设备的维护维修中,注意观察设备的外观、形状上有无什么异常。首先是眼看,要求观察设备是否同故障发生前一致,有无出现弯曲、变形、变色、断裂、松动、磨损、冒烟、漏油、腐蚀、产生火花等情况;其次是鼻子闻,一般轻微的气味是正常的,当人不能忍受时则说明电流太大应调整或保护;再次是耳听,听声音、振动音律及音色是否异常;第四是用手试,当然是触摸绝缘的部分,有无发热或过热,用手去试接头有无松动,以确定设备运行状况以及发生故障的性质和程度。对故障现象的准确描述,对于迅速排除故障,少走弯路显得非常关键。这种方法在日常生活中也最为常用。

2. 复位法

机电设备经过长时间的不间断运行,出现故障是难免的。有些故障情况,仅仅是由于设备内部控制单元长时间工作紊乱或者外界环境干扰造成,设备本身并未损坏。此时,仅需要对运行设备进行重新开机、上电复位即可恢复正常。这就是我们所要介绍的复位法。最典型的例子就是收费员经常遇到车道收费电脑突然死机了,无法继续收费的情况。这是为什么呢?因为计算机长期工作后,由于各种原因(包括软件运行,环境温度升高等)造成系统不稳定,这时候,很多有经验的同志,就会采用关闭、重新开机的方法,结果故障立即排除了,又能够正常收费了。另外,就是有时会发现,车道栏杆在过车以后偶尔无法降杆,这往往也是栏杆机内部的控制模块工作紊乱导致,此时,也只要对其进行重新复位,就能够很快恢复正常。

3. 替换法

在发生故障之后,如果采用上述的各种方法仍旧无法排除,那么可以初步确定某个工作元件发生故障,需要更换。如何准确、快速地找到故障点,则需要用到下面提到的替换法。替换法,顾名思义就是利用同类型(甚至同型号)的元器件对产生怀疑的部件进行更换,从而确定故障点的方法。在更换了某个部件以后,如果系统恢复正常,那么可以确定故障点就是这个元件,对症下药,很快就能排除故障。因此,替换法在平时的维护工作中,是十分有效和常用的。

4. 对比法

对比法通俗讲就是将两样相同的东西放在一起进行比较从而发现问题并除排问题的方法。人们在日常处理各种事物时经常自觉或不自觉地才使用了这个方法。当发现一个未知事件时,如何采用对比方法,关键是在寻找相同或相似的东西,要寻找的东西也可以是回忆。在机电系统维修过程中,这是一个较常用的方法,如:你与某车收费员正在讲话时电话里突然噪声很大了,你可能立即去换个车道试听一下情况是否一样,然后,你会对该设备故障下个结论。这要求大家要善于运用这个方法。能发现设备故障,也就是使用了对比法的结果,不然也发现不了问题。但是,在排除故障时,使用对比法要特别注意设备在系统使用中的参数设置,排除因参数设置不正确引起的设备故障。

上面我们介绍了几种常见的故障排除方法,当然,各种方法不是独立的,许多场合应做到综合应用几种方法才能够发现解决问题,可在实际工作中认真实践领会。

二、一般性设备维修内容

(1)调试电动栏杆机的平衡位置,检查栏杆机控制器、车检器工作是否正常,检查防撞橡皮,更换因碰撞挤压而产生开裂变形的防撞橡皮。

(2)检查 UPS 电源工作状态,更换老化的 UPS 电池。

(3)检查打印机工作状态,排除打印机卡纸、不打印等故障。若票据打印机卡纸时,检查票据是否安装到位、票据是否正常摆放、走纸机构异常堵塞,否则更换打印机。

(4)检查费额显示器显示状态,更换缺笔或不亮的费额显示模块。

(5)收费显示器黑屏时检查显示器前面板的指示灯状态,如果不亮,表明显示器没有加电或显示器电源模块损坏,检查顺序依次为电源开关是否打开、电源插头是否插紧、电源插头是否有点松、电源模块是否损坏;如果指示灯为黄色,表明显示器无视频信号输入,检查顺序依次为车道计算机是否工作(键盘[POWER]指示灯是否点亮;手动进行车道开/关操作,查看键盘[ON/OFF]指示灯是否切换)、显示器数据线插头是否连接正常。

(6)键盘不响应时检查的顺序依次为车道计算机是否正常工作(操作界面上的当前时间是否正常,如果不正常作车道计算机死机处理)、键盘 POWER 指示灯是否点亮(如果不亮表示键盘插头未正常连接)、车道计算机面板上的 KB-Lock 指示灯是否点亮(如果点亮需重新按一次 KB-Lock 按钮)、操作界面上的当前按键栏是否响应(如果不响应说明车道程序失去焦点需重启计算机)、操作界面上是否有其他提示信息(如有其他信息依据有关软件故障处理),如果上述情况均正常说明车道软件进入死锁状态,应完整记录操作,重启计算机。

(7)IC 卡读写器不能正常读写卡时检查的顺序依次为车道操作界面上是否提示"卡读写器故障"(如果提示表明读写器与车道计算机通讯故障,应检查通讯线是否连接正常、读写器是否断电、读写器损坏)、IC 卡是否为坏卡(用其他卡片进行测试)。

任务实施

主要设备故障诊断与故障修理

1. 监视器

监视器"不显示"故障的排除方法如下:

(1)无电源,检查电源。

(2)背面视频输入口与前面板端口选择按钮不对应。

(3)视频电缆接口松动,重新紧固。

(4)对应视频分配器视频端口松动,重新紧固。

(5)对应视频分配器无电源。

(6)对应视频源没打开,检查电源。

(7)监视器故障,更换监视器。

(8)图像出现干扰:检查电源部分是否稳定。

2. 视频分配器

视频分配器"前面板 LED 无显示"故障的排除方法如下:

(1)无电源,检查电源。

(2)一路视频图像无输出,检查该图像连接线缆,或者更换视频通道。

3. 录像机

(1)录像机"前面板 LED 无显示"故障的排除方法如下:无电源,检查电源。

(2)录像机"无图像显示"故障的排除方法如下:

①检查视频端口输入。

②检查硬盘录像机操作设置。

4. 视频矩阵切换控制主机

(1)视频矩阵切换控制主机"前面板 LED 无显示"故障的排除方法如下:无电源,检查电源。

(2)视频矩阵切换控制主机"视频输出无信号"故障的排除方法如下:

①视频源丢失,检查视频接口、检查视频源情况。

②矩阵主机故障,进行维修。

③盘故障,进行维修。

④键盘控制线故障,检查线缆。

(3)视频矩阵切换控制主机"视频不能切换显示"故障的排除方法如下:

①键盘故障,进行维修。

②键盘控制线故障,检查线缆。

③矩阵主机故障,进行维修。

④矩阵主机端口(COM1)设置出错,重新设置。

(4)视频矩阵切换控制主机"不能控制广场摄像机"故障的排除方法如下:

①键盘故障,进行维修。

②键盘控制线故障,检查线缆。

③矩阵主机故障,进行维修。

④广场摄像机控制线缆松动,检查线缆。

⑤广场摄像机故障,进行维修。

(5)视频矩阵切换控制主机"分中心,大站不能调用控制小站图像"故障的排除方法如下:

①网络连接故障,检查线缆。

②同本地调用故障。

5. 广场摄像机

(1)广场摄像机"不能控制广场摄像机"故障的排除方法如下:

①键盘故障,进行维修。

②键盘控制线故障,检查线缆。

③矩阵主机故障,进行维修。

④广场摄像机控制线缆松动,检查线缆。

⑤广场摄像机故障,进行维修。

(2)广场摄像机"广场摄像机无图像"故障的排除方法如下:

①广场摄像机电源松动,连接广场摄像机电源,检查电压(24VAC)。

②视频电缆松动,检查视频接口。

③广场摄像机故障,进行维修。

6. 紧急报警系统

(1)紧急报警系统"主机面板无显示"故障的排除方法如下:无电源,检查电源线路。

(2)紧急报警系统"车道报警主机无反应"故障的排除方法如下:

①车道报警开关电缆松动,检查线缆。

②开关故障,更换开关。

③主机线缆松动。

④主机对应端口故障,更换端口。

⑤主机故障,更换主机。

(3)紧急报警系统"报警显示无声音"故障的排除方法如下:

①主机已设置消声。

②主机音频模块故障。

(4)紧急报警系统"车道报警,矩阵主机图像不跟随切换"故障的排除方法如下:

①矩阵主机与报警主机连接电缆松动,重新紧固。

②矩阵主机内部设置不对,重新设置。

任务工单

学习领域：高速公路联网收费系统应用与维护

学习情境三：收费闭路设备应用维护	班级		
工作任务三：收费闭路设备常见故障排除	姓名		学号
	日期		评分

一、内容

熟悉收费闭路各项设备的常见故障，掌握收费闭路各项设备故障解决方法。

二、知识准备

1. 依次说出下列设备的名称。

答：(1) _____ (2) _____

2. 选择题。

(1)闭路电视系统前端设备包括广场摄像机、( )、收费亭摄像机、票款管理室摄像机和监控大厅摄像机。

　　A. 收费站摄像机　　　B. 车道摄像机　　　C. 收费岛摄像机　　　D. 路段摄像机

(2)收费亭摄像机可以配合车道摄像机视频监视收费员的操作，还可以监视收费亭内的情况，保证收费员的人身安全。其拍摄的视频数据经( )处理后的混合视频上传至收费站机房视频控制矩阵。

　　A. 视频数据叠加卡　　B. 图像捕捉卡　　C. 视频图像采集卡　　D. 显卡

(3)各收费站配备控制矩阵管理收费站内视频、音频信号，并负责提供7、8号视频传输通道到分中心，南昌东分中心视频控制矩阵与( )控制矩阵共用。

　　A. 图像　　　　　　　B. 收费系统　　　　C. 监控系统　　　　　D. 音频系统

(4)各收费站可以通过管理工作站在网络上浏览记录在( )上的历史视频文件，以方便稽查。

　　A. 图像抓拍录像机　　B. 数字硬盘录像机　C. 车道控制录像机　　D. 收费广场录像机

(5)车道摄像机安装在收费岛上，高度为离开路面约( )m，能清楚地观察车道的交通状况。

　　A. 6　　　　　　　　B. 3　　　　　　　　C. 2　　　　　　　　D. 5

(6)视频分配器出现前面板LED无显示，以下哪种故障排除方法是不可行的( )。

　　A. 检查电源　　　　　B. 检查连接线缆　　C. 更换视频通道　　　D. 更换监视器

(7)广场摄像机不能控制时，应对( )进行检查。

　　A. 键盘控制线　　　　B. 矩阵主机　　　　C. 广场摄像机控制线缆　D. 以上全部

(8)视频矩阵切换控制主机出现"视频不能切换显示"，不可能出现的问题是( )。

　　A. 键盘故障　　　　　B. 矩阵主机故障　　C. 键盘控制线连接问题　D. 录像机故障

(9)控制不了广场摄像机的故障有可能是( )。

　　A. 视频电缆接口松动　B. 无电源　　　　　C. 开关故障　　　　　D. 矩阵主机故障

三、实施

1. 当录像机前面板LED无显示了，怎么办？

2. 简述票据打印机不能打印时应做的检修操作。

3. 简述自动栏杆的常见故障及维修方法。

四、小结

1. 在完成工作任务的过程中,你是如何计划并实施过程的? 在小组中承担了什么具体工作?

2. 对本次工作任务,你有哪些好的建议和意见?

 知识拓展

一、收费车道技术要求

1. 人工收费车道(MTC)收费车道系统设备组成

MTC 收费车道系统由以下主要设备组成:车道计算机、车道控制器、收费员终端(显示器、键盘)、非接触式 IC 卡读写器或自动收发卡机、雨棚信号灯、检测器、手动栏杆、声光报警器、语音报价器(出口车道)、费额显示器(出口车道)、车道通行信号灯、自动栏杆、收据打印机(出口车道)、车道摄像机。

2. 人工收费车道(MTC)收费车道系统功能

收费车道系统实现车道设备控制、车道发卡、验票、收费等正常车道功能。收费车道系统实现对车道收费的各种特殊情况做出处理的功能。

收费车道系统能够以独立作业的方式工作,当收费站计算机不工作或网络出现问题时,不影响正常工作,作业参数、数据记录均存储在本地。当车道长期独立工作时,可通过人工的方式用其他存储介质将收费数据上传至收费站。

收费车道系统与站级系统之间具有数据通信的功能。在通信中断的情况下,收费车道系统维持正常收费作业,通讯恢复后,积压数据可自动上传。

收费车道系统将定期从收费站获取日期和时间同步、系统运行参数及其他信息。车道系统有无人值守功能,当车道无人上班时,以"无名氏"的身份监视车道运行。出口车道能查

询车辆在区域内的入口信息。

3. 人工收费车道(MTC)收费车道系统性能指标

车道通行能力:车辆通过入口的平均处理时间为 8s/辆;车辆通过出口的平均处理时间为 14s/辆。

可靠性:每 100 000 次操作不能有多于 3 次错误。

车道信息保存:至少 60 000 车次过车记录。

MTBF:大于 10 000h。

二、车道设备技术要求

1. 一般要求

车道设备应为工业级、高质量的产品,用于自然环境中进行收费过程处理。

车道设备或其模块化组成部分(如果车道设备由若干模块组成)应轻便、可移动,以便于收费员操作和维修人员保养更换。

2. 键盘

收费员键盘是一专用钢制键盘,它通过标准接口与车道计算机连接。收费终端键盘应是单独的可拆卸的组件,整个组件可以由装配成一体的单独按键开关组成,也可以是安装在可拆卸印刷电路板上的按键组成的制造单元。

键盘逻辑应包括锁定功能,防止错误数据或同时有两个以上键码的输入。第一个按下的键应予承认,在该键放开之前,按其他键无效。

键盘上的各种键不会因为重复使用而出现错误登记。如果收费员按键操作顺序发生错误,则键盘不能正常工作,收费员只有按规定正确操作,才能完成收费过程登记,否则操作无效。

键帽上应刻有相应文字或符号以提示收费员操作。文字和符号的设计应符合人机工程原理,清晰易识,不易磨损。

操作员键盘(图 3-3-1)提供一些定制键和备用键。按照功能,键盘的按键可分为下列种类:车辆类型键;控制键;特殊处理键;数字键辅助键;备用键。

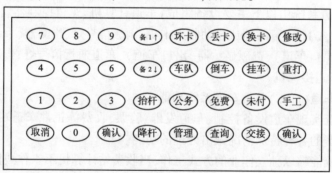

图 3-3-1　收费员键盘

1)车辆类型键

车辆类型键采用 1~6 数字键替代,可使操作员从 6 种车辆类型(1,2,3,4,5,6)中选出一种。

2)控制键

"抬杆"键:用来强迫自动栏杆打开。

"降杆"键:用来强迫自动栏杆关闭。
"交班"键:用来开启/结束一个班次。
"取消"键:用来取消上一步可取消操作。
"确认"键:用来允许正常(车辆)通过,键盘上有两个"确认"键,完成同样功能。
3)特殊处理键
"车队"键:使车队车辆通过。
"免费"键:使免费车辆通过。
"公务"键:使公务车辆通过。
"挂车"键:使挂车车辆通过。
"倒车"键:使倒车车辆通过。
"坏卡"键:用于对坏卡车的处理。
"未付"键:用于对未付车的处理。
"换卡"键:用于对换卡车辆的处理。
"重打"键:用于对打印废发票的重新打印处理。
"手工"键:用于紧急情况下(读写器故障等)代发手工票的处理。
"修改"键:用于操作修改处理。
"管理"键:用于开/关顶棚信号灯、统计数据、软盘拷贝等操作。
"查询"键:用于根据车牌、卡号查询车辆入口信息。
4)数字键、辅助键及备用键
10个数字键,用阿拉伯数字0~9表示。在车道于维护状态下操作时可进入各式维护菜单以便设置设备及将信息拷贝到软盘上。其他辅助键("备用↑"、"备用↓")用来在维护状态下移动光标。数字键也用来键入操作员身份卡号码。

3. 显示器

收费员终端应配备彩色显示器,用于显示收费员所需的信息或提示收费员进行下一步操作。所有的显示和指示应在照明条件下清晰可见,收费员能容易地调节屏幕的反差(对比)度。当收费员按收费业务处理程序输入每一键时,收费员可清楚看见其显示。

显示器主要技术指标如下:

(1)14″VGA彩色工业级显示器。
(2)800×600分辨率以上。
(3)0.28mm以下点间距。
(4)环境温度:0~50℃。
(5)相对湿度:5%~95%非冷凝。
(6)MTBF:大于15 000h。
(7)MTTR:小于0.5h。
(8)振动:10~55Hz。
(9)冲击:50g,11ms。

4. 车道计算机

1)基本配置要求

(1)PⅢ 800MHz CPU以上。
(2)工业级CPU母板或子板布局,充分电磁兼容设计,低功耗,全面故障自我诊断能力及报警提示,内置 32 位 100M/10M PCI Ethernet 网卡。

(3)良好的散热、通风冷却模块。

(4)至少 128MB ECC 容错内存。

(5)至少 10G 硬盘。

(6)加固型工业机箱,强调其抗腐蚀、抗冲击、耐磨损的特性。

(7)5 个以上扩展插槽。

(8)视频图像捕获卡:捕获的静态图像分辨率为 768×576 以上,32 位真彩色;动态捕获速率为 15 帧/s 以上。

(9)视频分配器:1 路视频输入为 $0.5 \sim 1.5 V_{p-p}$;2 路视频输出为 $1.0 V_{p-p}$,75Ω。

(10)视频数据叠加器(卡):通过 RS-232 接口(或 PCI/ISA 总线)与车道计算机通信,在视频画面下方叠加收费操作数据(包括:路段号、收费站名、车道号、车型、处理类型、金额、收费员身份编码、日期、时间等)

2)技术参数

(1)防护级别:IP53。

(2)外部运行温度范围:$-5 \sim +40$℃。

(3)内部运行温度:$0 \sim +55$℃。

(4)MTBF:大于 20 000h。

(5)MTTR:小于 0.5h。

5. 车道控制器

(1)至少 16 路数字量 I/O 接口;至少 8 路开关量 I/O 电流接口板;所有接口板和功能板必须附光电隔离保护以减少雷电及高能浪涌的冲击。

(2)继电器(如采用):触点电流容量需大于实际电流 10 倍以上,寿命 5×10^6 次以上。

(3)风扇:需采用含油轴承、免维护、高可靠风扇。

(4)电源控制:车道控制器需对总电源和车道计算机等各独立设备电源分别控制,并做抗干扰处理。

(5)机箱:1mm 以上厚度钢制机箱,正面(和背面)开门,便于安装和内部维修。门框和进线孔加密封橡胶垫圈不设通风孔,保证机箱防水、防尘。表面烤漆或喷塑,保证十年内不脱落。

6. 非接触 IC 卡读写器

1)基本要求

非接触 IC 卡读/写器主要由读/写核心单元、读/写天线和接口等组成。读/写天线安装在操作台的顶部。当采用天线与读写单元分离时,两者之间连线长度不小于 1 200mm。

IC 卡读写器能对本标准中卡片应用要求规定的逻辑加密卡和双界面 CPU 卡进行操作,具有 SAM 认证模块,SAM 模块采用卡片应用要求规定的接触式 CPU 卡(PSAM 卡),可以完成车道系统处理流程。

读写器应具有极强的抗干扰能力。机箱应全封闭、防尘、防水、防震、免维护。车辆上或车道上附近使用的无线电设备及各种电气装置不应对读写器工作造成干扰或错误读写。读写器应配套提供对 IC 卡进行读写、密码校验等操作的标准库函数。

2)技术参数

(1)工作电压:AC185 ~ 250V。

(2)工作频率:13.56MHz。

(3)数据通信符合《信息技术安全技术实体鉴别 第4部分:用密码校验函数的机制》(ISO/IEC 9798-4—1999)的要求。

(4)读写距离:0~80mm,当IC卡距离天线正面80mm范围内,与天线平面间夹角≤80℃通过时,应满足精度要求。

(5)读写器与车道控制器的通信接口波特率不低于9 600b/s。

(6)读写器的读写错误率小于0.000 01。

(7)典型交易时间:小于或等于250ms。

(8)MTBF:大于20 000h。

(9)MTTR:小于0.5h。

(10)工作环境条件:-20~+70℃,相对湿度10%~95%。

7. 雨棚信号灯

1)基本要求

雨棚信号灯安装在每一车道上方的雨棚上,在车道迎车流行驶方向的雨棚上方安装红色和绿色的一组信号灯,在车道背车流行驶方向的雨棚上安装红色信号灯。红色"×"表示车道关闭,车辆不允许驶入该车道;绿色"↓"表示车道开放,车辆可以驶入该车道。雨棚信号灯应是超高亮度纯红LED和超高亮度纯绿LED组成的模块,其信号应保证眼睛视力0.8以上的驾驶员在200m以外能清晰地分辨,且不受外界光线变化的影响,雨棚信号灯应有合适的外罩以避免太阳光直射信号灯的表面显示板;应具有防水功能。雨棚信号灯应能由车道计算机控制其状态。

2)技术参数

(1)显示尺寸不小于500mm×500mm。

(2)红色LED灯光源:直径为26mm,由6个超高亮度红色LED组成。

(3)绿色LED灯光源:直径为26mm,由4个超高亮度纯绿LED组成。

(4)LED光源波长:红色615nm,绿色500nm。

(5)LED亮度:红色,Max 9 300mcd,Min 4 000mcd;绿色Max 4 000mcd,Min 3 000mcd。

(6)安装角度为6°,可视角度为±25°。

(7)操作温度:-25~+60℃。

(8)储存温度:-30~+80℃。

(9)功耗(PM):400mw。

(10)电源:AC220(1±15%)V,(50±3)Hz。

(11)正向电流(I_{FM}):120mA。

(12)脉冲正向电流(I_{FMP}):120mA;占空率:1:10;脉冲宽度:0.1ms。

(13)反向电压(VR):18V。

(14)MTBF:10 000h。

(15)MTTR:0.5h。

8. 手动栏杆

手动栏杆的机械装置为不锈钢材料制成,应坚固耐用,便于维修,防腐蚀和防溅泥性能好。所有维修,养护用的外罩应便于更换。手动栏杆的悬臂的活动部件是不锈钢材料制成。手动栏杆的悬臂杆应贴有红白相关的反光膜(高强级反光膜)和挂一个"禁止驶入"标志,其公称直径为450mm。当手动栏杆处于"关闭"状态时,应对违章闯入的车辆构成物理障碍。

手动栏杆的悬臂长度应覆盖收费车道并大于等于3.5m。

9. 报警器

采用黄闪声光报警器,报警器发出的声响和闪光应使收费广场范围内的人员可听见和看见。

10. 雾灯

在每一入口/出口车道收费岛岛头处安装一套雾灯,在雾天或能见度低的情况下开启雾灯,用于指示车道的位置,诱导驾驶员安全行驶。

11. 自动栏杆

1)基本要求

栏杆的断面直径为75mm,外表推荐使用泡沫材料,并且贴有红、白相关的高强度反光膜;当自动栏杆机发生故障或断电时,栏杆应始终处于竖直状态;当栏杆处于竖直状态时,自动栏杆距收费车道边缘不小于450mm;当自动栏杆在下落时,车辆检测器发现有车通过时,栏杆应能自动停止下落并反向抬起;当车辆水平冲撞栏杆时,栏杆体与机箱连接部分应有脱离装置,使栏杆体在车辆碰撞力作用下水平移开;栏杆的启动和停止要平稳。

2)技术参数

(1)栏杆抬起时间不大于1.8s。

(2)MTBF:大于1 000 000 次。

(3)MTTR:小于0.5h。

(4)电源:AC 220(1±15%)V,50~60Hz;最小电流:50mA,最大电流5A。

(5)使用寿命大于5 000 000 起落次或大于10年。

(6)操作温度范围:-20~+50℃。

12. 费额显示器(含语音报价器)

1)基本要求

在长期暴露于太阳光的环境条件下,其可见性不能降低。费额显示器可自动调节发光强度,以防止在夜间产生眩光影响驾驶员视觉,又节省了能源,防止器件过早老化。显示单元包括:车型(1位),入口(至少3位汉字),费额(4位),余额(4位)。

语音报价器要使驾驶员能在收费广场的噪音环境下清楚地听见播放的内容,可开关控制,并具有防水、防雷等性能。

2)技术参数

(1)字符尺寸(最小):100mm×40mm。

(2)发光亮度:1 000mcd。

(3)储存温度范围:-20~+70℃。

(4)操作温度范围:-20~+70℃。

(5)相对湿度:10%~95%非冷凝。

(6)MTBF:15 000h。

(7)MTTR:0.5h。

(8)箱体防护等级:IP65。

13. 票据打印机

1)基本要求

收据打印机采用两侧带有齿孔的连续纸,每张收据两端带有断裂线,以便收费员撕下。

收据上打印的信息应分为两部分:预印刷信息和打印信息。预印刷信息包括建设单位名称、区域码、路段编码、收费站名称或站编码、系列号和税务专用章等,打印信息应包括以下内容:

(1)收费员身份码:6 个字符。

(2)区域编码:2 个字符。

(3)路段编码:2 个字符。

(4)入口收费站代码或缩写:3 个字符。

(5)车型:1 个字符。

(6)收费额:4 个字符。

(7)日期、时间:16 个字符(××××/××/××:××)。

2)技术指标

(1)9 针击打式。

(2)最大纸宽:89mm。

(3)打印头寿命:22 亿次击打。

(4)打印速度:不小于 100 字符/S 或 4.2 行/S(每行字符数为 26 个)。

(5)操作温度:0 ~ 50℃,温度变化梯度 6℃/h。

(6)储存温度: - 15 ~ 70℃,温度变化梯度 20℃/h。

(7)相对湿度:10% ~ 95%(在 20℃时),无冷凝。

14. 车辆检测器

(1)车辆检测器应可以检测出入高速公路的各种车辆。

(2)当两辆车快速、慢速或相距很近地通过检测器时,应判为两辆车。

(3)各车道的检测器不能互相干扰,金属物体在两车道之间的收费岛上移动时,不能影响检测器的性能和精度。

(4)检测器应有人工复位按钮。

(5)频率:3 级以上可调。

(6)不要求环形线圈检测器检测出比轻型摩托车更小的运输工具。

1)可靠性

用于车辆计数的检测器应保证其计数误差小于 $1×10^{-4}$,这一误差应适用于下述情况:

(1)车速可达 60km/h。

(2)车道宽度:一般车道为 3.0 ~ 4.0m。

(3)可能出现人员穿越检测域的情况。

2)线圈埋设要求

(1)线圈电缆由截面积不小于 $1.5mm^2$ 的多股铜导线构成,应用于超低压电路(AC32V 以下)。

(2)埋设后的环形线圈绝缘电阻:大于 500MΩ(DC500V 时)。

(3)自回转范围:70 ~ 1 000μH。

15. 车道通行信号灯

1)基本要求

车道通行信号灯由红色和绿色的一组信号灯组成,其显示体形状推荐为红色圆发光体、绿色圆发光体。发光体单元采用超高亮度 LED 管。

2)技术参数

(1)红色 LED 管亮度不低于 0.8cd/颗,绿色 LED 管亮度不低于 1.2cd/颗。

(2)信号灯直径为 160~200mm。

(3)LED MTBF:大于 15 000h。

(4)防护等级 IP65。

(5)温度:-20~+60℃。

(6)湿度:95%／-5~+60℃。

16. 车道摄像机

车道摄像机作为视频抓拍系统的前端设备,用于拍摄所有通过车辆的车头像。其安装角度应能使车辆停在收费窗口边缴费时,拍出的图像包含车辆的头部、车牌,图像应清晰,能辨认车牌号。

学习情境四　不停车收费设备应用维护

情境概述

一、职业能力分析

1. 专业能力
(1) 掌握 ETC 系统启动、关闭。
(2) 掌握 ETC 和 MTC 的切换。
(3) 掌握不停车收费设备日常维护保养。
(4) 掌握 ETC 车道特殊情况处理。
(5) 掌握 ETC 车道中常见问题处理。

2. 社会能力
(1) 通过分组活动,培养团队协作能力。
(2) 通过规范文明操作,培养良好的职业道德素养和安全环保意识。
(3) 通过小组讨论,演讲评述,培养与客户的沟通能力。

3. 方法能力
(1) 通过查询资料、文献,培养自学能力和获取信息能力。
(2) 通过情境化的任务单元活动,掌握解决实际问题的能力。
(3) 填写任务工单,制订工作计划,培养工作方法能力。
(4) 能够独立使用各种媒体完成学习任务。

二、学习情境描述

某收费车站在运营过程中时常出现由于人工收费速度过慢导致进出口车道有车辆积压的情况,现对此收费站进行改造,采用 ETC 不停车收费系统。作为收费员要求对 ETC 系统能够进行上下班操作、入口电子收费过车交易、出口电子收费过车交易等基本应用,并能够对不停车收费设备进行日常的维护保养,针对车道常见问题栏杆异常、费显报警、费显不显、标签异常等进行解决。在故障解决完毕后,将常见设备问题及解决方法进行归纳,提交一份解决方案并归档。

三、教学环境要求

高速公路联网收费系统实训室、多媒体教学设备、ETC 车道设备。

工作任务一　不停车收费车道设备应用

任务概述

ETC(Electronic Toll Collection)即电子不停车收费系统,是指车辆在通过收费站时,通过车载设备实现车辆识别、信息写入(入口)并自动从预先绑定的IC卡或银行账户上扣除相应资金(出口),主要用于道路、大桥、隧道和车场管理的电子收费系统。ETC系统由后台系统、车道控制器、RSU和OBU等组成。ETC车道与传统的MTC车道建设相似,主要由ETC天线、车道控制器、费额显示器、自动栏杆机、车辆检测器等组成。ETC是世界上最先进的收费系统,是智能交通系统的服务功能之一,过往车辆通过收费道口时无须停车,即能够实现车辆身份自动识别、自动收费。

通过本工作任务的学习,应该了解ETC系统构成,掌握ETC系统的所有设备性能,掌握电子不停车收费系统的使用,以及掌握设备维护与维修,具备成为从事高速公路电子不停车收费系统使用和维护的专业技术人员的职业素养。

相关知识

一、术语介绍

1. 收费制式

封闭式收费:高速公路的匝道设置收费车道,根据车辆的入口站和出口站计算并收取路费的收费模式。

开放式收费:相对于封闭式收费而言的另一种收费模式,其特点是只设收费道口而不设入口道口,车辆收费统一计价。

2. 收费方式

人工半自动收费:MTC,人工半自动收费的缩写,通过收费员判断车型,读取卡内入口信息进行自动计费的收费模式。

不停车自动收费:ETC,不停车自动收费的缩写,使用赣通卡进行扣费或者记账的收费模式,相对于前面的人工收费模式。

3. 车道收费系统

车道收费系统是高速公路收费系统的最基础收费处理系统,主要功能包括:

(1)实现车道数据采集、设备控制、收费等正常车道收费功能。

(2)实现对车道收费的各种特殊情况做出处理的功能。

(3)能够以独立作业的方式工作,当收费站计算机不工作或网络出现问题时,不影响正常工作,作业参数、收费数据记录均存储在本地。

(4)与站级系统之间的数据通信的功能。在通信中断的情况下,收费车道系统能维持正常收费作业,通信恢复后,积压数据能自动上传。

(5)定期从收费站获取日期和时钟同步、系统运行参数及其他信息。

(6)可以采用发卡员入口发卡、出口收卡收费的方式,也可以采用不停车方式,有条件的入口收费车道可以采用自助发卡方式。

4. 车道类型

(1) 封闭式 MTC 入口:封闭式收费模式的入口道。

(2) 封闭式 MTC 出口:封闭式收费模式的出口道。

(3) 封闭式 ETC 入口:封闭式不停车收费模式的入口道。

(4) 封闭式 ETC 出口:封闭式不停车收费模式的出口道。

(5) 开放式 MTC:开放式收费模式。

(6) 开放式 ETC:开放式不停车收费模式。

(7) 封闭式 MTC 标识站:封闭式收费模式的标识站车道。

(8) 封闭式 ETC 标识站:封闭式不停车收费模式的标识站车道。

5. 通行券

车辆在高速公路上通行的凭证。采用封闭式收费模式时,通行券是出口计费的依据。通行券包括纸券、通行卡、储值卡、记账卡。

6. 车型

车辆的收费类型不同,收费系统对不同的车型按不同的价格标准收费。在 ETC 车道,可以从车载器(OBU)记录信息中获取相关的车型信息。

7. 车牌

在 MTC 车道,根据车牌识别结果获取车牌信息。在 ETC 车道,可以从车载器(OBU)记录信息中获取完整的车牌号。

8. 车种

车辆的种类,分为正常车、免费车等两种。

(1) 正常车:通过高速公路需正常缴费的车辆。

(2) 免费车:车辆车牌在免费车列表中,并且符合免征范围。

其他特殊情况如下:

(1) 回头车(U 形车):出口站和入口站相同的车辆。

(2) 丢卡车:由于车主原因,出口缴费时通行券丢失的车辆。

(3) 坏卡车:出口所持的通行卡或赣通卡不能读取入口信息的车辆。

9. 通行费支付方式

现金:以现金支付通行费,最常用的支付方式。

储值卡:赣通卡的一种,卡中含有资金信息,使用时,用户的消费金额直接在卡内的储值金额中扣除。

记账卡:赣通卡的一种,卡中不含资金信息,使用后,用户的消费金额从用户的银行账户中扣除。

赣通卡:全省通用的储值卡和记账卡的统称。

欠费(未付):驾驶员所带的现金不足以支付通行费,在驾驶员办理有关手续后,免费放行,过后驾驶员必须补交所欠的通行费。

ETC:电子不停车收费(Electronic Toll Collection)。

RSU:路测读写控制器(Road-Side Unit),如图 4-1-1a)所示,通常由车道天线和天线控制器等单元所组成,读写器受到车道计算机的控制,通过微波通信方式对车载机内进行读写、交换等处理。

OBU:车载机(On-Board Unit),如图 4-1-1b)所示,具有信息存储和微波通信应答功能。

国标卡:由国家统一标准的卡类型,分为储值卡(C卡)[图4-1-1c)]和记账卡(D卡)[图4-1-1d)],应对跨省市的专用卡类型。

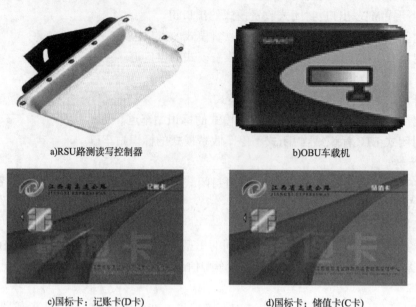

a)RSU路测读写控制器　　　　b)OBU车载机

c)国标卡：记账卡(D卡)　　　　d)国标卡：储值卡(C卡)

图 4-1-1　多种支付收费方式

二、不停车专用车道布局

不停车专用道布局如图 4-1-2～图 4-1-4 所示。

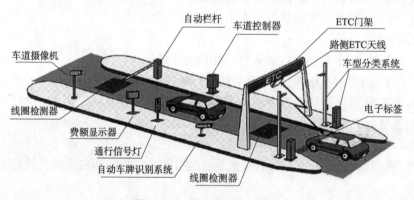

图 4-1-2　不停车专用车道布局

三、不停车收费车道设备介绍

1. 车道计算机

车道计算机是车道应用程序(包括收费软件、通信软件)的载体,是车道处理的中枢。车道计算机箱中含多串口卡、IO 卡和视频抓拍卡。能在摄像机传送过来的图像上叠加收费操作数据(包括:路段号、收费站名、车道号、车型、处理类型、金额、收费员身份编码、日期、时间等)。

2. 车道控制器

车道控制器主要由工业控制机、接口板、电源和设备机箱等部分组成,如图 4-1-5 所示,用于处理车道计算机与外部设备之间信号转换的设备。车道计算机可以通过车道控制器控制天线、栏杆、雨棚信号灯、费额显示器、报警器等车道设备,同时也通过车道控制器获取车道设备状态信息。

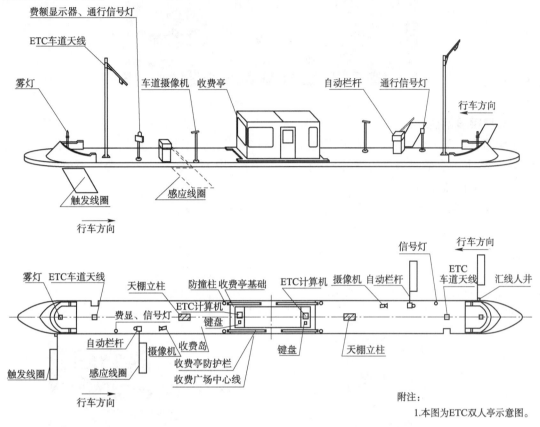

图 4-1-3 不停车专用车道布局示意图

3. 收费员终端

收费员终端应配备彩色显示器,用于显示收费员所需的信息或提示收费员进行下一步操作。所有的显示和指示应在照明条件下清晰可见,收费员能容易地调节屏幕的反差(对比)度。当收费员按收费业务处理程序输入每一键时,收费员可清楚看见其显示。

4. 天线、天线控制器

1) 微波读写天线

微波天线是一个微波收发模块,负责调制/解调信号数据;读写控制器是控制发射和接收数据以及处理收发信息的模块。DSRC 微波天线以无线通信的方式与电子标签进行数据交换,采集和更新标签中的收费信息并通过串行口与计算机通信。微波读写天线如图 4-1-6 所示。

2) 天线控制器

天线控制器(图 4-1-7)有电源开关,用于打开或关闭天线。

图 4-1-4 不停车专用车道布局实景图

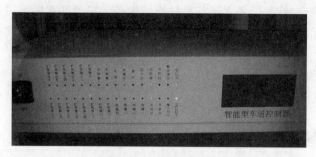

图 4-1-5　车道控制器

5. 费额显示器

费额显示器由机箱、显示单元、语音报价和接口等组成。用于室外向车主显示入口站、缴费金额、卡内余额等信息的室外显示装置。ETC 车道的费额显示器还需在车辆不能正常通过时显示拦截原因。

（1）费额显示器安装在出口车道收费岛上，其安装位置应使驾驶员在各种照明和自然环境条件下能清晰地看见其显示的内容。

（2）在工作条件下，收费员选择的车型和应支付的费额以字符及数字方式显示在费额显示器上。当车辆驶入检测器检测域后，费额显示器即处于空白状态。

（3）费额显示器（图 4-1-8）是由车道控制机控制的，当调整费率时，不需要变更费额显示器。

图 4-1-6　微波读写天线

图 4-1-7　天线控制器　　　　　　　　　　图 4-1-8　费额显示器

6. 报警灯

报警灯位于费额显示器上方，闪烁并伴随警报声，提示驾驶员交易失败，不应该继续前行，可以看费显提示失败的原因。

报警灯闪烁时，费显上文字则为红色显示。

7. 栏杆机

栏杆的断面直径为 75mm，外表面推荐用泡沫材料，并且贴有红、白相间的高强级反光膜；当自动栏杆机发生故障或断电时，栏杆应始终处于竖直状态；当栏杆处于竖直状态时，自动栏杆距收费车道边缘不小于 450mm；当自动栏杆在下落时，车辆检测器发现有车通过时，栏杆应能自动停止下落并反向抬起；当车辆水平冲撞栏杆时，栏杆体与机箱连接部应有脱离装置，使栏杆体在车辆碰撞力作用下水平移开；栏杆的启动和停止要平稳。收费栏杆机如

图 4-1-9 所示。

可由计算机或其他设备通过控制信号控制其起落的栏杆。由于 ETC 车道的通讯速度要求高,自动栏杆的要求也比 MTC 要高,ETC 自动栏杆的抬起时间大概需要 0.6s。

8. 车牌识别系统

车牌识别仪器用于抓拍进入车道车辆及车牌。车牌识别抓拍是通过触发线圈来控制的。车牌抓拍的结果显示在历史交易记录"识别"一项,车牌识别结果并不影响车辆通行。

图 4-1-9 收费栏杆机

9. 车辆检测器

与线圈相连接的信息处理器,其功能是将磁通信号转换为数字信号或数字化的状态信号。通过车道控制器采集的信号,车道计算机可以判断车辆的行驶情况。

10. 车道摄像机

车道摄像机作为视频抓拍系统的前端设备,用于拍摄所有通过车辆的车头像。其安装角度应能使车辆通过 ETC 车道时,拍出的图像包含车辆的头部、车牌,图像应清晰,能辨认车牌号。

 任务实施

一、ETC 车道建设部署方式一

ETC 车道建设部署方式一,如图 4-1-10 所示。

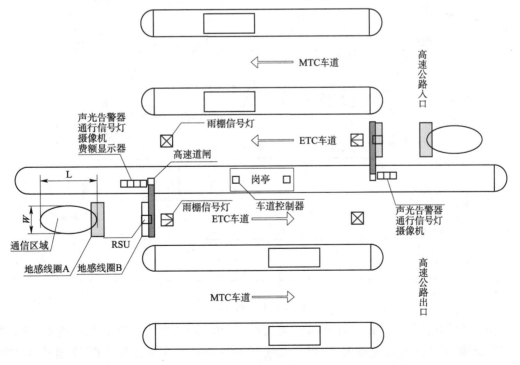

图 4-1-10 ETC 车道建设部署方式一

1. 车道中置

为了使安装有电子标签的车辆能够方便快捷通过 ETC 车道,ETC 车道一般采取中置设置原则,即将 ETC 车道设置在中央分隔带两侧的车道。

ETC 收费岛加长,栏杆与 MTC 岛头平齐。

ETC 收费岛比 MTC 收费岛长,ETC 车道系统自动栏杆机的水平位置与 MTC 收费岛岛头顶端平齐。在该种布局下,当车辆进入 ETC 车道出现交易异常后,可以不需要倒车即可顺利驶到右边的 MTC 收费车道,最大限度地保障了 ETC 车道的通畅,也避免了许多由于误入车辆带来的麻烦。

2. 栏杆常闭

ETC 车道采用栏杆常闭式设计,在目前,栏杆常闭式设计比较符合中国的国情,可有效防止非法车辆的逃费行为。

二、ETC 车道建设部署方式二

ETC 车道建设部署方式二,如图 4-1-11 所示。

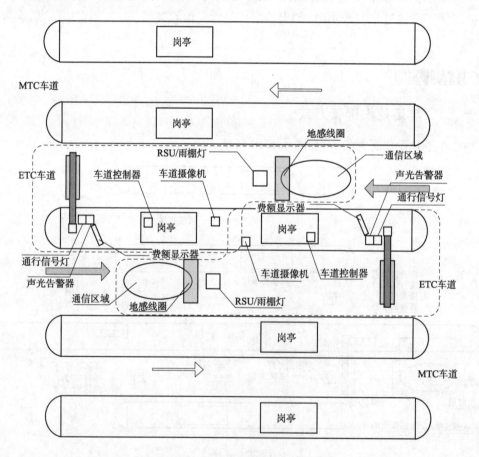

图 4-1-11 ETC 车道建设部署方式二

ETC 车道建设部署方式二对 MTC 车道做尽量少的改造,使之应用于 ETC 收费,车辆进入 ETC 车道如果自动收费不成功,则人工干预抬杆放行或车辆退出 ETC 车道进入 MTC 收费。

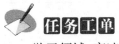

任务工单

学习领域:高速公路联网收费系统应用与维护

学习情境四:不停车收费设备应用维护 工作任务一:不停车收费车道设备应用	班级			
	姓名		学号	
	日期		评分	

一、内容

　　熟悉不停车收费车道的各种设备,能够正确使用这些设备,并熟知具体设备安全操作规范;掌握收费车道设备工作流程。

二、知识准备

1.填空题。

(1)不停车收费专用主要设备有_____、_____、_____。

(2)不停车收费车道常用设备有:_____、_____、_____、_____、_____、_____。

(3)车道控制器主要由 _____、_____、_____、_____部分组成。

(4)微波读写天线悬挂于室外,用于与_____交互,读取_____和卡信息。

(5)费额显示器安装在_____收费岛上,其安装位置应使驾驶员在各种照明和自然环境条件下能清晰地看见其显示的内容。

(6)报警灯位于费显上方,闪烁并伴随警报声,提示驾驶员交易失败,不应该继续前行,可以看费显提示失败的原因。报警灯闪烁时,费额显示器上文字则为_____。

(7)车牌识别仪器用于抓拍进入车道车辆及车牌,整个过程是通过_____来控制的。

(8)上班后,收费员操作[打开天棚灯]键,天棚灯变为绿色箭头,屏幕中出现车道打开图标,此时车道已开放,系统进入_____状态,此时可以通过ETC车辆。

(9)交易成功车辆通行时,栏杆抬起但又落下。出现此故障时可以打开_____,调整开关。

2.不停车收费系统中国标卡分为储值卡和记账卡,它们的主要作用是什么?有什么区别?

3.不停车收费专用车道设备如何进行布局?(讨论题)

三、实施

1.了解不停车收费车道设备布置情况,绘制车道设备布置图。

2. 阐述车道控制器、天线、费额显示器、报警灯、栏杆机的基本功能。

3. 描述不停车收费车道车辆进入至驶离过程中各设备的工作过程。

四、小结
1. 在完成工作任务的过程中,你是如何计划并实施过程的？在小组中承担了什么具体工作？

2. 对本次工作任务,你有哪些好的建议和意见？

工作任务二　不停车收费常用操作

任务概述

通过本工作任务的学习,熟悉 ETC 收费系统工作界面,学会 ETC 设备的使用,掌握 ETC 系统的日常工作内容,包括 ETC 系统的启动、退出、上班、下班、换班、ETC 切换 MTC、MTC 切换 ETC 等,具备 ETC 系统收费员的技术要求和职业素养。

通过工作任务完成掌握收费员岗位的典型工作内容,激发学生学习兴趣;通过任务驱动的方式,锻炼学生的自主学习能力,培养学生严谨务实的工作作风。

相关知识

一、不停车收费操作键盘使用

不停车收费操作键盘照片及分布图分别如图 4-2-1 和图 4-2-2 所示。

1. 车型键

车型键用于输入车辆的车型：

(1) 客 1～客 4：输入客车车型,按车型计费。

(2)货1~货5:输入货车车型,在货车计重模式下按重量计费,在货车车型模式下按车型收费。

(3)集1~集2:输入集装箱车辆车型,按车型计费。

图 4-2-1　不停车收费操作键盘照片

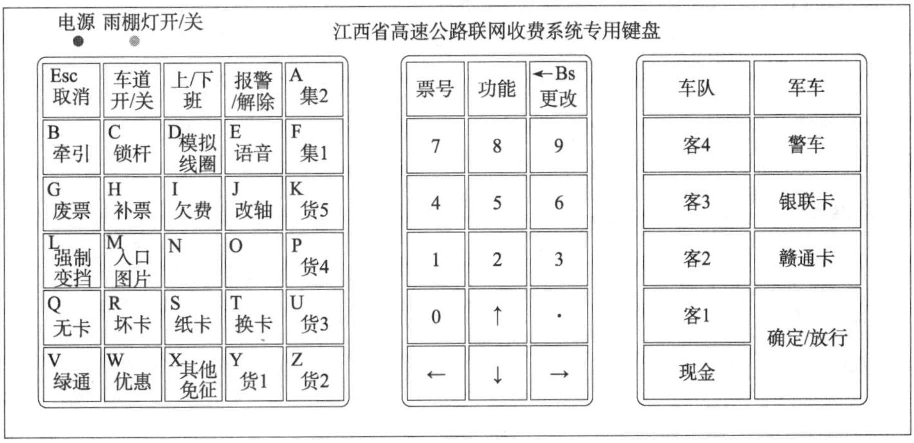

图 4-2-2　不停车收费操作键盘分布图

2. 控制键

(1)上/下班。

(2)确认/放行。

(3)Esc/取消。

(4)更正。

(5)报警/解除。

(6)牵引。

(7)锁杆。

(8)模拟线圈。

(9)语音。

(10)功能。

(11)车道开/关。

(12)票号。

(13)废票。

(14)补票。

(15)欠费。

(16)改轴。

(17)无卡。

(18)坏卡。

(19)纸卡。

(20)换卡。

(21)强制变档。

(22)入口图片。

3. 特殊处理键

(1)军车。

(2)警车。

(3)绿通。

(4)优惠。

(5)其他免征。

(6)现金。

(7)银联卡。

(8)赣通卡。

(9)车队。

4. 数字键

0~9。

5. 字母键

A~Z。

6. 辅助键

(1)↑。

(2)↓。

(3)→。

(4)←。

(5)·。

二、车道部署

ETC车道建设部署方式主要有两种方式,一种采用车道中置的方式,对现有人工收费站改动较大,需要大量的土建施工;另一种建设部署方式只需要在现有车道上增加ETC系统中电子标签的读写天线(路侧单元RSU)这样的关键设备,对现有人工收费车道改动相对较小。ETC车道主要包括的设备有电子标签读写天线(路侧单元RSU)、车道通行信号灯、费额显示器、自动栏杆机、车辆检测器、车道摄像机等设备。

三、ETC车道系统工作流程

ETC车辆典型通关流程如图4-2-3所示,ETC车道系统工作流程如图4-2-4所示。

ETC车道系统工作流程如下:

(1)车辆进入读写天线覆盖范围,读写天线与车辆上电子标签进行通信,通过抓拍线圈时如果读写天线仍然没有检测到电子标签,证明车辆没有电子标签,则报警并保持车道关闭。

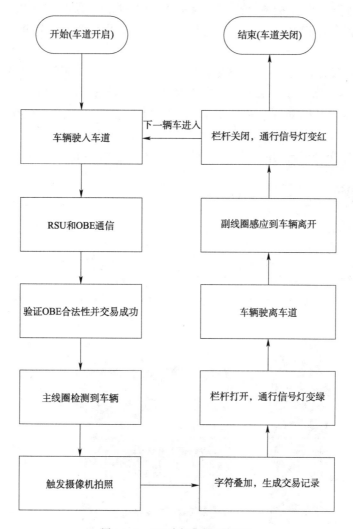

图 4-2-3 ETC 车辆典型通关流程

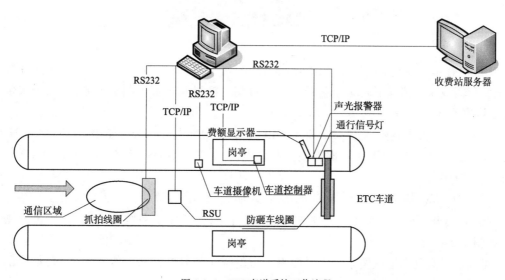

图 4-2-4 ETC 车道系统工作流程

(2)如果车辆装有电子标签,读写天线和电子标签进行通信交互,同时判断电子标签的合法性,包括是否含有 CPU 卡,卡内余额是否充足等,如果标签有效则进行交易,如果标签无效则报警并保持车道关闭。

(3)在车辆触发抓拍线圈时,启动摄像机进行拍照,将车辆拍照信息以及车辆电子标签信息同时保存到车道计算机,并可以进行信息比对,如果抓拍信息与电子标签信息不符则报警。

(4)如果车辆电子标签与车辆拍照信息相符,则通行信号灯变绿,抬起栏杆放行。

(5)车辆通过防砸车线圈后,栏杆自动回落,通行信号灯变红。

(6)系统保存交易记录,并将其上传至收费站服务器中,等待下一辆车进入。

任务实施

一、上班前的准备

(1)确定 ETC 专用车道已处于封闭状态:雨棚灯关闭、路障设置等。

(2)启动系统之前确认车道设备的电源是否打开,其中车道计算机、车道控制器、天线控制器、字符叠加器的电源在机柜内,自动栏杆机、费额显示器、摄像机、雨棚灯电源在机柜外的配电箱内,所有的车道设备电源都必须打开。车道机柜内设备如图 4-2-5 所示。

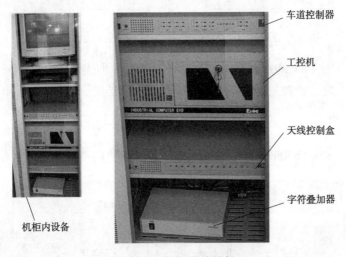

图 4-2-5　车道机柜内设备

(3)检查车道控制器的地感 A、B、C 指示灯的状态,如果地感 A、B 或 C 显示亮(在线圈上没有车辆或铁板情况下),则重新开关一次自动栏杆机和车道控制器电源,如果现象依然存在,则联系生产厂商。

(4)检查天线控制盒的 232R 和 422RA、422RB 显示灯的状态,如果 232R 和 422RA、422RB 显示灯亮,则重新开关一次天线控制盒电源,如果现象依然存在,则通知广州新软计算机技术有限公司。

(5)在所有设备通电开启并确认无误后,才能启动车道计算机。

(6)在打开车道计算机电源开关之后,稍候片刻,车道收费系统会自动运行,进入主界面,如图 4-2-6 所示。

可以通过观察车道收费系统主界面右上方的提示栏判断是否有操作员上班,如当前操作员栏目为空,可进行上班操作。

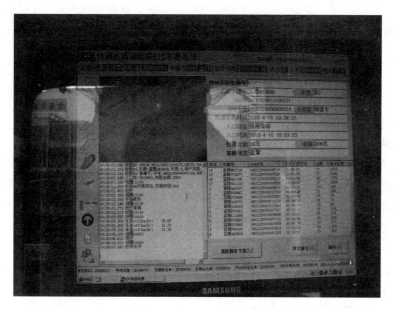

图 4-2-6　车道收费系统界面

二、上班操作

ETC 车道不需要收费员留在 ETC 车道值班，只有具有登录 ETC 车道收费系统工号和密码的人员才能登录上班，上班后可离开 ETC 车道，ETC 系统会自动指挥持有 OBU 和赣通卡的车辆顺利通过 ETC 车道。

上班操作流程如下：

（1）确认车道还没有操作员登录，否则要进行下班操作。

（2）按上下班键，弹出登录窗口。

（3）输入工号，按回车键。

（4）输入密码，按回车键，如校验正确则上班操作成功，此时屏幕右上方提示栏显示登录的操作员姓名，屏幕左边的车道开关灯由红"×"变成绿"　"，如果上班不成功则可能是操作员的工号或密码错误，需要重新输入工号和密码。

（5）清除设置的路障。

（6）开启雨棚灯。

三、下班

下班操作流程如下：

（1）关闭雨棚灯。

（2）设置路障。

（3）按上下班键，弹出退出登录窗口。

（4）登陆界面会显示当前操作员工号，只需输入当前工号的密码。

（5）连续按 3 次回车键，如校验正确则下班操作完成，此时屏幕右上方显示当前操作员栏目为空，屏幕左边的车道开关灯由绿"　"变成红"×"。如果下班不成功则可能是当前操作员密码错误，需要重新输入当前操作员的密码。

（6）一般情况下，不建议单独进行下班操作，最好能够以交接班的方式进行。

四、交接班

交接班操作可在不需要关闭车道的情况下,下班操作与上班操作一起完成,流程如下:
(1)按 F2 键,弹出操作员登陆窗口。
(2)当前操作员输入密码,按回车键。
(3)上班操作员输入工号,按回车键。
(4)上班操作员输入密码,按回车键。
(5)如校验正确则交班操作成功,此时屏幕右上方提示栏显示刚登录的操作员姓名,屏幕左边的车道开关灯保持绿"　",如果交班不成功则可能是当前操作员或上班操作员的工号或密码错误,需要重新输入工号和密码。

五、程序退出

在关闭车道计算机或重新启动计算机之前,一定要退出 ETC 车道程序,进入 windows2000 操作系统桌面,按正常关闭或重新启动计算机操作。
(1)确保车道程序处于下班状态。
(2)点击右上角" "关闭按钮。
(3)再次按回车键,则退出 ETC 车道程序。

六、ETC 车道系统由 ETC 收费切换到 MTC 收费

(1)选择关闭车道,使用小键盘,进入系统,弹出的界面双击数字键"2",关闭车道,则 ETC 设备关闭,不再进行工作。
(2)设置栏杆机抬杆(该步骤必须在步骤 1 之后完成,否则通行一次车辆后,栏杆会自动落杆)。
(3)使用小键盘,进入系统,弹出的界面双击数字键"3",栏杆机抬起。
(4)可以开始 MTC 车道操作。

七、ETC 车道系统由 MTC 收费切换到 ETC 收费

(1)关闭 ETC 车道,抬起 MTC 栏杆。
(2)通过小键盘,进入系统,双击数字键1,开放车道。
(3)打开通行灯,亮黄灯。

任务工单

学习领域:高速公路联网收费系统应用与维护

学习情境四:不停车收费设备应用维护 工作任务二:不停车收费常用操作	班级			
	姓名		学号	
	日期		评分	
一、内容 　　熟悉不停车收费常用操作,通过收费键盘能够完成收费上下班、收费放行、ETC 和 MTC 切换的具体操作,并熟知具体设备安全操作规范,掌握不停车收费工作流程。				

二、知识准备

1. 填空题。

(1)收费员进行不停车收费操作的设备是_____。

(2)不停车收费的常用操作有:_____、_____、_____、_____、_____、_____。

(3)ETC是_____,MTC是_____。

(4)ETC车道常见特殊情况有哪些?

(5)当车辆交易成功,费额显示器显示车牌为当前车辆,栏杆却不抬杆时,可以通过小键盘按_____键使栏杆落下。

(6)发生车有电子标签,进入车道,费额显示器却显示"无电子标签"字样故障时,可采取倒车5~10m,等待5s左右,费额显示器显示"_____"字样,再次驶入车道,或转人工车道。

(7)为防止车内有电子标签,费额显示器却显示"无电子标签"字样故障的发生,收费站人员应提醒车主车辆间距至少在_____m,车速低于20km/h,待费额显示器显示成功,可以通行,再驶离车道。

(8)当费额显示器显示"标签未激活"字样时,收费员应指示车辆转_____,刷通行卡。

2. 选择题。

(1)在工作条件下,收费员选择的车型和应支付的费额以字符及数字方式显示在费额显示器上。当车辆驶入检测器检测域后,费额显示器即处于( )。

   A. 空白状态   B. 显示状态   C. 计费状态   D. 闲置状态

(2)费额显示器是由车道控制机控制的,当调整费率时,( )变更费额显示器。

   A. 需要   B. 不需要   C. 立即   D. 稍后

(3)不停车收费系统中,上班时需要收费员按[上班]键,界面出现( )对话框,输入收费员的工号、密码后按[确认]键。

   A. 人像识别   B. 验证身份   C. 收费员   D. 验证类别

(4)交易成功的车辆从车道通行后,栏杆长时间不落。若不停车收费系统当前交易车辆区域显示有正确交易,应使用小键盘( )键,删除交易,将自动落杆。

   A. 系统   B. 放行   C. 清除   D. 下班

(5)当车道没有车,但费额显示器仍然报警时,可观察交易界面,若交易区域显示一笔失败交易,则收费站人员可以通过小键盘"清除"这笔失败交易,或( )s后系统自动删除。

   A. 60   B. 70   C. 50   D. 65

三、实施

1. 启动不停车收费车道,并阐述操作过程。

2. 通过不停车收费设备进行上班、下班操作,并阐述操作过程。

3. 将 ETC 车道系统由 ETC 收费切换到 MTC 收费,并阐述操作过程。

4. 将 ETC 车道系统由 MTC 收费切换到 ETC 收费,并阐述操作过程。

5. 针对 ETC 车道特殊情况进行处理。

四、小结
1. 在完成工作任务的过程中,你是如何计划并实施过程的?在小组中承担了什么具体工作?

2. 对本次工作任务,你有哪些好的建议和意见?

工作任务三　不停车收费车道常见故障排除

 任务概述

通过本工作任务的学习,熟悉 ETC 收费系统工作界面,学会 ETC 设备的使用,掌握 ETC 系统的日常工作内容,包括 ETC 系统的启动、退出、上班、下班、换班、ETC 切换 MTC、MTC 切换 ETC 等,具备 ETC 系统收费员的技术要求和职业素养。

通过工作任务完成掌握收费员岗位的典型工作内容,激发学生学习兴趣;通过任务驱动的方式,锻炼学生的自主学习能力,培养学生严谨务实的工作作风。

 相关知识

一、ETC 设备常见故障分析

(1) RSU 初始化不成功,运行交易测试软件无任何显示。

解决办法:检查通信串口或网口通信连接是否正常,如果确保已经正常连接则更换控制器。

(2)RSU 初始化成功,OBU 在天线区没有任何反应。

解决办法:检查天线连接是否正常;检查 OBU 是否插卡;检查 OBU 是否与 RSU 匹配。

(3)一个 OBU 始终只交易一次,很长时间才交易第二次。

解决办法:初始化时"最小重读时间"过长,尝试将此值改成 2;用 RSU 参数设置软件将 Beacon ID 设置成非固定的。

(4)交易失败率高。

解决办法:检查是否存在微波干扰;其他厂家的 OBU 与车道德 OBU 软件不匹配。

(5)车牌抓拍系统的定向反射闪光灯无反应。

解决办法:检查抓拍单元的电源是否打开;检查车辆检测器是否工作正常;检查触发线路是否正常;检查抓拍单元的闪光电源是否工作正常;检查处理单元电源线是否连接正常;检查控制线连接是否正常;检查摄像头是否正常;检查 VPD 处理单元是否工作正常。

(6)车牌抓拍系统夜间补光闪光灯不闪光。

解决办法:检查闪光电源是否正常;检查补光闪光灯及其连线是否正常;检查摄像机到闪光电源的控制线是否正常;检查闪光灯是否正常。

(7)车牌抓拍系统上传的图像太暗或者太亮。

解决办法:检查处理单元到摄像机控制线接线是否正常;检查补光闪光灯和闪光电源是否正常;检查摄像头是否正常。

(8)车牌抓拍系统的定向反射闪光灯正常工作,但无牌照识别结果。

解决办法:检查摄像机的视频线是否接好;检查摄像机是否有视频信号输出;检查摄像机焦距光圈调节是否正常。

(9)车牌抓拍系统工作正常,但识别率较低(低于80%)。

解决办法:检查镜头保护玻璃是否干净;检查摄像机焦距及光圈是否合适;检查摄像机输出视频信号是否正常。

(10)车牌抓拍系统不能上传图像。

解决办法:检查处理单元的电源线和网线是否连接正常;检查处理单元是否工作正常;检查通信软件是否设置正确。

(11)车牌抓拍系统上传图像正常,但无识别结果。

解决办法:检查闪光灯是否工作正常;检查反射闪光灯是否工作正常;检查上位机通信软件是否工作正确。

(12)车牌抓拍系统车辆经过后,闪光灯不闪,但上位机收到拒识结果。

解决办法:检查抓拍单元是否加电;检查闪光灯及其电源板是否工作正常;检查摄像机输出视频信号是否正常;检查处理单元到摄像机、摄像机到闪光电源板的控制线是否正常;检查处理单元是否工作正常。

(13)车牌抓拍系统的闪光灯不停闪烁。

解决办法:检查车辆检测器是否正常;检查摄像机控制信号线连接是否正常;检查闪光灯电源板是否正常;检查摄像机是否工作正常。

(14)综合显示屏通电后屏幕无任何显示。

解决办法:检查机箱内空气开关有没有打开;检查系统是否接电正常;检查控制板与显

示板之间的数据线是否有松动;检查控制板是否工作正常。

(15)综合显示屏通电后出现自检画面,但是不能与上位机通信。

解决办法:检查通信线在费额显示器一侧或计算机一侧是否接错;检查通信协议是否出错;检查控制板是否工作正常。

(16)综合显示屏出现屏体或部分屏体无显示或显示异常。

解决办法:检查与无显示或显示异常的屏体相连接的数据线或电源线是否松动;检查无显示或显示异常的屏体是否有损坏。

(17)综合显示屏可以显示数字,但是不能显示汉字。

解决办法:检查汉字库是否丢失。

(18)综合显示屏上出现瞎点、暗点、暗行。

解决办法:检查LED模块是否有损坏。

二、日常维护

1. 车牌识别系统

收费所系统员每周至少一次打扫设备卫生,用软布擦拭镜头防护玻璃和闪光灯防护玻璃,严禁用冲水的方法清洗抓拍设备。

收费所系统员平时应留意车牌抓拍系统的运行状态,及时发现异常情况,排查故障,在维修设备时不要带电操作。

2. 综合显示屏

收费所系统员每周至少一次打扫设备卫生,每周检查费额显示器的连线是否正常,保障费额显示屏能正常工作。

3. RSU天线设备

收费所系统员每天检查ETC车道RSU天线的软件设置是否正确,控制器指示灯状态是否正常。

4. 车道控制器

收费所系统员每周至少一次打扫车道控制器的卫生,清洗控制器风扇防尘罩,确保设备运行环境干净、整洁。

收费所系统员每天检查车道控制器能否控制雨棚灯、自动栏杆机、费额显示器等设备,检查车道控制器与上位机通信是否正常,保障ETC车道正常工作。

收费所系统员及时做好ETC车道的数据备份工作。

5. 维护记录管理

ETC设备维护工作按以上内容进行,维护后系统员应把记录填入《系统运行日志》中。

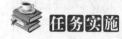
任务实施

一、栏杆不落杆

问题描述:交易成功的车辆从车道通行后,栏杆长时间不落。

情形一:车道内无车,但是界面当前交易车辆区域显示有正确交易。

处理:通过使用小键盘,"清除"键,删除交易,将自动落杆。

情形二:如果车道内无车,界面当前交易车辆区域也没有交易。

处理:通过小键盘"系统"键,输入用户名,密码,按键盘进行落杆。

不落杆则可能是落杆车检短暂死机导致,可以观察一下后面过车情况。如果不落杆,重启栏杆机,或联系厂家维修。

二、栏杆反复抬杆、落杆

问题描述:交易成功车辆通行时,栏杆抬起但又落下,导致砸车。

处理:打开栏杆机顶盖,调整开关,可以联系厂家或维护人员操作。

三、栏杆不抬杆

问题描述:车辆交易成功,栏杆不抬。

情形一:费额显示器显示是当前车,但交易失败。

处理:这种情形是由于当前车交易失败导致,不用处理。

情形二:看费额显示器显示,车牌显示为当前车辆,交易成功。

处理:通过小键盘按"放行"键,抬杠放行。如果手动按抬杠键,栏杆不抬,联系厂家或维护人员。

情形三:费额显示器显示不是当前车辆。

处理:可能是上一辆交易失败的车或某种原因导致,一般不希望旁道过大,这样交易失败的车从旁道离开,可能不会触发旁道线圈,影响系统判断。需收费站人员通过小键盘"清除"键,删除这笔失败的交易。

四、费额显示器报警

问题描述:车道没有车,但费额显示器仍然报警。

情形一:车道没有车,界面当前交易区域显示为一笔失败交易。

处理:这种情况一般是由于旁道过大,导致车辆通行时,没有触发旁道线圈所致。收费人员可以通过小键盘"清除"这笔失败交易,或60s后系统自动删除。

情形二:车道没有车,界面当前交易区域没有交易。

处理:车检器故障,通知维护人员进行更换车检。

五、费额显示器不显示

问题描述:交易成功的车辆,从车道通行,费额显示器不显示或显示部分。

处理:费额显示器故障,通知维护人员进行检修费显。

六、车牌识别错误

问题描述:界面历史交易记录区域,识别项车牌识别错误。

处理:这并不影响车辆通行,可以不做处理。

如果连续车辆,车牌识别都是"无车牌",可能是车牌识别设备死机或网络故障。

七、车内有电子标签,费额显示器却显示"无电子标签"字样

问题描述:车有电子标签,进入车道,费额显示器却显示"无电子标签"字样。

解释:可能是车速过快或太慢超出或未进入通信范围,或电子标签电量偏低,或电子标

签不是很灵敏,或电子标签损坏。这些都会影响微波读写器与电子标签交互。

处理:倒车 5~10m,等待 5s 左右,费额显示器显示"一车一落杆"字样,再次驶入车道,或转人工车道。

收费站人员需要提醒车主,车辆间距至少在 5m,车速低于 20km/h,待费额显示器显示成功,可以通行,再驶离车道。

车内最好不要携带多余电子标签,以免影响通行。

八、电子标签内已插卡,费额显示器却显示"无有效卡片"字样

问题描述:进入车道的车,电子标签内已插卡(ETC 专用卡片),但费额显示器却显示"无有效卡片"字样。

解释:卡片没有插好,可能是由于车在行驶过程中由于颠簸,导致卡片与电子标签接触不好,影响车辆通行。

处理:将通行卡插入电子标签。

用户在进入自动缴费专用车道前将通行卡按卡上箭头所示方向正确插入电子标签中,并确保通行卡中有足够的金额。

等用户听到电子标签发出"嘀"一声,费额显示器显示信息,栏杆抬起,用户方可驾驶车辆通过。

提醒用户遵守"一车一落杆",前车通过,栏杆落下后,后车才驶入自动缴费车道,前后两车保持 5~10m 距离;在车道请勿使用手机或其他高辐射、强干扰类电子产品。

九、费额显示器显示"标签未激活"字样

问题描述:进入车道的车,费额显示器却显示"标签未激活"字样。

解释:多数情况是电子标签自行脱落。或是电子标签发行时,用户没有让工作人员激活,而是自己粘贴。或者是更换玻璃时,自行拆卸电子标签,或是使用过程中,插拔通行卡力量过大造成电子标签松动引起失效。

处理:转人工收费车道,刷通行卡。

电子标签一旦粘贴到用户车辆玻璃上,请不要拆卸。

一旦拆卸,将无法使用,需要到发行地点再将其激活。电子标签和卡片是一对一关系,不能与他人交换使用。

十、费额显示器显示"写卡失败"字样

解释:微波天线与电子标签通讯链路被干扰,或写卡过程中出错。

处理:倒车或转 MTC 车道,让电子标签再重复交易,或转人工收费车道。

十一、费显显示"无入口信息"字样

用户卡读入口信息失败,采用亭内 MTC 系统人工现金收费方式,按照 MTC 车道通行卡损坏流程处理。收费员询问用户入口收费站,上报监控中心进行核对无误后,用户缴纳现金支付通行费。

用户卡内无入口信息,按照 MTC 车道无卡流程处理。采用亭内 MTC 系统人工刷用户卡的方式或现金收费方式,收费员询问用户入口收费站,上报监控中心进行核对无误后,用

户刷卡或者缴纳现金支付通行费。

十二、使用注意事项

(1)通过 ETC 车道的车辆,在栏杆抬起后,应该尽快过车,不允许在 ETC 车道逗留。

(2)通过 ETC 车道的车辆应该以 30km/h 以下的速度通过车道。

(3)如果在某一 ETC 车道正常车辆通过时连续发生数次"无电子标签"的情况,则重新开启一次天线控制盒,并重新启动车道计算机,如果现象仍然存在,则联系生产厂家。

(4)如果 ETC 系统已执行放行指令并将栏杆抬起,但车辆没有及时通过车道,则车道报警,栏杆自动落下,但实际上该车辆已经收取了费用,应该让其通过。

十三、报警处理办法

ETC 车道报警信息的处理是建议的处理办法,具体的处理办法各收费站可根据本站的管理需要做出适当的调整。所有报警信息可通过观察费额显示器或工控机显示器获得,具体的处理办法见表 4-3-1。

报警信息处理办法　　　　　　表 4-3-1

序号	报警信息	建议交管员处理办法
1	无电子标签	
2	伪卡、注销、止付、挂失（黑名单卡）	1. 告知驾驶员此赣通卡(OBU)已经不能使用,需要与赣通卡(OBU)发行机构联系; 2. 引导车辆从人工车道收费通过
3	记账卡/储值卡/电子标签过期	
4	非法拆卸	
5	非本系统卡	1. 告知驾驶员此支付卡(OBU)在此收费站不能使用; 2. 引导车辆从人工收费车道通过
6	车类转换失败	
7	无效入口信息	1. 告知驾驶员赣通卡此次不能通过 ETC 车道; 2. 引导车辆从人工收费车道通过
8	超时行驶	
9	回头车	
10	无支付卡	1. 告知驾驶员倒车插卡; 2. 仍不行则引导车辆从人工收费车道通过
11	余额不足	1. 告知驾驶员此赣通卡需充值才能通过 ETC 车道; 2. 引导车辆从人工收费车道通过
12	闯关	制止后面的没有装有 OBU 的车辆通过 ETC 车道
13	超时停留	查看历史过车信息,确认该车已交易,可放行通过
14	出入口车牌不一致	引导车辆从人工收费车道通过
15	车型无效	
16	硬盘容量报警	通知维护员清理硬盘空间或提高报警阀值

任务工单

学习领域:高速公路联网收费系统应用与维护

学习情境四:不停车收费设备应用维护	班级			
	姓名		学号	
工作任务三:不停车收费车道常见故障排除	日期		评分	

一、内容

熟悉不停车收费常见故障,掌握故障解决方法。

二、知识准备

1.选择题。

(1)为防止电子标签内已插卡,费额显示器却显示"无有效卡片"字样故障的发生,收费站人员应提醒用户遵守"一车一落杆",前车通过,栏杆落下后,后车才驶入自动缴费车道,前后两车保持( )m距离。

  A.6~10   B.10~20   C.10~15   D.5~10

(2)当微波天线与电子标签通信链路被干扰时,易导致费额显示器显示"写卡失败"字样,此时收费站人员应引导车辆倒车或转( )车道,让电子标签再重复交易,或转人工收费车道。

  A.普通   B.ETC   C.MTC   D.专用

2.判断题。

(1)微波读写天线悬挂于室内,用于与电子标签交互,读取电子标签和卡信息。 ( )

(2)费额显示器由机箱、显示单元、语音报价和接口等组成。 ( )

(3)费额显示器由车道控制机控制,当调整费率时,不需要变更费额显示器。 ( )

(4)报警灯位于费额显示器上方,闪烁并伴随警报声,提示驾驶员交易失败,不应该继续前行,但不可以看费额显示器提示失败的原因。 ( )

(5)车牌识别抓拍是通过触发线圈来控制的。车牌抓拍的结果显示在历史交易记录"识别"一项,车牌识别结果并不影响车辆通行。 ( )

(6)当费额显示器显示车牌是当前车辆,且交易成功,可栏杆不抬杆时,可以通过小键盘按"放行"键,抬杠放行。 ( )

(7)当车道没有车,不停车收费系统界面显示当前交易区域没有交易时,应检查费额显示器显示屏是否发生故障。 ( )

三、实施

1.观察收费栏杆的常见问题,对收费栏杆进行检测,判断故障原因,并提出处理意见,最后检验问题是否妥善解决。

2.观察费额显示器常见问题,对费额显示器进行检测,判断故障原因,并提出处理意见,最后检验问题是否妥善解决。

3. 针对电子标签常见问题,对电子标签进行检测,判断故障原因,并提出处理意见,最后检验问题是否妥善解决。

4. 简述下班或换班时,收费员应执行的操作。

5. 简述当发生费额显示器不显示故障时,应执行的维修操作。

6. 简述发生电子标签内已插卡,费额显示器却显示"无有效卡片"字样故障时,应执行的维修操作。

四、小结

1. 在完成工作任务的过程中,你是如何计划并实施过程的?在小组中承担了什么具体工作?

2. 对本次工作任务,你有哪些好的建议和意见?

知识拓展

一、ETC 系统工作原理:路侧单元和车载单元两部分

ETC 系统的两个重要组成是 RSU(Road Side Unit)和 OBU(On Board Unit)两部分。

RSU:路侧单元,一般挂在 ETC 车道的正上方 5.5m 高度。

OBU:车载单元,通常安装在车辆挡风玻璃内侧,后视镜背后位置。

二、ETC 三大关键技术:AVI、AVC 和 VES

车辆自动识别技术(Automatic Vehicle Identification Systems,AVI)。
自动车型分类技术(Automatic Vehicle Classification Systems,AVC)。
违章车辆抓拍技术(Video Enforcement Systems,VES)。

三、ETC 系统结构:OBU、RSU 和 DSRC

ETC 三大组成部分为车载单元 OBU、路侧单元 RSU 和 DSRC 协议,三者必不可缺。其中,DSRC 协议分三大特征:主从结构、半双工通信方式、非同步分时多重存取。

(1)主从式结构,以路侧单元为主,车载单元为从,即路侧单元拥有通信的主控权,路侧单元可以主动下传信息,而车载单元必须听从路侧单元的指令才能上传信息。

(2)半双工通信方式,即传送和接收信息不能同时进行。

(3)非同步分时多重存取(synchronous TDMA),即路侧单元与多个车载单元以分时多重存取方式通信,但彼此不需事先建立通信窗口的同步关系。

四、ETC 技术设备:电子标签+微波天线

电子标签:根据标签工作方式的不同,可分成只读式(单片式)和读写式(双片式)系统;依据电子标签应答方式的不同,可分为主动式和被动式两种。

单片式电子标签:由一片存有车辆属性(标识码等)的集成电路芯片和一个小型微波发射机组成。属性数据只能一次性写入,不能更改。

双片式电子标签:又称聪明卡式电子标签,由一张 IC 卡和车载微波收发机组成。IC 卡中含有一微型 CPU,具有一定的计算、处理和存储数据能力。因此它比一件式标签的功能要多,不但可作为电子标签使用,还可充当信用卡和金融卡。作电子标签时,要将它插入车载机,由车载机完成标签与 DSRC 之间的双向通信,并将卡中信息显示出来。

读写主动式电子标签是在只读式的基础上,增加了可读写的数据存储器和小型微波接收机,它既可将标签内的车辆标识码等数据传送给 DSRC,也可接收并存储 DSRC 发出的有关信息。

被动式标签是将 DSRC 发射出的微波以某种方式进行调制并反射出去,从而将标签内的信息传送给 DSRC。

据《2013—2017 年中国 ETC 行业产品市场调研与投资预测分析报告》显示,在"十一五"期间,中国有 28 个省(区、市)实现了高速公路联网收费,开通电子不停车收费系统(ETC)的车道数约为 1 300 个,平均覆盖率(设置 ETC 车道收费站数量占高速公路收费站点总数量的比例)约为 15%,全国 ETC 用户数量突破 50 万,提高了车辆在收费站的通过效率,降低了油耗,有效缓解了收费口交通拥堵。

到 2011 年 6 月底,我国有 22 个省市建设不停车收费系统,开通 ETC 车道 2 197 条,使用 OBU 不停车收费用户 150.5 万,储值卡用户 67.1 万。国内公路 ETC 工作仍处于试验和探索阶段,个别路段正在进行试点,大范围和大规模的推广 ETC。跨省、跨地区 ETC 电子联网收费是发展趋势。

在武汉等城市,为实现路桥不停车电子收费,大部分车辆都安装基于 DSRC 技术的 OBU,在方便路桥收费的同时,也间接推动了车场管理中实现不停车收费。

1. ETC 在国外的应用

在美国,最著名的联网运行电子不停车收费系统是 E-Zpass 系统,有 23 条专用 ETC 车道的电子不停车收费网络竟然承担了整个月平均交易量的43%。2010 年釜山的 ITS 世界大会作为国际交通行业每年一届的交通盛会,充分体现了世界 ITS 的发展方向。日本全国范围内的所有高速公路收费站点开通了 ETC 系统,收费站点总数超过 2 000 个,用户数量达到 4 000 万辆。

2. ETC 在国内的应用

最早将 ETC 引进我国是在 20 世纪的 90 年代中期,当时我国部分经济发达地区的高速公路车流量激增,从而导致了收费口的交通堵塞。高速公路堵车现象时有发生,拥堵严重的路段可能会天天堵。高速公路管理手段越来越先进,但大部分已通车的高速公路收费管理却仍然停在低效率的人工收费阶段。据中国委员会的统计资料表明,仅广州一个地区因停车等待交费而损失的车时就达到了数百万小时,导致的汽油浪费以亿元计算。随着交通流量的增大,实施不停车的高速 ETC 收费业务的需求也迫在眉睫。

2013 年 1 月 6 日,随着甬金高速洞桥、溪口西 2 个收费站不停车收费系统 ETC 专用道建成,宁波市 38 个高速收费站中,有 ETC 专用道收费站已达 35 个,开通率达到 92%。未开通 ETC 的高速收费站为杭州湾跨海大桥南接线的 3 个收费站,即慈城、慈溪(新浦)、掌起(观海卫)。这 3 个收费站 ETC 系统已安装,正在抓紧协调、调试,届时,宁波所有高速收费站都将开通 ETC 通道。

2013 年 5 月 1 日起,全军将统一更换启用"2012 式"军车号牌,这次更换新式军车号牌,是我军第七代军车号牌。新的军车号牌采用了 6 种综合防伪手段,将"ETC"技术融入了新式军车号牌使用管理,在全军建立唯一的军车号牌数据库,有效强化了军车号牌的防伪能力和管理水平。

3. ETC 在停车场管理中的应用

随着国内汽车保有量的大幅增长,停车场出入口车流量压力也大幅增加。

为保障车辆出入顺畅,停车场通道的收费管理也逐渐采用高速公路 ETC 模式,即入场不停车,出场自动扣费的模式。

学习情境五　收费附属设施应用维护

情境概述

一、职业能力分析

1. 专业能力

（1）能够掌握传输介质、不间断电源和稳压电源等设备工作原理和技术参数。
（2）能够对不间断电源和配电箱等主要设备进行日常保养和维护。
（3）掌握不间断电源、配电箱和稳压器主要设备常见故障排除办法。

2. 社会能力

（1）通过分组活动，培养团队协作能力。
（2）通过规范文明操作，培养良好的职业道德素养和安全环保意识。
（3）通过小组讨论，演讲评述，培养与客户的沟通能力。

3. 方法能力

（1）通过查询资料、文献，培养自学能力和获取信息能力。
（2）通过情境化的任务单元活动，掌握解决实际问题的能力。
（3）填写任务工单，制订工作计划，培养工作方法能力。
（4）能够独立使用各种媒体完成学习任务。

二、学习情境描述

南昌绕城公路乐化至温家圳段收费闭路电视系统已经实施完成，即将投入使用。现招聘一名工程师，主要负责路段的收费附属设施的使用和日常维护以及常见故障的排除。

你作为工程师被应聘上，需要掌握收费附属设施的工作原理及使用方法，并能够针对不间断电源及配电箱等设备进行故障排除。

三、教学环境要求

软硬条件： 建设理实一体化的高速公路收费实训室，配置多媒体设备、实物台架。包括仿真收费监控系统及各部分硬件实物，模拟控制系统软件以及可上网的计算机和工作台等。

师资条件： 主讲教师应具备教师资格、硕士以上学历，能综合运用各种教法设计课程，掌握新技术，具有较强的专业能力，具有相关职业资格证书。辅助教师应具有较强的职业技能，接受过一定的专业教育培训，具有大专以上学历，有较丰富的企业一线工作经验，取得高级工以上职业资格证书。

教学方法:本课程在教学过程中,教师应立足于加强学生实际操作能力的培养,因材施教,采用案例教学法、项目教学法,以任务驱动型项目提高学生学习兴趣,"教"与"学"互动,教师示范,学生操作,学生提问,教师解答、指导,边操作、边演示、边讲解。着力培养学生对本课程的学习兴趣,从而提高学生学习的主动性和积极性。实现教、学、做一体化。

工作任务一 收费附属设施的使用

 任务概述

收费系统是高速公路收费站不可缺少的重要组成部分,而收费附属设施又是收费系统不可缺少的重要组成部分,它保证了整个收费系统的稳定运行和安全性。

通过本工作任务学习,应了解收费附属设施与收费系统的关系,掌握收费附属设施的所有设备性能,掌握收费附属设施的设备使用与调试,这也是收费站工程技术人员所必须掌握的技能。

通过创设的学习情境,激发学生学习兴趣;通过任务驱动,锻炼学生的自主学习能力,培养学生严谨务实的工作作风。

 相关知识

收费附属设施包括传输介质、不间断电源、稳压电源、配电箱、机柜、收费站操作台等,承包人应完成本附属设施所必需的材料及安装工程。

1. 传输介质

传输介质包括五类非屏蔽双绞线(UTP-5)、多模光缆、同轴电缆、市话电缆和电力电缆、控制电缆等,工程量中均按6km计,实施时按实际发生工程量支付。

2. 不间断电源

不间断电源是一种含有储能装置,以逆变器为主要组成部分的恒压恒频的不间断电源,如图5-1-1所示。

不间断电源主要用于给单台计算机、计算机网络系统或其他电力电子设备提供不间断的电力供应。当市电输入正常时,UPS将市电稳压后供应给负载使用,此时的UPS就是一台交流市电稳压器,同时它还向机内电池充电;当市电中断(事故停电)时,UPS立即将机内电池的电能,通过逆变转换的方法向负载继续供应220V交流电,使负载维持正常工作并保护负载软、硬件不受损坏。UPS设备通常对电压过大和电压太低都提供保护。

不间断电源的技术规范参数如下:

高频后备式UPS电源容量范围为:HB500VA、HB600VA、HB1000VA、HB1200VA、HB1500VA。应用范围:HB系列UPS是专门针对家用计算机、小型网络通信设备、商用POS机、工作站等用户而设计的全能上网型UPS,除了保护电脑外,还可以

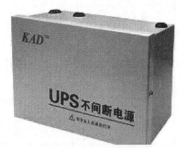

图5-1-1 不间断电源

外接打印机和扫描仪等计算机外设,避免了复杂的外部连接线,并可对设备进行突波保护。产品特点如下:

(1)宽电压/频率输入,环境适应性强,电压输入范围宽广(165~270VAC),避免频繁地切换至电池供电,延长电池使用寿命,减少更换电池的成本,适应于电力环境恶劣的地区。

(2)负载使用安全性高,具有自动电压调节功能(AVR),保证负载运行在安全的电压范围内。

(3)具有直流开机(DC START)功能,在无市电输入的时候可以开机使用,具备直流冷启动功能,更能满足 UPS 的应急使用。

(4)优异的发电机兼容性。采用先进的宽频输入技术,频率范围为 40~75Hz,UPS 在市电电网频率发生严重飘移时仍能正常工作,使之具有很强的发电机兼容匹配性,适应各种类型的发电机,减少选购发电机的成本。

(5)具有无人值守功能。当市电发生长时间故障而致使 UPS 因电池欠压而自动保护关机时,在市电恢复正常后能自动开机且对电池自动充电,这将有效地保护电池、延长电池寿命,并且可以短时间恢复电池备份时间。

(6)完善的保护功能。具有电池欠压、过载、输出短路、过温保护功能,具有抑制浪涌干扰、消除噪声、防止雷击保护功能;减少用户设备被损坏的机会,减少数据丢失的直接损失、维修成本和用户时间消耗。

(7)电池优化性能高。完善的电池管理技术,根据负载容量自动调整电池放电的终止电压,从而延长电池的使用寿命,提高 UPS 的使用率。

(8)电源智能管理功能。RS232 接口(选件)具备 DB-9P 电脑通信接口,搭配监控软件,可进行自动存盘关机,并对 UPS 使用情况进行实时监控管理。

(9)配备 RJ45/RJ11 网络保护接口,提供网络缆线或外接 modem,对上网设备进行突波保护,有效保护设备的安全。

主要技术参数见表 5-1-1。

主 要 技 术 参 数　　　　　　　　　　　　　表 5-1-1

型号	HB-500	HB-600	HB-1000	HB-1200
额定容量/额定功率	500VA/300W	600VA/360W(稳压+UPS 输出)	1000VA/600W(稳压+UPS 输出)	1200VA/700W(稳压+UPS 输出)
输入电压范围	165~270VAC			
输入频率范围	40~70Hz			
输入方式	单相			
输出电压	220(1±10%)V AC			
输出频率	在线模式,与市电同步,电池模式:(50±1)Hz			
输出波形	方波			
转换时间	≤10ms			
短路保护	电池模式:软件保护;在线模式:FUSE&软件保护			
过载能力	100%~110%(UPS 正常工作并报警,10s 关机),大于110% UPS 立即关机			

续上表

型号	HB-500	HB-600	HB-1000
电池类型	免维护铅酸蓄电池		
电池容量	12V/4.5AH×1节	12V/7AH×1节	12V/7AH×2节
充电时间	10h完成90%容量		
充电电流	最大充电电流达到1.5A		
网络保护端口	RJ45/RJ11		
通信端口	RS232		
输入插头	国标90°插头		
输出插座（国标）	2PCS	2PCS	3PCS
噪声	<45dB（距机器1m处）		
工作温度	0~40℃		
储存温度	-20~60℃		
相对湿度	10%~90%		
海拔高度	大于1500m时需降额使用		
净重/毛重（kg）	4/4.5	6/6.5	10/10.5
尺寸（$W \times D \times H$）（mm）	100×177×150	100×330×150	120×353×185

功率类型分别有：500VA、600VA、800VA、1 000VA、1 200VA、1 500VA、2 000VA。

型号定义：HB-＊＊VA/A。

3. 稳压电源

在各收费站配置扬州爱克赛生产的一台 SVC-30KVA 稳压电源，分中心配置一台 SBW-60KVA 稳压电源。稳压电源是能为负载提供稳定交流电源或直流电源的电子装置，如图 5-1-2 所示，包括交流稳压电源和直流稳压电源两大类。稳压器除了最基本的稳定电压功能以外，还应具有过压保护（超过输出电压的 +10%）、欠压保护（低于输出电压的 -10%）、缺相保护、短路过载保护等最基本的保护功能。

常用稳压电源的类型有以下几种：

1）逆变式稳压电源

所谓逆变式稳压电源也叫变频电源，本变频电源采用 16 位摩托罗拉处理器控制、高频 PWM 设计、原装进口三菱 1GBT 推动，效率达 85% 以上。反应快速，100% 除载/加载，稳压反应时间在 2ms 以内。变频电源超载能力强，瞬间电流能承受额定电流的 300%。波形纯正，频率高稳定，不产生干扰磁波（EMI、EMC）。变频电源不但是研发、实验室和计量室的最佳电源，也是 EM/EMC、安规测试的标准电源。

逆变式稳压电源具有负载适应性强、效率高、稳定度佳，输出波形品质好、操作简便、体积小、重量轻的特点。逆变式稳压电源针对世界各地不同电源种类，使用者可以模拟其电压和频率（47~63Hz）作测试应用，其中按国家军标特制的中频电源

图 5-1-2　稳压电源

还可以支援400Hz频率的国防军事侦测、航空电子及航海、通信等应用设备。

逆变式稳压电源不管是纯阻性、容性、电感性或非线性负载均可长期正常使用。三相可单相使用,可带负载调节电压和频率。其中部分机型可设置开机密码,方便生产车间安全使用。

2)交流稳压电源

交流稳压电源又称交流稳压器。随着电子技术的发展,特别是电子计算机技术应用到各工业、科研领域后,各种电子设备都要求稳定的交流电源供电,电网直接供电已不能满足需要,交流稳压电源的出现解决了这一问题。

常用的交流稳压电源有以下几种:

(1)铁磁谐振式交流稳压器。由饱和扼流圈与相应的电容器组成,具有恒压伏安特性。

(2)磁放大器式交流稳压器。将磁放大器和自耦变压器串联而成,利用电子线路改变磁放大器的阻抗以稳定输出电压。

(3)滑动式交流稳压器。通过改变变压器滑动接点位置稳定输出电压。

(4)感应式交流稳压器。靠改变变压器次、初级电压的相位差,使输出交流电压稳定。

(5)晶闸管交流稳压器。用晶闸管作功率调整元件,稳定度高、反应快且无噪声,但对通信设备和电子设备造成干扰。

20世纪80年代以后,又出现3种新型交流稳压电源:补偿式交流稳压器、数控式交流稳压器和步进式交流稳压器。

数控稳压电源是通过观察区在设备输出端取样,对现时电压跟额定电压作出比较、核对,如比较为负值,则发送数据到中央处理器(CPU),由中央处理器作出电压加的命令。同时,检测区检测半导体是否已开、关。确认无误后,中央处理器做出电压加的命令控制半导体工作,从而达到额定电压的标准。如果比较为正值,中央处理器则做出电压减的命令,整个过程全部数字化只需0.048s时间。

数码式电源稳压器将瞬间反复变化的电压通过数字控制回路稳定来确保输出电压始终为额定电压,采用数码式控制原理监控电压的变化,通过电子晶闸开关调整变压器的TAP来始终保持稳定的输出电压。

3)直流稳压电源

直流稳压电源又称直流稳压器。它的供电电压大都是交流电压,当交流供电电压或输出负载电阻变化时,稳压器的直接输出电压都能保持稳定。稳压器的参数有电压稳定度、纹波系数和响应速度等。电压稳定度表示输入电压的变化对输出电压的影响;纹波系数表示在额定工作情况下,输出电压中交流分量的大小;响应速度表示输入电压或负载急剧变化时,电压回到正常值所需时间。

直流稳压电源分连续导电式与开关式两类。连续导电式直流稳压电源由工频变压器把单相或三相交流电压变到适当值,然后经整流、滤波,获得不稳定的直流电源,再经稳压电路得到稳定电压(或电流)。这种电源线路简单、纹波小、相互干扰小,但体积大、耗材多,效率低(常低于60%)。开关式直流稳压电源以改变调整元件(或开关)的通断时间比来调节输出电压,从而达到稳压。这类电源功耗小,效率可达85%左右,但缺点是纹波大、相互干扰大。所以,20世纪80年代以来发展迅速。

直流稳压电源从工作方式上可分为以下几种:

(1)可控整流型。用改变晶闸管的导通时间来调整输出电压。

(2)斩波型。输入是不稳定的直流电压,以改变开关电路的通断比得到单向脉动直流,再经滤波后得到稳定直流电压。

(3)变换器型。不稳定直流电压先经逆变器变换成高频交流电,再经变压、整流、滤波后,从所得新的直流输出电压取样,反馈控制逆变器工作频率,达到稳定输出直流电压的目的。

电器用途:交流稳压电源应用于计算机及其周边装置、医疗电子仪器、通信广播设备、工业电子设备、自动生产线等现代高科技产品的稳压和保护。直流稳压电源广泛应用于国防、科研、大专院校、实验室、工矿企业、电解、电镀、充电设备等的直流供电。

4)开关稳压电源

开关稳压电源是由全波整流器,开关管 V,激励信号,续流二极管 V_D,储能电感和滤波电容 C 组成。实际上,开关稳压电源的核心部分是一个直流变压器。逆变器是把直流转变为交流的装置。逆变器通常被广泛地应用在采用电平或电池组成的备用电源中。

直流变换器是把直流转换成交流,然后又把交流转换成直流的装置。这种装置被广泛地应用在开关稳压电源中。采用直流变换器可以把一种直流供电电压变换成极性、数值各不同的多种直流供电电压。

开关稳压电源的优点如下:

(1)功耗小,效率高。在开关稳压电源电路中,晶体管 V 在激励信号的激励下,交替地工作在导通—截止和截止—导通的开关状态,转换速度很快,频率一般为 50kHz 左右,在一些技术先进的国家,可以做到几百或者近 1 000kHz。这使得开关晶体管 V 的功耗很小,电源的效率可以大幅度地提高,其效率可达到 80%。

(2)体积小,重量轻。从开关稳压电源的原理框图可以清楚地看到,没有采用笨重的工频变压器;调整管 V 上的耗散功率大幅度降低后,又省去了较大的散热片。由于这两方面原因,所以开关稳压电源的体积小,重量轻。

(3)稳压范围宽。从开关稳压电源的输出电压是由激励信号的占空比来调节的,输入信号电压的变化可以通过调频或调宽来进行补偿,这样,在工频电网电压变化较大时,它仍能够保证有较稳定的输出电压。所以开关电源的稳压范围很宽,稳压效果很好。此外,改变占空比的方法有脉宽调制型和频率调制型两种。这样,开关稳压电源不仅具有稳压范围宽的优点,而且实现稳压的方法也较多,设计人员可以根据实际应用的要求,灵活地选用各种类型的开关稳压电源。

(4)滤波的效率大为提高,使滤波电容的容量和体积大为减少。开关稳压电源的工作频率目前基本上是工作在 50kHz,是线性稳压电源的 1 000 倍,这使整流后的滤波效率几乎也提高了 1 000 倍。就是采用半波整流后加电容滤波,效率也提高了 500 倍。在相同的纹波输出电压下,采用开关稳压电源时,滤波电容的容量只是线性稳压电源中滤波电容的 1/1 000 ~ 1/500。

(5)电路形式灵活多样。例如,有自激式和他激式,调宽型和调频型,单端式和双端式等,设计者可以发挥各种类型电路的特长,设计出能满足不同应用场合的开关稳压电源。

开关稳压电源的缺点是存在较为严重的开关干扰。在开关稳压电源中,功率调整开关晶体管 V 在工作状态产生的交流电压和电流通过电路中的其他元器件产生尖峰干扰和谐振干扰,这些干扰如果不采取一定的措施进行抑制、消除和屏蔽,就会严重地影响整机的正常工作。此外由于开关稳压电源振荡器没有工频变压器的隔离,这些干扰就会串入工频电网,使附近的其他电子仪器、设备和家用电器受到严重的干扰。

目前,由于国内微电子技术、阻容器件生产技术以及磁性材料技术与一些技术先进国家还有一定的差距,因而造价不能进一步降低,也影响到可靠性的进一步提高。所以在我国的电子仪器以及机电一体化仪器中,开关稳压电源还不能得到十分广泛的普及使用。特别是对于无工频变压器开关稳压电源中的高压电解电容器、高反压大功率开关管、开关变压器的磁芯材料等器件,在我国还处于研究、开发阶段。在一些技术先进国家,开关稳压电源虽然有了一定的发展,但在实际应用中也还存在一些问题,不能十分令人满意。

这暴露出开关稳压电源的又一个缺点,那就是电路结构复杂,故障率高,维修麻烦。对此,如果设计者和制造者不予以充分重视,它将直接影响到开关稳压电源的推广应用。当今,开关稳压电源推广应用比较困难的主要原因就是它的制作技术难度大、维修麻烦和造价成本较高。

4. 配电箱

配电箱是按电气接线要求将开关设备、测量仪表、保护电器和辅助设备组装在封闭或半封闭金属柜中或屏幅上,构成低压配电装置。正常运行时可借助手动或自动开关接通或分断电路;故障或不正常运行时可借助保护电器切断电路或报警,借测量仪表显示运行中的各种参数,还可对某些电气参数进行调整,对偏离正常工作状态进行提示或发出信号。配电箱常用于各发、配、变电所中。如图5-1-3所示。

图5-1-3 配电箱

1) 配电箱简介

(1) 结构:配电箱和配电柜、配电盘、配电屏、电器柜等是集中安装开关、仪表等设备的成套装置。

(2) 类别:常用的配电箱有木制和金属制两种,因为金属配电箱防护等级要高一些,所以还是金属的用得比较多。

(3) 用途:可合理的分配电能,方便对电路的开合操作。有较高的安全防护等级,能直观地显示电路的导通状态和正常工作状态。便于管理,当发生电路故障时有利于检修。

2) 分类

(1) 固定面板式开关柜,常称开关板或配电屏。它是一种有面板遮拦的开启式开关柜,正面有防护作用,背面和侧面仍能触及带电部分,防护等级低,只能用于对供电连续性和可靠性要求较低的工矿企业,作变电室集中供电用。

(2) 防护式(即封闭式)开关柜,指除安装面板外,其他所有侧面都被封闭起来的一种低压开关柜。这种柜子的开关、保护和监测控制等电气元件,均安装在一个用钢或绝缘材料制成的封闭外壳内,可靠墙或离墙安装。柜内每条回路之间可以不加隔离措施,也可以采用接地的金属板或绝缘板进行隔离。通常门与主开关操作有机械连锁。另外还有防护式台型开关柜(即控制台),面板上装有控制、测量、信号等电器。防护式开关柜主要用作工艺现场的配电装置。

(3) 抽屉式开关柜。这类开关柜采用钢板制成封闭外壳,进出线回路的电器元件都安装在可抽出的抽屉中,构成能完成某一类供电任务的功能单元。功能单元与母线或电缆之间,用接地的金属板或塑料制成的功能板隔开,形成母线、功能单元和电缆三个区域。每个功能单元之间也有隔离措施。抽屉式开关柜有较高的可靠性、安全性和互换性,是比较先进的开关柜,开关柜多数是指抽屉式开关柜,适用于要求供电可靠性较高的工矿企业、高层建筑,作为集中控制的配电中心。

(4)动力、照明配电控制箱。多为封闭式垂直安装,因使用场合不同,外壳防护等级也不同,主要作为工矿企业生产现场的配电装置。

配电箱作为建筑、工程和企业单位配电系统的中枢神经,配电箱的安全性必然得到重视,配电箱优良材质能够使电气火灾防患于未然。配电箱内部构件如图 5-1-4 所示。

图 5-1-4　配电箱内部构件

3)要求

(1)全金属打造,更佳的安全防火性能。
(2)多色系选择,更炫的个性品位专属。
(3)精工艺淬炼,更强的抗冲击耐磨度。
(4)宽内部空间,更优的布线结构操作。

4)常见故障

(1)环境温度对低压电器影响引起的故障。

配电箱中的低压电器由熔断器、交流接触器、剩余电流动作保护器、电容器及计量表等组成。这些低压电器的正常工作条件做了相应规定:周围空气温度的上限不超过40℃;周围空气温度24h的平均值不超过35℃;周围空气温度的下限不低于 -5℃或 -25℃。

有的配电箱由于在室外运行,它不但受到阳光的直接照射产生高温,同时运行中自身也会产生热量,所以在盛夏高温季节,箱体内的温度将会达到60℃以上,这时的温度大大超过了这些电器规定的环境温度,因而会发生因配电箱内电器元件过热引起的故障。

(2)产品质量引起的故障。

在配电箱厂由于需要有关低压电器的供货时间急且数量多时,因而产生了对产品质量的要求不严格的现象,造成了一些产品投入运行后不久就发生故障。如有些型号交流接触器在配电箱投运后不久,就因接触器合闸线圈烧坏,而无法运行。

(3)配电箱内电器选择不当引起的故障。

由于在制造时对交流接触器容量选择不很恰当,对不同出线回路安装同容量的交流接触器,且未考虑到三相负荷的不平衡情况,而未能将部分出线接触器电流等级在正常选择型号基础上,提高一个电流等级选择,因而导致夏季高温季节运行时出现交流接触器烧坏的情况。

配电箱常见故障的改进如下:

(1)对于配电变压器容量在100kV·A及以上的配电箱体,在箱内散热窗靠侧壁处,应考虑安装温控继电器(JU-3型或JU-4超小型温度继电器)和抽风机,安装在控制电器板上方左侧面的箱体上,以便使箱内温度达到一定值时(如40℃)能自动启动排气扇,强行排出热量以使箱体散热。

(2)采用保护电路防止配电箱供电的外部电路故障的发生。选择体积较小的智能缺相保护器,如可选用DA88CM-Ⅱ型电机缺相保护模块(上海产品)安装于配电箱内以防止因低压缺相运行而烧坏电动机。

(3)改进配电箱的低压电容器组的接线方式,将其安装位置由交流接触器上桩头,改成接在配电箱低压进线与计量表计之间。防止因运行中电容器电路发生缺相故障或电容器损坏时,造成计量装置计量不准确。此外,电容器选择型号应为 BSMJ 系列产品,以保证元件质量可靠、安全运行。

(4)若新增柱上配电台架,在制作配电箱外壳时,可选 2mm 厚的不锈钢板材,并适当按比例放大配电箱尺寸(如在农改工程使用的 JP4—100/3W 型基础上,在原箱体宽度方向尺寸上增大约 100mm,即由原 680mm 改为 780mm。改进后的配电箱体外形尺寸为:1 300mm×780mm×500mm),以便增加各分路出线之间、出线与箱体外壳的电气安全距离,这样有利于电工的操作维护和更换熔件,同时也可散热。

(5)选用节能型交流接触器(类似 CJ20SI 型)产品,并注意交流接触器线圈电压与所选剩作电流动作保护器的相对应接线端子相连,注意进行正确的负载匹配。选择交流接触器时,应选用绝缘等级为 A 级及以上产品,必须保证其主回路触点的额定电流大于或等于被控制的线路的负荷电流。接触器的电磁线圈额定电压为 380V 或 220V,线圈允许在额定电压的 80%~105%范围内使用。

(6)剩余电流动作保护器的选用。必须选用符合《剩余电流动作保护电器的一般要求》(GB/Z 6829—2008)、并经中国电工产品认证委员会认证合格的产品。可选用类似 LJM(J)系列节电型且是低灵敏度的延时型保护器。保护器装置的方式要符合《剩余电流动作保护装置安装和运行》(GB 13955—2005)的要求。漏电保护器的分断时间,当漏电电流为额定漏电电流时,其动作时间不应大于 0.2s。

(7)配电箱的进出线选用低压电缆,电缆的选择应符合技术要求。例如 30kVA、50kVA 变压器的配电箱的进线使用 VV22-35×4 电缆,分路出线使用同规格的 VLV22-35×4 电缆;80kVA、100kVA 变压器的配电箱的进线分别使用 VV22-50×4、VV22-70×4 电缆,分路出线分别使用 VLV22-50×4、VLV22-70×4 电缆,其电缆与铜铝接线鼻压接后再用螺栓与配电箱内接线桩头连接。

(8)熔断器(RT、NT 型)的选用。配电变压器的低压侧总过流保护熔断器的额定电流,应大于配电变压器的低压侧额定电流,一般取额定电流的 1.5 倍,熔体的额定电流应按变压器允许的过负荷倍数和熔断器特性确定。出线回路过流保护熔断器的熔体额定电流,不应大于总过流保护熔断器的额定电流,熔体的额定电流按回路正常最大负荷电流选择,并应躲过正常的尖峰电流。并联电容器组熔断器的额定电流一般可按电容器额定电流的 1.5~2.5 倍选取。

(9)为了对低压电网无功功率进行分析,在箱内安装一只 DTS(X)系列的有功、无功二合一多功能电能表(安装在计量表计板侧),用于更换原安装的三只单相电能表(DD862 系列表计),以便于对负荷的在线运行监测。

5)产品选购

在国内供配电系统中配电柜的型号有很多种,它们的柜体结构、技术参数都有所不同。在一些因素的影响下,设计好的图纸经常需要修改,甚至是重新设计,这样不但影响了供配电系统的施工计划,还给配电柜厂家按时保质完成配电柜的生产带来了一定的困扰。

影响已设计好的图纸变更的因素有如下几点:

(1)配电柜厂家向用户推荐自己生产的,也许并不适合用户的产品。

(2)设计院对某些新推出的柜型并不太了解,只是根据用户要求进行设计。

(3)用户对自己的需求并不十分了解,选择柜型时不能根据自己所需进行选择。

为解决上述问题,满足用户所需较准确选择配电柜具体型号,下面针对国内供配电系统中常用的低压配电柜的特点进行分析。

在国内供配电系统中,所常用的配电柜大致可分为以下两种:

一种是国际电气有限公司所研制开发带有其品牌的低压配电柜(以下简称为进口低压配电柜),此类产品只能由国际电气有限公司本身或授权国内知名配电柜生产厂家生产及销售,其代表有法国施耐德电气有限公司的 PrismaP、BLOKSET、OKKEN 低压配电柜、德国西门子股份公司的 Sivcon 低压配电柜、德国金钟－穆勒德 Modan6000 低压配电柜、瑞士 ABB 电器有限公司的 MNS3 低压配电柜等。

另一种是国内配电柜生产厂家自主研制或仿制并通过 3C 认证申请型号证书的低压配电柜(以下简称为国产低压配电柜),此类产品中的代表有 GGD 型交流低压配电柜、GCK 低压抽出式开关柜、GCS 低压抽出式开关柜、MNS 低压抽出式开关柜、GCL 低压抽出式开关柜等。

进口低压配电柜的主要特点是无论是国际电气有限公司本身还是其授权厂家所生产的配电柜具体结构都能保持一致,配电柜中所安装的主要电器元件都与国际电气有限公司的品牌保持一致,在配电柜的明显位置上有进口品牌的标志。

国产配电柜的主要特点是国内厂家所生产的同类型配电柜的具体型号不一致,配电柜的具体结构也有所区别,配电柜内所安装的主要电器元件可为进口知名品牌也可为国产品牌。

下面是上述国产配电柜在选型中常用到的柜体结构、技术参数,也是用户经常要求的。

(1)主母线最大额定电流:主母线最大能够承载的电流的额定值。

(2)额定短时耐受电流:由生产厂家给出的成套设备中某条电路在《低压成套开关设备和控制设备 第 1 部分:总则》(GB 7251.1—2013)规定的试验条件下能安全承载的短时耐受电流方均根值。

(3)峰值短时耐受电流:在规定试验条件下,生产厂家规定此电路能够圆满地承受的峰值电流。

(4)外壳防护等级:根据外壳防护等级 IEC60529—1989 标准由成套设备提供的防止触及带电部件,以及外来固体的侵入和液体的进入的等级。具体等级划分详见 IEC60529 标准。

(5)内部分隔方式:为保护人身安全,将开关柜独立划分成几个隔室的不同方式。

(6)功能单元形式:根据《低压成套开关设备和控制设备 第 1 部分:总则》(GB 7251.1—2013),元件在成套设备中的安装方式。

不同型号的配电柜之间的技术参数都有很大不同,而进口配电柜的技术参数基本都优于国产配电柜,但并不能认为进口配电柜就一定比国产配电柜好。

根据实际工作经验可知:

(1)进口配电柜是在国外研制开发的,一般都是针对全球供配电市场销售。由于每个国家对供配电系统的要求以及习惯都不太一样,所以进口配电柜并不一定完全适用在国内市场。

(2)进口配电柜所采用的主要电器元件均为进口品牌产品,有的柜体或一些柜体辅件必须国外进口,这样造成进口配电柜的价格一般都比国产配电柜高出很多。

(3)进口配电柜的技术参数虽然很高,但大多数情况只运用了一部分,甚至于根本没法运用。例如进口配电柜一台柜能安装的回路数比国产配电柜的都多,但那是在降低了回路容量的前提下才能达到,在大多数情况下满足不了用户需要。

(4)国产配电柜的技术参数虽然比进口配电柜的低,但在国内大多数供配电系统中已经能够满足用户需要。

(5)在配电柜的质量上,只要厂家严格按照3C的要求进行生产、检验,国内配电柜的质量并不一定比进口配电柜的质量差。

综上所述,在选择配电柜的型号时,应做到如下几点:

(1)了解用户所需,根据实际情况选择最适合用户的柜型。

(2)尽量采用国内知名厂家的国产柜型,不能盲目选择技术参数比较高的进口配电柜,这样易造成资源浪费。

(3)由于进口配电柜中所采用的主要元器件的品牌与柜体是一致的。所以选择进口配电柜时,应注意主要元器件的参数,它必须能满足用户需要。

5. 机柜

为了便于设备安装检修,采用19″(2.2m)标准机柜来安置机房设备,在收费分中心、各收费站均设置1套三盛19″标准机柜。机柜如图5-1-5所示。

图5-1-5 机柜

机柜一般是冷轧钢板或合金制作的用来存放计算机和相关控制设备的物件,可以提供对存放设备的保护,屏蔽电磁干扰,有序、整齐地排列设备,方便以后维护设备。机柜一般分为服务器机柜、网络机柜、控制台机柜等。

1)用途

很多人把机柜看作是用来装IT设备的柜子。机柜是柜子,但并不仅仅如此。对于计算机本身而言,机柜同样有着和UPS电源重要的辅助作用。一个好的机柜可保证计算机可以在良好的环境里运行。所以,机柜所起到的作用同样重要。机柜系统性地解决了计算机应用中的高密度散热、大量线缆附设和管理、大容量配电及全面兼容不同厂商机架式设备的难题,从而使数据中心能够在高稳定性的环境下运行。

在各大机房都能看到各种款式的机柜,随着计算机产业的不断突破,机柜所体现的功能也越来越大。机柜一般用在网络布线间,楼层配线间,中心机房,数据机房,控制中心,监控室,监控中心等。

2)基本结构

常见机柜颜色有白色、黑色和灰色(其中又分很多种类型,如橘纹、细沙纹等)。机柜按材质来分,有铝型材的机柜、冷轧钢板机柜、热轧钢板机柜;按照加工工艺来分,有九折型材机柜和十六折型材机柜等。

板材种类、涂层材料、加工工艺决定了机柜的稳定性。一般它的长度规格有600mm、800mm,宽度规格有600mm、800mm、1 000mm,高度规格是42U、36U、24U。早期所用的机柜大都是用铸件或角钢经螺钉、铆钉连接或焊接成机柜框架,再加由薄钢板制成的盖板(门)而成。这种机柜的体积大、笨重、外形简陋,已被淘汰。随着晶体管、集成电路的使用和各种元器件的超小型化,机柜的结构也向小型化、积木化方向发展。机柜已由过去的整面板结构发展成为具有一定尺寸系列的插箱、插件结构。插箱、插件的组装排列方式分水平排列和垂直排列两类。机柜材料普遍采用薄钢板、各种断面形状的钢型材、铝型材及各种工程塑料等。

机柜的框架除用焊接、螺钉连接外,还采用黏结工艺。

机柜按构件的承重、材料及其制造工艺的不同,可分为型材和薄板两种基本结构。

(1)型材结构机柜:有钢型材机柜和铝型材机柜两种。钢型材机柜由异型无缝钢管为立柱组成,这种机柜的刚度和强度都很好,适用于重型设备。由铝合金型材组成的铝型材机柜具有一定的刚度和强度,适用于一般或轻型设备,这种机柜重量轻,加工量少,外形美观,应用广泛。

(2)薄板结构机柜:整板式机柜,其侧板为一整块钢板弯折成形,这种机柜刚度和强度均较好,适用于重型或一般设备。但因侧板不可拆卸,使组装、维修不方便。弯板立柱式机柜的结构与型材机柜相似,而立柱则由钢板弯折而成,这种机柜具有一定的刚度和强度,适用于一般设备。

根据需要,机柜还装有机柜附件。其主要附件有固定或可伸缩的导轨、锁紧装置、铰链、走线槽、走线架和屏蔽梳形簧片等。

3)技术要求

(1)应具有良好的技术性能。机柜应具有抗震动、抗冲击、耐腐蚀、防尘、防水、防辐射等性能,以便保证设备稳定可靠地工作。

(2)应具有良好的使用性和安全防护设施,便于操作、安装和维修,并能保证操作者安全。

(3)应便于生产、组装、调试和包装运输。

(4)应合乎标准化、规格化、系列化的要求。

(5)造型美观、适用、色彩协调。

4)分类

随着计算机与网络技术的发展,机柜正成为其重要的组成部分。数据中心的服务器、网络通信设备等 IT 设施,正在向着小型化、网络化、机架化的方向发展。而机柜,正在逐渐成为这个变化中的主角之一。常见的机柜可分类如下。

(1)按功能分:防火防磁柜、电源柜、监控机柜、屏蔽柜、安全柜、防水机柜、保险柜、多媒体控制台、文件柜、壁挂柜等。

(2)按适用范围:户外机柜、室内机柜、通信柜、工业安全柜、低压配电柜、电力柜、服务器机柜。

(3)扩展分类:控制台、电脑机箱机柜、不锈钢机箱、监控操作台、工具柜、标准机柜、网络机柜。

5)机柜板材要求

(1)机柜板材:业内要求,标准的机柜板材应选用优质冷轧钢板,市面上很多机柜并非冷轧钢制成,而是用热板甚至铁板替代,容易生锈变形,应仔细鉴别。

冷轧钢板是经过冷轧生成的钢板,俗称冷板。和热轧钢比较,冷轧钢板厚度更加精确,而且表面光滑漂亮,同时还具有各种优越的性能,特别是加工性能方面。优质冷轧钢板能确保机柜长久韧性和承重性能。冷轧钢板广泛应用于汽车、冰箱、洗衣机等家电以及产业设备、各种建筑材料。冷轧钢板表面光滑、漂亮,触感平滑细腻,充满韧性和钢力,彰显机柜高贵品质。

(2)关于板材厚度业内一般要求:标准的机柜立柱板材厚2.0mm、侧板及前后门厚1.2mm(行业对侧板的要求是1.0mm以上,因侧板不起承重作用,故板材可以稍微减薄以节约能源),固定托盘厚1.2mm。华安振普机柜的立柱都在2.0mm厚,以确保机柜承重(立柱起主要承重作用)。

业内要求机柜的板材厚度必须达标,厚度不达标将导致机柜变形,影响机柜的使用寿命和安全系数。机柜主要是对设备起保护作用所以安全性能至关重要,购买时一定要询问板材厚度,仔细鉴别。

6)服务器机柜简介

服务器机柜是为安装服务器、显示器、UPS等19″标准设备及非19″标准设备专用的机柜,用来组合安装面板、插件、插箱、电子元件、器件和机械零件与部件,使其构成一个整体的安装箱。服务器机柜由框架和盖板(门)组成,一般具有长方体的外形,落地放置,为电子设备正常工作提供相适应的环境和安全防护,是仅次于系统级的一级组装。不具备封闭结构的机柜称为机架。

服务器机柜应具有良好的技术性能。首先,服务器机柜应具有抗振动、抗冲击、耐腐蚀、防尘、防水、防辐射等性能,以便保证设备稳定可靠地工作。其次,服务器机柜应具有良好的使用性和安全防护设施,便于操作、安装和维修,并能保证操作者安全。

7)服务器机柜规格

服务器机柜在机柜的深度、高度、承重等方面均有要求。高度有1m、1.2m、1.4m、1.6m、1.8m、2.0m、2.2m等;宽度为600mm、700mm、800mm三种;深度为800mm、900mm和1 000mm三种。

服务器机柜可以配置专用固定托盘、专用滑动托盘、电源支架、地脚轮、地脚钉、理线环、理线架、L支架、扩展横梁等,主体框架、前后门、左右侧门可以快速拆装。

固定托盘:用于安装各种设备,尺寸繁多,用途广泛,有19″标准托盘、非19″标准固定托盘等。常规配置的固定托盘深度有440mm、480mm、580mm、620mm等规格。固定托盘的承重不小于50kg。

滑动托盘:用于安装键盘及其他各种设备,可以方便地拉出和推回;19″标准滑动托盘适用于任何19″标准机柜。常规配置的滑动托盘深度有400mm、480mm两种规格。滑动托盘的承重不小于20kg。

配电单元:选配电源插座,适合于任何标准的电源插头,配合19″安装架,安装方式灵活多样。规格:6插口。参数:220V,10Amp。

理线架:19″标准理线架。可配合任何一种TOPER系列机柜使用。12孔理线架配合12口、24口、48口配线架使用效果最佳。

理线环:专用于TOPER 1800系列和TOPER Server系列机柜使用的理线装置,安装和拆卸非常方便,使用的数量和位置可以任意调整。

L支架:L支架可以配合机柜使用,用于安装机柜中的19″标准设备,特别是重量较大的19″标准设备,如机架式服务器等。

盲板:盲板用于遮挡19″标准机柜内的空余位置等用途,有1U、2U等多种规格。常规盲板为1U、2U两种。

扩展横梁:专用于TOPER 1800系列和TOPER Server系列机柜使用的装置,用于扩展机柜内的安装空间。安装和拆卸非常方便,同时也可以配合理线架、配电单元的安装,形式灵活多样。

安装螺母(方螺母):适用于任意一款TOPER系列机柜,用于机柜内的所有设备的安装,包括机柜的大部分配件的安装。

键盘托架:用于安装标准计算机键盘,可配合市面上所有规格的计算机键盘,可翻折90度。键盘托架必须配合滑动托盘使用。

调速风机单元:安装于机柜的顶部,可根据环境温度和设备温度调节风扇的转速,能有效地降低机房的噪声。

调速方式:手动,无级调速。

机架式风机单元:高度为1U,可安装在19″标准机柜内的任意高度位置上,可根据机柜内热源酌情配置。

全网孔前门:机柜前门全部为 φ3 的圆孔,提高了机柜的散热性能和屏蔽性能。

高度:可配合2.0m机柜、1.8m机柜、1.6m机柜。

网络机柜囊括服务器机柜,也是用来组合安装面板、插件、插箱、电子元件、器件和机械零件与部件,使其构成一个整体的安装箱。网络机柜主要是布线工程上用的,存放路由器交换机显示器、配丝架等的东西,工程上用得比较多。一般情况下,网络机柜的深小于或等于800mm,而服务器机柜的深大于或等于800mm。网络机柜应便于生产、组装、调试和包装运输。服务器机柜应合乎标准化、规格化、系列化的要求。机柜造型美观、适用、色彩协调。

图 5-1-6 收费站操作台

6. 收费站操作台

各收费站配置1套收费站操作台,如图5-1-6所示,用于放置各工作站、打印机、硬盘录像机及矩阵控制键盘等。收费站操作台长4m,宽度1.3m,高0.75m。

 任务实施

收费附属设施应用标准。

1. 传输介质

(1)五类非屏蔽双绞线(图5-1-7):用于计算机通信,传输距离小于100m。连接收费广场上以太网交换机和各个车道控制机的 RJ-45 口,连接收费控制室内以太网交换机和各个计算机的 RJ-45 口。

技术指标如表5-1-2所示。

图 5-1-7 双绞线

技术指标 　　表5-1-2

基本规格	
产品类型	超5类双绞线
产品适用(网络)	1 000Base-T
最大单段长度(m)	100
传输速率(Mb/s)	1 000
包装长度(m)	305

（2）多模光缆（图5-1-8）：用于计算机通信和视频传输。

（3）同轴电缆（图5-1-9）：用于视频传输，连接收费广场各个摄像机至光端机终端盒视频口，连接收费站视频控制矩阵与光端机、硬盘录像机的视频口。

（4）市话电缆（图5-1-10）：包括安全报警电缆和有线对讲系统所用的电缆两部分。安全报警电缆可根据所选产品的要求和收费管道数采用合缆制或分缆制。连接安全报警踏板和报警显示控制器。连接有线对讲主机与分机。选用全塑市话电缆HYA10×2×0.5。同时还采用RVV2×0.5电缆用于从中间收费亭到每个报警开关信号传输。

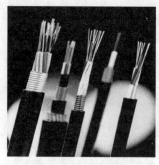  

图5-1-8　多模光缆　　　　　图5-1-9　同轴电缆　　　　　图5-1-10　市话电缆

（5）电力电缆（图5-1-11）：用于对各个收费设备进行供电。

（6）控制电缆（图5-1-12）：用于传输收费系统中各种控制信号。

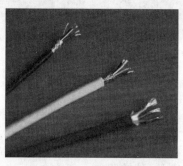 

图5-1-11　电力电缆　　　　　　　　　图5-1-12　控制电缆

连接收费站机房视频控制矩阵和广场摄像机的控制口的控制电缆及用于对车道控制器、摄像机、自动栏杆、费额显示器、通行信号灯、雨棚灯等设备连接的电源线和控制线的型号规格如表5-1-3所示。

电源线、控制线和视频线的型号规格　　　　　表5-1-3

序号	设备名称	型号规格	序号	设备名称	型号规格
1	电源线	RVV3×2.5	6	电源线	RVV4×1.0
2	电源线	RVV3×1.5	7	控制线	RVVP2×0.5
3	电源线	RVV3×1.5	8	控制线	RVV12×0.5
4	电源线	RVV3×1.0	9	视频线	SYV-5-5
5	电源线	RVV3×1.0	10	视频线	SYV-75-3

2. 不间断电源

1) 使用注意事项

第一次开机:

(1) 按以下顺序合闸:储能电池开关→自动旁路开关→输出开关依次置于"ON"。

(2) 按 UPS 启动面板"开"键,UPS 电源系统将徐徐启动,"逆变"指示灯亮,延时 1min 后,"旁路"灯熄灭,UPS 转为逆变供电,完成开机。

经空载运行约 10min 后,按照负载功率由小到大的开机顺序启动负载。

日常开机:只需按 UPS 面板"开"键,约 20min 后,即可开启计算机或其他仪器。通常等 UPS 启动进入稳定工作后,方可打开负载设备电源开关(手动维护开关在 UPS 正常运行时,呈"OFF"状态)。

关机:先将计算机或其他仪器关闭,让 UPS 空载运行 10min,待机内热量排出后,再按面板"关"键。

2) 配置地点及容量

(1) 房建承包人负责从收费站变电所低压配电屏引一路供电回路,并将供电回路引入电源室总配电柜,该回路统一为监控、通信、收费系统提供用电。

(2) 机场、南新、蒋巷、南昌东、幽兰、塔城和温圳东收费站,各自配置 2 台在线式 UPS,分别对奇偶车道以及机房设备供电(收费计算机系统和闭路电视系统)。在分中心配置 2 台在线式 UPS,两台 UPS 以 1+1 备份方式为分中心所有三大系统机房设备供电,UPS 的后备时间为 60min。

(3) 收费车道设备需要用 UPS 供电的主要设备有:车道控制器、收费员终端(显示器、专用键盘)、检测器、非接触式 IC 卡读写器、通行信号灯、费额显示器、票据打印机等。UPS 容量、数量表如表 5-1-4 所示。

UPS 容量、数量表　　　　　　表 5-1-4

序 号	收费站名称	设备车道	UPS 容量(kVA)
1	机场收费站	3/5	10+10
2	南新收费站	2/2	10+10
3	蒋巷收费站	2/2	10+10
4	南昌东收费站	3/5	10+10
5	幽兰收费站	2/2	10+10
6	塔城收费站	2/2	10+10
7	温圳东收费站	2/2	10+10
8	南昌东分中心	—	30+30

3) 技术要求

(1) 在线式稳压、稳频、过载保护,后备时间为 60min。

(2) UPS 包括电池、充电器、逆变器、电池架、静态开关、保护装置、联锁设备、仪表设备和有效的绝缘。

(3) UPS 及其控制装置、配电盘、电池充电器等应装配在位于每个收费管理大楼的设备室内的机箱中,该机箱可立于地板上的且经高质量加工。设备机箱中应有绝缘子以使输入电源和电池与机箱内的设备绝缘开。

(4) 当主电源或后备柴油发电机不正常工作时(电压和频率变化不在正常范围内),UPS 通过电池放电以保证所有设备的连续正常操作。

(5)从整流器和升压充电器获得的直流电源以及从转换器获得的交流电源的质量和额定值应在不降低设备负载参数的情况下由电池持续供电。该设备具有自动静态开关,一旦逆变器故障时可将逆变器旁路,控制静态开关的传感装置的动作与逆变器的回复装置应是同步的,并且其操作足够快,以使在旁路和回复期间负载设备得到正常的不间断的运行。

(6)UPS 的开关装在机箱的前面板上,仪表、显示器、开关等应排列得使人能方便地得到运行和操作监视的信息。

(7)UPS 具有联网监控功能。

采用扬州爱克赛生产的 EK810 10kVA/1H 和 EK830 30kVA/1H 工频在线式 UPS,具体指标如表 5-1-5 所示。

工频在线式 UPS 具体指标 表 5-1-5

型号		EK810-3	EK830-3
额定容量		10kVA	30kVA
输入	电压范围	380(1±20%)V 三相输入	
	频率范围	50(1±5%)Hz	
	相数	三相四线制	
	最大电流	16A	48A
输出	电压	220V	
	频率	50(60)Hz	
	电压稳定度	±1%	
	频率稳定度	±0.5%	
	波形	正弦波	
	功率因素	0.8~1 落后	
	失真度	<3%(线性负载)	
	智态电压	电压最大变化±4%内(100%)负载投入或切离	
电池	直流电压	192VDC	
	充电时间	8~10h 完成 90% 容量	
	整机效率	>85%	
	市电断电转换时间	零转换时间	
面板	LCD	显示:输入输出电压、频率、电池电压、输出功率。指示:电池低压、市电状态、逆变、异常、旁路	
通信界面	软件功能	1.电源状态分析;2.正常开关 UPS 系统;3.监看 UPS 工作;4.执行 UPS 自我诊断;5.自动存档	
环境	温度	0~40℃	
	湿度	20%~90% 不凝结	
	噪声	<58dB(距箱体 1m 处)	
外形	尺寸(H×W×D)(mm)	870×305×585	1 400×420×810
	净重(kg)(无电池)	130	300

3. 稳压电源

1)稳压器主要技术指标(SVC 系列全自动交流稳压电源技术指标)

稳压范围:单相 120~300V,三相 230~480V。

稳压精度:单相220(1±3%)V,三相380(1±5%)V。
过压输出保护值:单相250(1±5%)V,三相435(1±10%)V。
2)SBW(DBW)系列大容量自动补偿式稳压电源技术指标
稳压范围:单相120~300V,三相230~480V。
稳压精度:单相[220±(1~5)%]V,三相[380±(1~5)%]V可调。

4. 配电箱

(1)提供并连接从机房配电室至收费设备之间的所有配电箱(位于各收费亭内和收费机房内),配电箱安装在通信机房内。
(2)配电箱由自动空气开关、熔断器、箱体等组成。
(3)配电各相保持平衡。
(4)箱体内各种电缆、导线接线方式为火线—棕色线,零线—蓝色线,地线—黑色线(或黄绿色线),其中零线进零线汇流排,地线进地线汇流排。
(5)开关箱内有清楚的标志,以防错误开关电源。

5. 过电压保护

为避免收费系统的设备遭受各种暂态雷电(包括雷电、开关操作、大功率电机启动等)的损坏和干扰,保障电子设备安全正常地运行,可采取以下保护措施:
(1)在各配电箱的配电回路上安装电源过电压保护装置。
(2)在各级计算机网络的接口和视频传输线路的两端安装线路过电压保护装置。提供如下过电压保护装置:
①电源过电压保护器,采用爱劳 DSOP-ⅢB 型防雷器。
②三相过电压保护器,单相过电压保护器额定电压。
③数据过电压保护器,采用爱劳 DLP-Ⅳ-RJ45 型防雷器,网络线路浪涌过电压保护。
④视频过电压保护器,采用爱劳 DLP-Ⅳ-BNC 型防雷器,同轴电缆保护。
⑤双绞线信号过电压保护器,采用爱劳 DLP-Ⅳ-RJ11 型防雷器。
以上保护器为模块化结构,采用标准导轨安装。
(3)收费机房设备和车道设备有良好的接地,联合接地电阻小于等于1Ω。
(4)广场摄像机接地电阻小于等于4Ω。

 任务工单

学习领域:高速公路联网收费系统应用与维护

学习情境五:收费附属设施应用维护 工作任务一:收费附属设施的使用	班级			
	姓名		学号	
	日期		评分	
一、内容 熟悉收费附属设施的使用,掌握常见故障排除方法。 二、知识准备 1.填空题。 (1)收费附属设施包括传输介质、_____、配电箱、稳压器、_____、收费站操作台等。 (2)传输介质主要包括五类非屏蔽双绞线(UTP-5)、_____、_____、市话电缆和电力电缆、控制电缆等。				

(3)用于视频传输的同轴电缆将会连接收费站视频控制矩阵与_____、硬盘录像机的视频口。

(4)市话电缆包括安全报警电缆和_____所用的电缆两部分。安全报警电缆可根据所选产品的要求和收费管道数采用合缆制或分缆制。

(5)在分中心配置2台在线式UPS,2台UPS以1+1备份方式为分中心所有三大系统机房设备供电,UPS的后备时间为_____min。

(6)收费车道设备需要用UPS供电的主要设备有:_____、收费员终端(显示器、专用键盘)、检测器、非接触式IC卡读写器、通行信号灯、费额显示器、票据打印机等。

2. 依次说出下列设备的名称。

答:(1)_____ (2)_____

3. 选择题。

(1)以下不属于附属设施的有( )。
　　A. UPS　　　　B. 配电箱　　　　C. 稳压电源　　　　D. 车道控制器

(2)( )不可能导致配电箱出现自动跳闸现象。
　　A. 设备功率太大　　B. 过压保护　　C. 电源线接头松　　D. 设备启动电流太大

(3)在建造收费附属设施过程中,使用的传输介质在工程量计算上均按( )km计。
　　A. 6　　　　B. 5　　　　C. 7　　　　D. 8

(4)五类非屏蔽双绞线的传输距离小于( )m。
　　A. 150　　　　B. 100　　　　C. 200　　　　D. 300

(5)房建承包人负责从收费站变电所低压配电屏引一路供电回路,并将供电回路引入电源室总配电柜,该回路统一为监控、通信、( )提供用电。
　　A. 图像系统　　B. 收费系统　　C. 监控系统　　D. 音频系统

三、实施

1. 收费附属设施的组成及UPS的作用是什么?

2. 简述配电箱的常见故障及排除方法。

四、小结

1. 在完成工作任务的过程中,你是如何计划并实施过程的? 在小组中承担了什么具体工作?

2. 对本次工作任务,你有哪些好的建议和意见?

工作任务二　收费附属设施的维护与故障排除

 任务概述

收费系统是高速公路收费站不可缺少的重要组成部分,而收费附属设施又是收费系统不可缺少的重要组成部分,它保证了整个收费系统的稳定运行和安全性。

通过本工作任务学习,应掌握收费附属设施的所有设备性能,掌握收费附属设施的设备使用与调试,掌握收费附属设施的维护与维修,这也是收费站工程技术人员所必须掌握的技能。

通过创设的学习情境,激发学生学习兴趣;通过任务驱动,锻炼学生的自主学习能力,培养学生严谨务实的工作作风。

 相关知识

一、不间断电源(UPS)

不间断电源内部构件如图 5-2-1 所示,UPS 如图 5-2-2 所示。

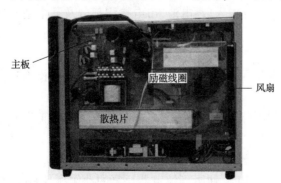
图 5-2-1　不间断电源内部构件

图 5-2-2　UPS

1. 故障分析

问题一：有市电时 UPS 输出正常，而无市电时蜂鸣器长鸣，无输出。

故障分析：从现象判断为蓄电池和逆变器部分故障，可按以下程序检查：

(1) 检查蓄电池电压，看蓄电池是否充电不足，若蓄电池充电不足，则要检查是蓄电池本身的故障还是充电电路故障。

(2) 若蓄电池工作电压正常，检查逆变器驱动电路工作是否正常，若驱动电路输出正常，说明逆变器损坏。

(3) 若逆变器驱动电路工作不正常，则检查波形产生电路有无 PWM 控制信号输出，若有控制信号输出，说明故障在逆变器驱动电路。

(4) 若波形产生电路无 PWM 控制信号输出，则检查其输出是否因保护电路工作而封锁，若有则查明保护原因。

(5) 若保护电路没有工作且工作电压正常，而波形产生电路无 PWM 波形输出，则说明波形产生电路损坏。

上述排故顺序也可倒过来进行，有时能更快发现故障。

问题二：蓄电池电压偏低，但开机充电十多小时，蓄电池电压仍充不上去。

故障分析：从现象判断为蓄电池或充电电路故障，可按以下步骤检查：

(1) 检查充电电路输入输出电压是否正常。

(2) 若充电电路输入正常，输出不正常，断开蓄电池。再测，若仍不正常则为充电电路故障。

(3) 若断开蓄电池后充电电路输入、输出均正常，则说明蓄电池已因长期未充电、过放电或已到寿命期等原因而损坏。

问题三：逆变器功率级一对功放晶体管损坏，更换同型号晶体管后，运行一段时间又烧坏。

故障分析：从现象判断为电流过大，CPU 故障，而引起电流过大的原因有以下几种：

(1) 过流保护失效。当逆变器输出发生过电流时，过流保护电路不起作用。

(2) 脉宽调制（PWM）组件故障，输出的两路互补波形不对称，一个导通时间长，而另一个导通时间短，使两臂工作不平衡，甚至两臂同时导通，造成两管损坏。

(3) 功率管参数相差较大，此时即使输入对称波形，输出也会不对称，该波形经输出变压器，造成偏磁，即磁通不平衡，积累下去导致变压器饱和而电流骤增，烧坏功率管，而一只烧坏，另一只也随之烧坏。

问题四：UPS 开机后，面板上无任何显示，UPS 不工作。

故障分析：从故障现象判断，其故障在市电输入、蓄电池、市电检测部分及蓄电池电压检测回路，可按以下步骤检查：

(1) 检查市电输入保险丝是否烧毁。

(2) 若市电输入保险丝完好，检查蓄电池保险是否烧毁，因为某些 UPS 当自检不到蓄电池电压时，会将 UPS 的所有输出及显示关闭。

(3) 若蓄电池保险完好，检查市电检测电路工作是否正常，若市电检测电路工作不正常且 UPS 不具备无市电启动功能时，UPS 同样会关闭所有输出及显示。

(4) 若市电检测电路工作正常，再检查蓄电池电压检测电路是否正常。

问题五：在接入市电的情况下，每次打开 UPS，便听到继电器反复的动作声，UPS 面板电池电压过低指示灯长亮且蜂鸣器长鸣。

故障分析:从故障现象可以判断,该故障是由蓄电池电压过低,从而导致 UPS 启动不成功造成的。拆下蓄电池,电源维修,先进行均衡充电(所有蓄电池并联进行充电),若仍不成功,则只有更换蓄电池。

问题六:一台后备 UPS 有市电时工作正常,无市电时逆变器有输出,但输出电压偏低,同时变压器发出较大的噪声。

故障分析:逆变器有输出说明末级驱动电路基本正常,变压器有噪音说明推挽电路的两臂工作不对称,检测步骤如下:

(1)检查功率是否正常。

(2)若功率正常,再检查脉宽输出电路输出信号是否正常。

(3)若脉宽输出电路输出正常,再检查驱动电路的输出是否正常。

问题七:在市电供电正常时开启 UPS,逆变器工作指示灯闪烁,蜂鸣器发出间断叫声,UPS 只能工作在逆变状态,不能转换到市电工作状态。

故障分析:不能进行逆变供电向市电供电转换,说明逆变供电向市电供电转换部分出现了故障,要重点检测,检测步骤如下:

(1)检查市电输入保险丝是否损坏。

(2)若市电输入保险丝完好,检查市电整流滤波电路输出是否正常。

(3)若市电整流滤波电路输出正常,检查市电检测电路是否正常。

(4)若市电检测电路正常,再检查逆变供电向市电供电转换控制输出是否正常。

问题八:后备式 UPS 当负载接近满载时,市电供电正常,而蓄电池供电时蓄电池保险丝熔断。

故障分析:蓄电池保险丝熔断,说明蓄电池供电流过大,检测步骤如下:

(1)检测逆变器是否击穿。

(2)检测蓄电池电压是否过低。

(3)若蓄电池电压过低,再检测蓄电池充电电路是否正常。

(4)若蓄电池充电电路正常,再检测蓄电池电压检测电路工作是否正常。

问题九:UPS 只能由市电供电而不能转为逆变供电。

故障分析:不能进行市电向逆变供电转换,说明市电向逆变供电转换部分出现故障,要重点检测,检查步骤如下:

(1)检测蓄电池电压是否过低,蓄电池保险丝是否完好。

(2)若蓄电池部分正常,检查蓄电池电压检测电路是否正常。

(3)若蓄电池电压检测电路正常,再检查市电向逆变供电转换控制输出是否正常。

2. 典型故障例子

1)"主机面板无显示"故障

排除故障方法:

(1)电源开关,或保险丝断开。

(2)主机故障,进行维修。

2)"主机报警"故障

排除故障方法:

(1)市电断电。

(2)主机故障,进行维修。

3. UPS 故障及处理方法

（1）灰尘带入机内沉积,当遇空气潮湿时会引起主机控制紊乱造成主机工作失常,并发生不准确告警,大量灰尘也会造成器件散热不好。一般每季度应彻底清洁一次,在除尘时,检查各连接件和插接件有无松动和接触不牢的情况。

（2）虽说储能电池组目前都采用了免维护电池,但这只是免除了以往的测比、配比、定时添加蒸馏水的工作。但外因工作状态对电池的影响并没有改变,不正常工作状态对电池造成的影响没有变,这部分的维护检修工作仍是非常重要的,UPS 电源系统的大量维修、检修工作主要在电池部分。

（3）当 UPS 电池系统出现故障时,应先查明原因,分清是负载还是 UPS 电源系统,是主机还是电池组。虽说 UPS 主机有故障自检功能,但它对面而不对点,更换配件很方便,但要维修故障点,仍需做大量的分析、检测工作。另外如自检部分发生故障,显示的故障内容则可能有误。

（4）对主机出现击穿、断保险或烧毁器件的故障,一定要查明原因并排除故障后才能重新启动,否则会接连发生相同的故障。

（5）当电池组中发现电压反极、压降大、压差大和酸雾泄漏现象的电池时,应及时采用相应的方法恢复和修复,对不能恢复和修复的要更换,但不能把不同容量、不同性能、不同厂家的电池联在一起,否则可能会对整组电池带来不利影响。对寿命已过期的电池组要及时更换,以免影响到主机。

延长不间断电源系统的供电时间和方法如下:

① 外接大容量电池组。可根据所需供电时间外接相应容量的电池组,但须注意此种方法会造成电池组充电时间的相对增加,另外也会增加占地面积与维护成本,故需认真评估。

② 选购容量较大的不间断电源系统。此方法不仅可减少维护成本,若遇到负载设备扩充时,较大容量的不断电系统仍可立即运行。

二、电气设备维修的十项原则

1）先动口再动手

对于有故障的电气设备,不应急于动手,应先询问产生故障的前后经过及故障现象。对于生疏的设备,还应先熟悉电路原理和结构特点,遵守相应规则。拆卸前要充分熟悉每个电气部件的功能、位置、连接方式以及与周围其他器件的关系,在没有组装图的情况下,应一边拆卸,一边画草图,并记上标记。

2）先外后内

应先检查设备有无明显裂痕、缺损,了解其维修史、使用年限等,然后再对机内进行检查。拆前应排除周边的故障因素,确定为机内故障后才能拆卸,否则,盲目拆卸,可能将设备越修越坏。

3）先机械后电气

只有在确定机械零件无故障后,再进行电气方面的检查。检查电路故障时,应利用检测仪器寻找故障部位,确认无接触不良故障后,再有针对性地查看线路与机械的运行关系,以免误判。

4）先静态后动态

在设备未通电时,判断电气设备按钮、接触器、热继电器以及保险丝的好坏,从而判定故障的所在。通电试验,听其声、测参数、判断故障,最后进行维修。如在电动机缺相时,若测量三相电压值无法判别,就应该听其声,单独测每相对地电压,方可判断哪一相缺损。

5)先清洁后维修

对污染较重的电气设备,先对其按钮、接线点、接触点进行清洁,检查外部控制键是否失灵。许多故障都是由脏污及导电尘块引起的,一经清洁故障往往会排除。

6)先电源后设备

电源部分的故障率在整个故障设备中占的比例很高,所以先检修电源往往可以事半功倍。

7)先普遍后特殊

因装配配件质量或其他设备故障而引起的故障,一般占常见故障的50%左右。电气设备的特殊故障多为软故障,要靠经验和仪表来测量和维修。例如,有一个0.5kW的电动机,由于带不动负载,有人以为是负载故障。根据经验,带上加厚手套,顺着电动机旋转方向抓,结果抓住了,这就是电动机本身的问题。

8)先外围后内部

先不要急于更换损坏的电气部件,在确认外围设备电路正常时,再考虑更换损坏的电气部件。

9)先直流后交流

检修时,必须先检查直流回路静态工作点,再检查交流回路动态工作点。

10)先故障后调试

对于调试和故障并存的电气设备,应先排除故障,再进行调试,调试必须在电气线路正常的前提下进行。

任务实施

一、电器故障检查方法和操作实践

1. 直观法

直观法是根据电器故障的外部表现,通过看、闻、听等手段,检查、判断故障的方法。

1)电器故障检查步骤

(1)调查情况:向操作者和故障在场人员询问情况,包括故障外部表现、大致部位、发生故障时环境情况。如有无异常气体、明火、热源是否靠近电器、有无腐蚀性气体侵入、有无漏水,是否有人修理过,修理的内容等。

(2)初步检查:根据调查的情况,看有关电器外部有无损坏,连线有无断路、松动,绝缘有无烧焦,螺旋熔断器的熔断指示器是否跳出,电器有无进水、油垢,开关位置是否正确等。

2)电器故障检查方法

(1)观察火花:电器的触点在闭合、分断电路或导线线头松动时会产生火花,因此可以根据火花的有无、大小等现象来检查电器故障。例如,正常固紧的导线与螺钉间发现有火花时,说明线头松动或接触不良。电器的触点在闭合、分断电路时跳火说明电路通,不跳火说明电路不通。控制电动机的接触器主触点两相有火花、一相无火花时,表明无火花的一相触点接触不良或这一相电路断路;三相中两相的火花比正常大,另一相比正常小,可初步判断为电动机相间短路或接地;三相火花都比正常大,可能是电动机过载或机械部分卡住。在辅助电路中,接触器线圈电路通电后,衔铁不吸合,要分清是电路断路,还是接触器机械部分卡住造成的。可按一下启动按钮,如按钮常开触点闭合位置断开时有轻微的火花,说明电路通路,故障在接触器的机械部分;如触点间无火花,说明电路是断路。

(2)动作程序:电器的动作程序应符合电器说明书和图纸的要求。如某一电路上的电器动作过早、过晚或不动作,说明该电路或电器有故障。

另外,还可以根据电器发出的声音、温度、压力、气味等分析判断故障。运用直观法,不但可以确定简单的故障,还可以把较复杂的故障缩小到较小的范围。

2. 测量电压法

测量电压法是根据电器的供电方式,测量各点的电压值与电流值并与正常值比较。

(1)分阶测量法:当电路中的行程开关 SQ 和中间继电器的常开触点 KA 闭合时,按启动按钮 SB1,接触器 KM1 不吸合,说明电路有故障。首先测量 A,B 两点电压,正常值为 380V。然后按启动按钮不放,同时将黑色测试棒接到 B 点上,红色测试棒接标号依次向前移动,分别测量标号 2、11、9、7、5、3、1 各点电压。维修实践中,根据故障的情况也可不必逐点测量,而多跨几个标号测试点,如 B 与 11、B 与 3 等。

(2)分段测量法:触点闭合时各电器之间的导线,通电时其电压降接近于零。而用电器、各类电阻、线圈通电时,其电压降等于或接近于外加电压。根据这一特点,采用分段测量法检查电路故障更为方便。按下按钮 SB1 时如接触器 KM1 不吸合,按住按钮 SB1 不放,先测 A、B 两点的电压,电压为 380V,而接触器不吸合说明电路有断路之处。

(3)点测法:电器的辅助电路电压为 220V 且零线接地,可采用点测法来检查电路故障。

3. 测电阻法

(1)分阶测量法。确定电路中的行程开关 SQ、中间继电器触点 KA 闭合时,按启动按钮 SB1,接触器 KM1 不吸合,说明该电路有故障。检查时先将电源断开,测量 A、B 两点电阻(注意,测量时要一直按下按钮 SB1),如电阻为无穷大,说明电路断路。

(2)分段测量法。先切断电源,按下启动按钮 SB1,两测试棒逐段或重点测试相邻两标号(除 2-11 两点外)的电阻,如两点间电阻很大,说明该触点接触不良或导线断路。例如,当测得 1-3 两点间电阻很大时,说明行程开关触点接触不良。

这两种方法适用于开关、电器分布距离较大的电气设备。

4. 对比、置换元件、逐步开路(或接入)法

(1)对比法:把检测数据与图纸资料及平时记录的正常参数相比较来判断故障。对无资料又无平时记录的电器,可与同型号的完好电器相比较。

电路中的电器元件属于同样控制性质或多个元件共同控制同一设备时,可以利用其他相似的或同一电源的元件动作情况来判断故障。例如,异步电动机正反转控制电路,若正转接触器 KM1 不吸合,可操纵反转,看接触器 KM2 是否吸合,如吸合,则证明 KM1 电路本身有故障。

(2)置转换元件法:某些电路的故障原因不易确定或检查时间过长时,但是为了保证电器设备的利用率,可置换同一相性能良好的元器件实验,以证实故障是否由此电器引起。

运用置换元件法检查时应注意,当把原电器拆下后,要认真检查是否已经损坏,只有肯定是由于该电器本身因素造成损坏时,才能换上新电器,以免新换元件再次损坏。

(3)逐步开路(或接入)法:多支路并联且控制较复杂的电路短路或接地时,一般有明显的外部表现,如冒烟、有火花等。电动机内部或带有护罩的电路短路、接地时,除熔断器熔断外,不易发现其他外部现象。这种情况可采用逐步开路(或接入)法检查。

①逐步开路法：遇到难以检查的短路或接地故障，可重新更换熔体，把多支路并联电路，一路一路逐步或重点地从电路中断开，然后通电试验，若熔断器不再熔断，故障就在刚刚断开的这条电路上。然后再将这条支路分成几段，逐段地接入电路。当接入某段电路时熔断器又熔断，故障就在这段电路及某电器元件上。这种方法简单，但容易把损坏不严重的电器元件彻底烧毁。

②逐步接入法：电路出现短路或接地故障时，换上新熔断器逐步或重点地将各支路一条一条的接入电源，重新试验。当接到某段时熔断器又熔断，故障就在刚刚接入的这条电路及其所包含的电器元件上。

5. 强迫闭合法

在排除电器故障时，经过直观检查后没有找到故障点，也没有适当的仪表进行测量，可用一绝缘棒将有关继电器、接触器、电磁铁等用外力强行按下，使其常开触点闭合，然后观察电器部分或机械部分出现的各种现象，如电动机从不转到转动，设备相应的部分从不动到正常运行等。

（1）检查一条回路的故障：在异步电动机控制电路中，若按下起动按钮 SB1，接触器 KM1 不吸合，可用一细绝缘棒或绝缘良好的螺丝刀（注意手不能碰金属部分），从接触器灭弧罩的中间孔（小型接触器用两绝缘棒对准两侧的触点支架）快速按下然后迅速松开，可能有如下情况出现：

①电动机启动，接触器不再释放，说明启动按钮 SB1 接触不良。

②强迫闭合时，电动机不转但有嗡嗡的声音，松开时看到三个触点都有火花且亮度均匀，原因是电动机过载或辅助电路中的热继电器 FR 常闭触点跳开。

③强迫闭合时，电动机运转正常，松开后电动机停转，同时接触器也随之跳开，一般是辅助电路中的熔断器 FU 熔断或停止、启动按钮接触不良。

④强迫闭合时电动机不转，有嗡嗡声，松开时接触器的主触点只有两触点有火花，说明电动机主电路一相断路，接触器一主触点接触不良。

（2）检查多支路自动控制电路的故障：在多支路自动控制降压启动电路，启动时，定子绕组上串联电阻 R，限制了启动电流。在电动机上升到一定数值时，时间继电器 KT 动作，常开触点闭合，接通 KM2 电路，启动电阻 R 自动短接，电动机正常运行。如果按下启动按钮 SB1，接触器不吸合，可将 KM1 强迫闭合，松开后看 KM1 是否保持在吸合位置，电动机在强迫闭合瞬间是否启动。如果 KM1 随绝缘棒松开而释放，但电动机转动了，则故障在停止按钮 SB2 热继电器 FR 触点或 KM1 本身。如电动机不转，故障在主电路熔断器、电源无电压等。如 KM1 不再释放，电动机正常运转，故障在启动按钮 SB1 和 KM1 的自锁触点。

当按下启动按钮 SB1，KM1 吸合，时间继电器 KT 不吸合，故障在时间继电器线圈电路或其机械部分。如时间继电器吸合，但 KM2 不吸合，可用小螺丝刀按压 KT 上的微动开关触杆，注意听是否有开关动作的声音，如有声音且电动机正常运行，说明微动开关装配不正确。

6. 短接法

设备电路或电器的故障大致归纳为短路、过载、断路、接地、接线错误、电器的电磁及机械部分故障等 6 类。诸类故障中出现较多的为断路故障，它包括导线断路、虚连、松动、触点接触不良、虚焊、假焊、熔断器熔断等。对这类故障除用电阻法、电压法检查外还有一种更为简单可靠的方法，就是短接法。方法是用一根良好绝缘的导线，将所怀疑的断路部位短接起来，如短接到某处，电路工作恢复正常，说明该处断路。

(1)局部短接法:当确定电路中的行程开关 SQ 和中间继电器常开触点 KA 闭合时,按下启动按钮 SB1,接触器 KM1 不吸合,说明该电路有故障。检查时,可首先测量 A、B 两点电压,若电压正常,可将按钮 SB1 按住不放,分别短接 1-3、3-5、7-9、9-11 和 B-2。当短接到某点,接触器吸合,说明故障就在这两点之间。

(2)长短接法:长短接法是指一次短接两个或多个触点或线段来检查故障的方法。这样做既节约时间,又可弥补局部短接法的某些缺陷。例如,两触点 SQ 和 KA 同时接触不良或导线断路,短接法检查电路故障的结果可能出现错误的判断,而用长短接法一次可将 1-11 短接,如短接后接触器 KM1 吸合,说明 1-11 这段电路上一定有断路的地方,然后再用局部短接的方法来检查,就不会出现错误判断的现象。

以上几种检查方法要活学活用,遵守安全操作规程。

对于连续烧坏的元器件应查明原因后再行更换;电压测量时应考虑到导线的压降;不违反设备电器控制的原则,试车时手不得离开电源开关,并且保险应使用等量或略小于额定电流;测量时,注意测量仪器的挡位的选择。

二、典型故障例子

1)"设备无电"故障

排除故障方法:

(1)电源线接头松,紧固接头。

(2)对应开关处于关状态,检查线路和设备无短路现象后,合上开关。

2)"开关容易跳闸"故障

排除故障方法:

(1)设备功率太大,检查设备情况,有无漏电现象。

(2)设备启动电流太大,关闭此开关对应的所有设备电源开关,合上开关后,再依次打开电源。

任务工单

学习领域:高速公路联网收费系统应用与维护

学习情境五:收费附属设施应用维护 工作任务二:收费附属设施的维护与故障排除	班级		
	姓名		学号
	日期		评分

一、内容

熟悉收费附属设施的维护,掌握常见故障排除方法。

二、知识准备

1.填空题

(1)UPS 的开关装在机箱的_____上,仪表、显示器、开关等应排列得使人能方便地得到运行和操作监视的信息。

(2)配电箱提供并连接从机房配电室至收费设备之间的所有配电箱(位于各收费亭内和收费机房内),配电箱安装在_____内。

(3)为避免收费系统的设备遭受各种暂态防雷(包括雷电、开关操作、大功率电机启动等)的损坏和干扰,保障电子设备正常地运行,应在各配电箱的配电回路上安装_____装置。

(4)作为UPS的日常维护操作,应检查_____连接情况。
2. 说出下列设备的名称。

答:(1)_____
3. 选择题。
(1)过电压保护包含以下哪几方面?（　　）。
　　A. 电源过电压保护　　B. 视频过电压保护　　C. 三相过电压保护　　D. 数据过电压保护
(2)五类双绞线数据传输的长度是(　　)。
　　A. 30m　　　　　　　B. 50m　　　　　　　C. 100m　　　　　　　D. 200m
(3)当主电源或后备柴油发电机不正常工作时(电压和频率变化不在正常范围内),UPS通过(　　)以保证所有设备的连续正常操作。
　　A. 电池充电　　　　　B. 更换电池　　　　　C. 电池放电　　　　　D. 电池分解
(4)配电箱箱体内各种电缆、导线接线方式为火线—棕色线,零线—蓝色线,地线—黑色线(或黄绿色线),其中(　　)汇流排,地线进地线汇流排。
　　A. 零线进火线　　　　B. 零线进零线　　　　C. 零线进蓝色线　　　D. 零线进地线
(5)当配电箱出现无电故障时,应(　　)。
　　A. 检查电源接头是否松动
　　B. 检查连接线缆
　　C. 关闭对应开关,检查线路和设备无短路现象后,合上开关
　　D. A 和 C
(6)配电箱出现开关易跳闸故障时,应对(　　)进行检查。
　　A. 设备功率　　　　　B. 设备启动电流　　　C. 配电箱箱体　　　　D. A 和 B
4. 判断题。
(1)收费附属设施中的传输介质包括五类非屏蔽双绞线(UTP-5)、多模光缆、同轴电缆、市话电缆、电力电缆和控制电缆等。　　　　　　　　　　　　　　　　　　　　　　　　　　　　　　(　　)
(2)五类非屏蔽双绞线用于连接收费广场上以太网交换机和各个车道控制机的RJ-45口。(　　)
(3)同轴电缆用于连接收费广场各个收费端口至光端机终端盒视频口。　　　　　　　(　　)
(4)市话电缆包括安全报警电缆和无线对讲系统所用的电缆两部分。　　　　　　　　(　　)
(5)不间断电源的技术要求为:在线式稳压、稳频、过载保护,后备时间120min。　　　(　　)
(6)从整流器和升压充电器获得的直流电源以及从转换器获得的交流电源的质量和额定值应在不降低设备负载参数的情况下由电池持续供电。　　　　　　　　　　　　　　　　　　(　　)
(7)配电箱由自动空气开关、熔断器、箱体等组成。　　　　　　　　　　　　　　　(　　)
三、实施
1. 不间断电源的蓄电池出现问题,该如何解决?

2. 简述不间断电源的配置地点及容量。

3. 简述不间断电源的两项技术要求。

四、小结

1. 在完成工作任务的过程中,你是如何计划并实施过程的?在小组中承担了什么具体工作?

2. 对本次工作任务,你有哪些好的建议和意见?

学习情境六　高速公路收费员操作实务

情境概述

一、职业能力分析

1. 专业能力

(1) 掌握入口车道操作流程。

(2) 掌握出口车道操作流程。

(3) 掌握车道维护操作流程。

2. 社会能力

(1) 通过分组活动,培养团队协作能力。

(2) 通过规范文明操作,培养良好的职业道德和安全环保意识。

(3) 通过小组讨论、上台演讲评述,培养与客户的沟通能力。

3. 方法能力

(1) 通过查阅资料、文献,培养个人自学能力和获取信息的能力。

(2) 通过情境化的任务单元活动,掌握解决实际问题的能力。

(3) 填写任务工单,制订工作计划,培养工作方法能力。

(4) 能独立使用各种媒体完成学习任务。

二、学习情境描述

收费车道建设完成后,作为收费员要求掌握不同车种进入高速公路入口车道的具体操作流程和驶离出口车道进行收费的操作流程。掌握车道维护流程,能够通过车道维护系统对收费车道设备进行检测。

三、教学环境要求

软硬条件:建设理实一体化的高速收费实训室,配置多媒体设备、实物台架。包括仿真收费监控系统及各部分硬件实物,模拟软件控制系统以及可上网的计算机和工作台等。

师资条件:主讲教师应具备老师资格、硕士以上学历,能综合运用各种教法设计课程,掌握新技术,具有较强的专业能力,具有相关职业资格证书。辅助教师具有较强的职业技能,接受过一定的专业教育培训,具有大专以上学历,有较丰富的企业一线工作经验,取得高级工以上职业资格证书。

教学方法:本课程在教学过程中,老师应立足于加强学生实际操作能力的培养,因材施教,采用案例教学法、项目教学法、以任务驱动型项目提高学生学习兴趣,"教"与"学"互动,教师示范,学生操作,学生提问,教师解答、指导,边操作、边演示、边讲解。着力培养学生对本课程的学习兴趣,从而提高学生学习的主动性和积极性。实现教、学、做一体化。

工作任务一　入口车道程序操作流程

一、硬件环境介绍

1. 车道控制器

车道控制器是车道收费软件系统的核心单元,主要负责收费流程的处理、收费数据的存储、车道外设的控制等,主要技术指标如下。

(1) CPU:PⅢ800 或以上。

(2) 内存:256M 或以上。

(3) 硬盘:20G 或以上。

(4) I/O 卡:8 入 8 出通道或以上。

(5) 网卡:10/100M 自适应。

(6) 显卡:支持 1024×768,24 位真彩色。

(7) PC 喇叭:1 个。

(8) 声卡:16 位或以上。

(9) 视频采集卡:分辨率 300×200 以上,24 位真彩色。

(10) 并口:1 个。

(11) 串口:6 个或以上。

2. 显示器

车道显示器主要负责车道收费数据、信息的显示,收费员进行收费操作的过程中必须按照收费操作手册和显示器信息提示正确规范地操作。在操作过程中如果出现异常的信息提示或报警信息(如设备发生故障等),收费员应该立刻与站级系统管理员联系,由系统管理员来检查系统是否出现了异常。

入口车道显示器显示界面如图 6-1-1 所示。

1) 车道基本信息

(1) 当前时间:自然日期和时间。

(2) 站名:本站的站名。

(3) 车道号:本车道的车道号。

(4) 卡盒编号:卡盒的编号。

(5) 程序版本:该软件的版本号。

(6) 公告栏:显示公告信息。

车道基本信息显示的主要是跟本车道相关的信息,当前时间是自然日期,整个联网收费系统内所有计算机的当前日期、时间值都是相同的,如果收费员发现车道显示的日期、时间与其他车道不同,需要及时与站级系统管理员联系,由系统管理员检查是否需要调整车道机的日期、时间。

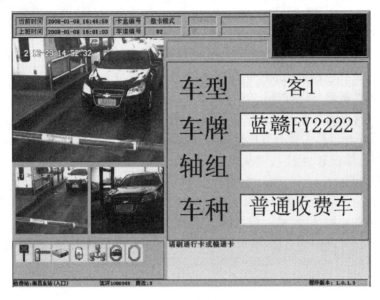

图 6-1-1　入口车道收费显示器界面

2)上班登录信息

(1)上班时间:本收费员上班的时间。

(2)工号:本收费员的工号。

(3)班次号:本班次的班号。

上班登录信息只有在收费员上班登录成功后才显示,在收费员下班后此部分自动清除。

3)视频图像信息

视频图像信息区域动态显示本车道的过车信息,在收费操作过程中会有相应的收费数据叠加信息。

4)车辆收费信息

(1)车型:当前车辆车型信息。

(2)车种:当前车辆车种信息。

(3)轴组:当前车辆的轴组组成信息。

(4)车牌:当前车辆车牌号。

车辆收费信息显示收费员收费操作过程中输入的车辆信息。在收费确认、车辆放行或者取消本次收费后信息自动清除。

5)设备状态信息

(1)车道通行灯:车道通行灯的当前工作状态。

(2)自动栏杆:自动栏杆的当前工作状态。

(3)雨棚灯:车道雨棚灯的当前工作状态。

(4)IC 卡读写器:IC 卡读写器的当前工作状态。

(5)报警器:报警器的当前工作状态。

设备状态信息主要显示本车道的外设的当前工作状态。

(1)在无车状态下车道灯图标为红灯、栏杆图标为落下状态,在收费确认、车辆放行后车道灯图标为绿灯、栏杆图标为抬起状态,当车辆通过后车道灯图标又恢复为红灯、栏杆图标恢复为落杆状态。

(2)在车道出现异常车辆后(如冲岗车、非法闯入车辆),系统产生报警信息,此时报警器图标显示为报警状态。车道正常状态下报警器图标显示为关闭状态。

(3)网络状态图标显示车道与本站站级管理系统的网络是否正常,在网络发生故障时,网络图标显示为有红色标志的故障状态,此时收费员需要立刻与站级系统管理员联系,由系统管理员检查网络线路,排除故障。

(4)IC卡读写器图标显示车道控制器与IC卡读写器的通信是否正常,在通信发生故障后,IC卡读写器图标显示为带有红色标志的故障状态,此时收费员需要立刻与站级系统管理员联系,由管理员检查IC卡读写器及其连接线路,排除故障。

6)操作提示信息

操作提示信息主要为收费员提示当前的操作状态和下一步应该进行何种操作。在收费员进行了异常或非法操作后,提示信息区会显示警告信息。如果提示信息区出现了其他异常的或收费员无法处理的信息,收费员需要立刻与站级管理员联系,由管理员检查系统是否出现了异常。

3. 收费键盘

收费键盘布局如图6-1-2所示。

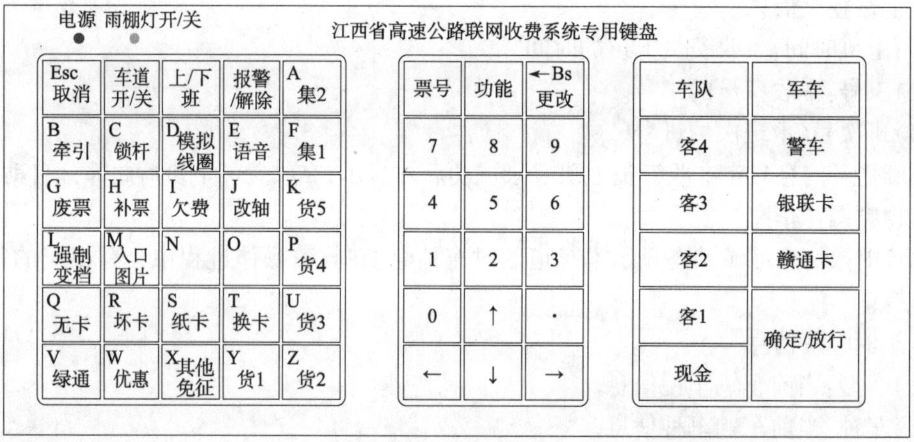

图6-1-2 收费键盘布局

1)车型键

车型键用于输入车辆的车型。

(1)客1~客4:输入客车车型,按车型计费。

(2)货1~货5:输入货车车型,在货车计重模式下按重量计费,在货车车型模式下按车型收费。

(3)集1~集2:输入集装箱车辆车型,按车型计费。

2)控制键

(1)上/下班。

(2)确认/放行。

(3)Esc/取消。

(4)更正。

(5)报警/解除。

(6)牵引。

(7)锁杆。

(8)模拟线圈。

(9)语音。

(10)功能。

(11)车道开/关。

(12)票号。

(13)废票。

(14)补票。

(15)欠费。

(16)改轴。

(17)无卡。

(18)坏卡。

(19)纸卡。

(20)换卡。

(21)强制变档。

(22)入口图片。

3)特殊处理键

(1)军车。

(2)警车。

(3)绿通。

(4)优惠。

(5)其他免征。

(6)现金。

(7)银联卡。

(8)赣通卡。

(9)车队。

4)数字键。

0~9。

5)字母键。

A~Z。

6)辅助键。

(1)↑。

(2)↓。

(3)→。

(4)←。

(5)·。

4. IC 卡读写器

IC 卡读写器的功能是对收费系统中使用的 IC 卡进行读写,读写的卡类型包括"通行卡"、"身份卡"、"赣通卡"等。当手持 IC 卡进行数据读写时,IC 卡卡面必须与读写器天线保持平行。如果在 IC 卡读写过程中发生错误,系统会有相应的提示信息和报警。

5. 自动栏杆

自动栏杆由车道收费软件系统自动控制。当收费确认放行后,自动栏杆自动抬起,当车辆通过后,自动栏杆自动落下。

6. 车道通行信号灯

车道通行灯主要用于指导车道通行和禁行,当收费确认放行后,车道通行灯变为绿灯,指示车辆通行,当车辆通过后,车道通行灯变为红灯,指示车辆禁行。

7. 报警器

报警器主要用于对车道上发生的异常情况进行报警,当车道上发生异常情况后,报警器自动报警,此时收费员可以按下 <报警/解除> 键解除报警,如果限定的时间内收费员没有任何操作,报警器自动解除报警。

8. 字符叠加器

字符叠加器主要用于上级监控、管理部门实时监控车道收费软件系统的收费操作业务,当车道收费员进行正常收费业务处理或者车道出现异常情况时,车道系统将相关信息自动叠加到监控视频图像中,以便于管理部门及时了解当前车道的运行状况,了解收费操作及车辆的相关信息。

9. 车牌识别仪

在装有车牌自动识别系统的车道,系统将车牌识别结果反映到收费员的显示器上。收费员对车牌识别结果进行人工校核,如果识别结果与实际车辆车牌不符,或者车牌自动识别未能识别出车牌,收费员可以通过收费键盘人工输入正确的车牌号。对于无牌车辆,可以输入为"空"。

10. 抓拍线圈

安装在入口收费亭收费窗口下的检测线圈为抓拍线圈。抓拍线圈用于入口车道的图像抓拍,当收费员进行操作时,系统检测车辆是否已经到达指定位置,如果到达指定就启动抓拍系统,对车辆图像进行抓拍。

11. 落杆线圈

安装在车道尾部的自动栏杆下的线圈为落杆线圈。落杆线圈主要用于车道车流量计数和当车辆驶出车道后控制自动栏杆落下。

当车道关闭时,它仍然工作,如果此时有一辆车企图通过线圈,就会在收费员显示器和收费站实时监视软件界面中出现"冲岗"提示,并且车道报警器报警。

12. 雨棚灯

雨棚灯是主要用于提示驾驶员车道是能通行还是禁行的指示灯,当雨棚灯变绿,驾驶员可以经过该车道。收费键盘上的 <车道开/关> 键是控制雨棚灯状态的。收费员上班后,雨棚灯变绿,如果需要关闭该车道,按 <车道开/关> 键雨棚灯状态就变红。

在下班状态下,雨棚信号处于红灯状态,不能通过 <车道开/关> 键控制。

二、软件环境介绍

(1)操作系统:Windows 2000 Professional 中文版。
(2)应用软件:车道收费软件。

(3)其他支持软件:设备驱动程序。

三、通用操作流程

1. 卡盒注册过程

收费员在上班、下班时需要进行卡盒注册,在上班状态下也可以按<功能>键进行更换卡盒的工作,在车道没有登记已注册卡盒时,执行换上卡盒的过程,反之执行换下卡盒的过程。

(1)收费员在执行完身份验证之后,进入卡盒验证注册,弹出对话框,提示刷标签卡。

(2)收费员刷标签卡或按<Esc/取消>键取消,如果读标签卡成功,则显示标签卡号,系统进入卡盒管理模式。

(3)如果读标签卡失败或按<Esc/取消>键取消,则系统进入散卡管理模式。

2. 模拟线圈处理

当收费员执行放行操作控制自动栏杆抬杆后,由于线圈出现故障车辆通过过车线圈栏杆并未落下时,可以单击<模拟线圈>键,控制栏杆落下。

3. 报警/解除处理

系统处于上班状态,过车线圈损坏,当有车冲岗时,收费员可以单击<报警/解除>键,系统将自动按冲岗车进行处理,控制黄闪报警、保存原始记录及图片,当收费员再次单击<报警/解除>键后,系统将解除黄闪报警(收费员不操作时黄闪报警维持10s)。

4. 语音提示

在抓拍线圈检测到车辆、入口发卡完毕、出口计算出通行费、入出口放行等情况下,系统自动播报相应的语音提示,播报内容可在收费站配置,入出口放行时的默认播报语音可根据车型和货车超限率进行选择。

在车型输入前阶段,收费员也可按<语音>键,系统弹出交通安全提示语菜单,如图6-1-3所示,收费员从菜单中选择一条固定的短语进行播报。

收费员可以用数字键选择需要播报的内容。

5. 参数版本信息查看

下班状态下按<功能>键,或者上班后按<功能>键选择"参数版本信息查看",系统显示参数版本信息对话框,内有当前和新版收费表的版本号和生效时间等信息,如表6-1-1所示。

| 1:前方有雾,注意安全 |
| 2:前方施工,注意安全 |
| 3:雨天路滑,注意安全 |
| 4:请勿疲劳驾驶 |
| 5:请勿超速驾驶 |
| 6:请勿超载驾驶 |

参 数 版 本 信 息　　表6-1-1

参数名称	版本号	启用时间	状态
收费里程表	200710311	2007－11－20	在用
收费里程表	200711251	2007－11－28	待用
费率表	200710311	2007－11－20	在用

图6-1-3　交通安全提示语菜单

6. 查看公共信息

上班后按<功能>键选择"查看公告信息",系统显示当前有效的所有公共信息,如果一页无法显示,可以按上下键滚动。

7. 车牌输入

当系统需要收费员输入车牌时,会弹出车牌输入框,如果车道有车牌识别仪,系统会将其识别的信息显示在输入框中,收费员只需进行修改确认。如果没有车牌识别仪,必须手工

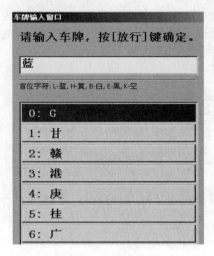

图 6-1-4 车牌输入界面

输入含车牌底色的全车牌信息,如"蓝赣 A1234 警",车牌中的空格、"—"、"·"等字符不输入,若为特殊车辆如排障、救援、武警等车,车牌也应全车牌输入,即在后面加上排障、救援、武警车辆中间的小数字也应输入,输入时如果按字母键,例如<L>键,系统会在车牌输入框下显示选择菜单,如图 6-1-4 所示。

收费员可以用数字键选择所要输入的字符。

车牌输入结束后,单击<确定/放行>键确认。

在车牌自动识别设备识别出车牌的情况下,系统弹出识别结果由收费员修改,修改时可使用辅助键将光标移动到识别错误字符的位置,按<更改>键删除单个字符并重新输入。

车牌输入应注意以下几点:

(1)对于没有车牌的车辆,统一输入一个"空"字表示。

(2)对于非空车牌,为保证车牌输入的完整性,车牌输入的第 1 个字符必须是颜色(白、蓝、黑、黄),总的字符数(汉字算 1 个字符)必须大于或等于 8,字节总长度不得大于 20(一个汉字按两个字节计算),其中包含的数字字符不得超过 7 位,否则按<确定/放行>键确认时系统提示错误,不允许进行下一步操作。

(3)在输入第一个字符时,按 L、H、B、E、K 分别输入蓝、黄、白、黑、空字符。

(4)在未输入字符时,直接按<确定/放行>键可重新识别车牌。

(5)如果业务处理过程中进行更改,提示重新输入车牌时,默认车牌为车牌自动识别设备识别出的车牌,如果车牌自动识别设备未识别出车牌,需要重新输入。

8. 轴组组成输入

入口执行货车发卡操作时或出口改重时,需输入货车的轴组组成,输入时系统弹出轴组组成输入框,收费员通过数字键输入最长 9 位轴组组成信息,按<确定/放行>键确认输入。

每个数字代表一种轴组类型,如表 6-1-2 所示。

数字代表的轴组类型　　　　　表 6-1-2

序　号	轴　型	序　号	轴　型
1	单轴单胎	6	三轴单胎
2	单轴双胎	7	三轴双胎
3	双轴单胎	8	三轴单单双胎
4	双轴单双胎	9	三轴单双双胎
5	双轴双胎	0	异型轴

例如:125 表示有三个轴组,分别为单轴单胎、单轴双胎、双联双胎。

轴组信息输入时应注意以下几点:

(1)输入有效字符为 1~9,按其他字符无效。

(2)输入字符个数需大于等于 2,小于等于 9。

9. 更改口令

当车道处于下班状态下,收费员可以按<更改>键,通过输入自己的工号、旧口令、新口令、确认新口令来更改自己的口令。

需注意在车道与站之间存在网络故障时,口令更改可能只在本车道生效。

10. 黑名单车检查

1)卡黑名单检查

收费员执行赣通卡缴费操作时,若系统检测 IC 卡为黑名单卡,系统发送报警信息、提示"卡黑名单"、显示黑名单内容,收费员上报监控员许可后,没收该赣通卡(是否没收由管理规定确定,系统不统计应缴黑名单卡),后续按现金车处理。

2)车牌黑名单检查

收费员输入车牌后,系统检测车牌为黑名单车时,系统发送报警信息至收费站、提示"车牌黑名单"、显示黑名单内容,收费员上报监控进行核实。

在入口车道,收费员执行正常收费处理流程后,由外勤人员将黑名单车辆带离车道进行后续处理,核实后到出口车道进行补票,参见工作任务二中"逃费车补费"。

在出口车道,收费员执行正常收费处理流程后,经查询核实并经管理人员授权后进行补票,待补票处理完成后再抬杆放行。

四、入口车道发卡操作流程

1. 车辆通行控制

入口车道采用一车一杆制(牵引和车队除外),前车放行通过过车线圈后,才能执行下一辆车的收费操作(此前可以执行下一辆车的车型、车牌输入)。当过车线圈故障时,需按<模拟线圈>键强制落杆。

车辆通行控制应注意以下几点:

(1)入口收费员可以按<废票>键进行上班后最后一次放行车辆的倒车处理,倒车处理完成后落下栏杆。

(2)允许在车辆到达前发卡,即不限制抓拍线圈是否检测到有车。

(3)入口车道不处理牵引车。

(4)栏杆是否落下还受<锁杆>键控制,请参见相应处理流程。

2. 未上班状态

收费车道设备应处于如下状态:

(1)通行灯处于红灯状态。

(2)栏杆处于落下状态。

(3)报警器处于关闭状态。

(4)车辆检测器处于工作状态并检测所有违章车辆。

(5)收费键盘上除<上/下班>键、<更改>键、<功能>键可操作外,其他键失效。

车道收费程序显示如下内容:

(1)收费站名称。

(2)车道号。

(3)系统时间。

(4)提示"请按<上/下班>键上班"。

(5)卡盒编号。

3. 上班操作流程

(1)收费员开始上班时,首先将"身份卡"放置在读写器天线上,按<上/下班>键。

(2)如果系统检测不到身份卡,则提示输入工号;否则,系统检测此身份卡为正常卡后,从卡中读出收费员信息;接着提示收费员输入密码,收费员通过收费键盘输入自己的密码后按下<确定/放行>键。

(3)收费员身份验证合法后即让收费员选择班次,在本班次结束前10min(如7:50~7:59;15:50~15:59;23:50~23:59),有本班次和下一班次两个选项,默认为下一班次。在其他时段上班,只有本班次一个选项可供选择。

(4)班次选择后,系统进入卡盒注册过程。

(5)卡盒注册成功后,系统进入正常发卡状态,显示器显示如下信息:

①系统当前时间、收费员上班时间、工号、班次等信息。

②车道机外围设备的状态信息。

③提示输入车辆信息。

(6)如果密码输入错误,将不会进入系统,如果连续三次输入错误,系统将自动退出上班注册程序。

(7)如果该工号为维护员,系统将进入维护界面。

(8)上班状态下,按<功能>键显示的菜单增加"参数版本信息查看"一项。按取消键后,返回收费界面。

4. 现金车操作流程

(1)收费员上班成功后,进入车到收费程序主界面,当车辆驶入抓拍线圈区域,系统抓拍车辆图像,并自动识别车牌。

(2)收费员输入车型、轴组组成(货车)以及全车牌信息后,系统进入特情操作前状态,提示"请执行特情操作"。

(3)收费员单击<现金>键,系统进入刷卡前状态,提示"请刷通行卡或赣通卡"。

(4)收费员刷通行卡后,系统保存原始记录及抓拍图像数据,执行特情操作。

(5)控制栏杆机抬杆、通行灯变绿灯允许车辆通行。

(6)系统进入车型输入前状态,收费员可以开始执行下一辆车的操作。

(7)计重信息区的未处理车辆以红色小车图标的方式显示,处理完一辆车后,图标将减少一辆。

(8)当车辆通过过车线圈后,系统自动控制栏杆机落杆、通行灯变红灯,上传车辆原始记录信息及抓拍图像数据。

(9)如果收费员刷卡后,发现输入错误等原因需要倒车时,则按<废票>键,系统提示"请刷刚刚操作的卡",重新刷该卡后,系统进入车型输入前状态,收费员可以执行下一辆车的操作。

现金车发卡流程如图6-1-5所示。

5. 军车操作流程

(1)当车辆驶入抓拍线圈区域,系统抓拍车辆图像,并自动识别车牌。

(2)收费员输入车型、轴组组成(货车)以及全车牌信息后,系统进入特情操作前状态,提示"请执行特情操作"。

(3)收费员单击<军车>键,系统进入刷卡前状态,提示"请刷通行卡"。

(4)收费员刷通行卡后,系统保存原始记录及抓拍图像数据,控制栏杆机抬杆、通行灯变绿灯允许车辆通行。

(5)系统进入车型输入前状态,收费员可以开始执行下一辆车的操作。

(6)当车辆通过过车线圈后,系统自动控制栏杆机落杆、通行灯变红灯,上传车辆原始记录信息及抓拍图像数据。

(7)如果收费员刷卡后,发现输入错误等原因需要倒车时,则按<废票>键,系统提示"请刷刚刚发出的卡",重新刷该卡后,系统进入车型输入前状态,收费员可以执行下一辆车的操作。

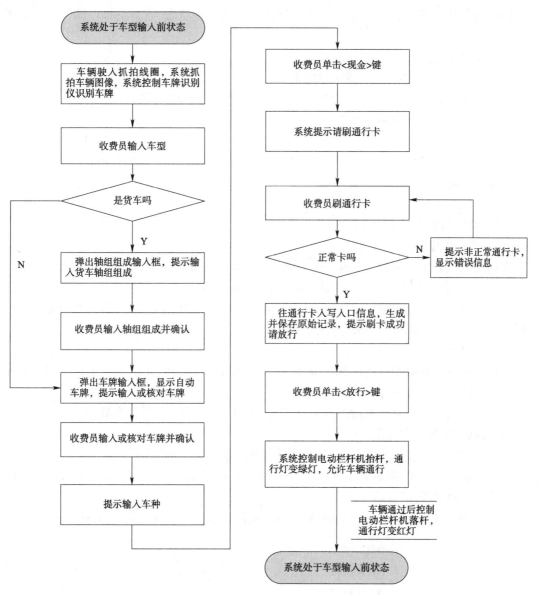

图 6-1-5 现金车发卡流程图

6. 警车操作流程

(1)当车辆驶入抓拍线圈区域,系统抓拍车辆图像,并自动识别车牌。

(2)收费员输入车型、轴组组成(货车)以及全车牌信息后,系统进入特情操作前状态,提示"请执行特情操作"。

(3)收费员单击<警车>键,系统进入刷卡前状态,提示"请刷通行卡"。

(4)收费员刷通行卡后,系统保存原始记录及抓拍图像数据,控制栏杆机抬杆、通行灯变绿灯允许车辆通行。

(5)系统进入车型输入前状态,收费员可以开始执行下一辆车的操作。

(6)当车辆通过过车线圈后,系统自动控制栏杆机落杆、通行灯变红灯,上传车辆原始记录信息及抓拍图像数据。

(7)如果收费员刷卡后,发现输入错误等原因需要倒车时,则按<废票>键,系统提示"请刷刚刚发出的卡",重新刷该卡后,系统进入车型输入前状态,收费员可以执行下一辆车的操作。

7. 车队操作流程

(1)在车型输入前阶段,收费员单击<车队>键,系统弹出对话框由收费员确认。

(2)收费员按<确定/放行>键后,系统发送报警信息到收费站,控制栏杆机抬杆并锁定,通行灯变绿灯,允许车队车辆通行。

(3)每过一辆车,保存一条原始记录及抓拍图像数据,提示车队过车数增加一辆。

(4)当车队车辆全部通过后,收费员再次按下<车队>键,自动栏杆落下,通行灯变红灯,车队处理结束。

(5)车队处理过程中,检测到过了几辆车就删除几辆车的称重数据,过一辆删除一辆,车队处理结束后则不再删除称重数据。

8. 冲岗车操作流程

(1)当系统处于上班状态且收费员未按流程完成收费业务操作时,车辆驶入过车线圈,系统启动黄闪报警,发报警信息,并显示冲岗菜单,如图6-1-6所示。

(2)收费员通过数字键或<↑>、<↓>键选择并按<确定/放行>键后,系统将保存原始记录及图片、解除黄闪允许执行后续操作。

冲岗车操作时应注意以下几点:

(1)在已显示冲岗菜单的情况下,若检测有车通过过车线圈,先前的冲车自动按冲岗车处理,只可以对最近的一次冲车进行选择。

(2)当系统处于下班状态检测有车通过过车线圈时,将自动按冲岗车处理。

9. 其他免征车操作流程

(1)当车辆驶入抓拍线圈区域,系统抓拍车辆图像,并自动识别车牌。

(2)收费员输入车型、轴组组成(货车)以及全车牌信息后,系统进入特情操作前状态,提示"请执行特情操作"。

(3)收费员单击<其他免征>键,弹出其他免征车选择菜单,如图6-1-7所示。

| 1:冲岗 |
| 2:误冲岗需倒车 |
| 3:误冲岗不倒车 |
| 4:误报警 |

| 1:防汛救灾车 |
| 2:国安车 |
| 3:紧急车 |

图6-1-6 冲岗菜单　　图6-1-7 其他免征车选择菜单

(4)收费员通过数字键或<↑>、<↓>键选择并按<确定/放行>键后,系统发送报警信息至收费站,系统进入刷卡前状态,提示"请刷通行卡"。

(5)收费员刷通行卡后,系统保存原始记录及抓拍图像数据,控制栏杆机抬杆、通行灯变绿灯允许车辆通行。

(6)系统进入车型输入前状态,收费员可以开始执行下一辆车的操作。

(7)当车辆通过过车线圈后,系统自动控制栏杆机落杆、通行灯变红灯,上传车辆原始记录信息及抓拍图像数据。

(8)如果收费员刷卡后,发现输入错误等原因需要倒车时,则按<废票>键,系统提示"请刷刚刚发出的卡",重新刷该卡后,系统进入车型输入前状态,收费员可以执行下一辆车的操作。

(9)在上一辆车的车种为免费车辆时显示为红色。

10. 赣通卡车操作流程

(1)当车辆驶入抓拍线圈区域,系统抓拍车辆图像,并自动识别车牌。

(2)收费员输入车型、轴组组成(货车)以及全车牌信息后,系统进入特情操作前状态,提示"请执行特情操作"。

(3)收费员单击<现金>键或<赣通卡>键,系统进入刷卡前状态,提示"请刷通行卡或赣通卡"。

(4)收费员刷赣通卡后,系统保存原始记录及抓拍图像数据,控制栏杆机抬杆、通行灯变绿灯允许车辆通行。

(5)系统进入车型输入前状态,收费员可以开始执行下一辆车的操作。

(6)当车辆通过过车线圈后,系统自动控制栏杆机落杆、通行灯变红灯,上传车辆原始记录信息及抓拍图像数据。

(7)如果收费员刷卡后,发现输入错误等原因需要倒车时,则按<废票>键,系统提示"请刷刚刚操作的卡",重新刷该卡后,系统进入车型输入前状态,收费员可以执行下一辆车的操作。

11. 特殊操作流程

1)非本盒卡、入口已发卡、不可读卡处理

在非散卡模式下,入口只能发放已注册卡盒中的卡,如果发卡时系统提示"非本盒卡",应将该卡放置一边,下班后交与卡管员单独处理。

每张卡在入口只能发放一次,如果发卡时系统提示"入口已发卡",应将该卡放置一边,下班后交与卡管员单独处理。

入口还可能遇到不可读卡,刷卡后系统没有反应,对这种卡也应单独放置,下班后交与卡管员单独处理。

2)取消操作

当收费员收费的过程中,如果收费员在按下<放行>键进行车辆放行之前发现所输入的车型、车种、车牌号有误,收费员可以按下<更改>键,更改误输入,或者按下<取消>键,取消本次收费操作,然后重新输入正确的车型、车种、车牌号,再按下<放行>键,放行车辆。

(1)<更改>键用于消除刚输入的一个字符。

(2)<取消>键用于取消放行前的一次操作。

3)坏卡

当入口收费员在进行正常的收费操作时,发现有通行卡不能读写,收费员换另一张卡并在下班后上交该卡,请站级监控员或系统管理员进行确认。

4)锁杆键

收费员在收费过程中需要处理特殊的车辆(如拉超长原木的车辆)时,按下＜锁杆＞键就可以锁住栏杆,等该车经过栏杆线圈后,一定要再次按下＜锁杆＞键降下栏杆,系统才允许收费员进行其他收费操作。此时,应当注意以下几点:

(1)在下班状态和车队处理状态＜锁杆＞键无效。

(2)进入车队处理或者下班后,系统清除锁杆标记。

5)更改处理

出口在刷卡前、刷卡后放行前、放行后车辆未驶离收费区域前三个阶段进行更改处理。放行后车辆压到过车线圈后,不允许进行更改操作。

(1)刷卡前更改:按＜更改＞键删除以前输入的车辆信息。

(2)刷卡后更改:按＜更改＞键删除以前输入的车辆信息,重新输入后不必再次刷卡。

(3)放行后车辆未驶离收费区域前:按＜废票＞键选择"修改"。

12. 下班操作流程

收费员若准备结束收费处理工作,首先按＜车道开/关＞键将雨棚信号灯切换成红灯。通知该车道将停止收费处理。收费员处理完车道内的车辆后,可以通过单击＜上/下班＞键下班,系统保存下班记录后处于下班状态。

如果当前上班状态下正在使用卡盒,下班过程中系统会启动卡盒注册过程,要求收费员执行换下卡盒的操作。

系统处于下班状态时车道设备状态如下:

(1)雨棚信号灯切换成红灯。

(2)自动车道栏杆处于关闭状态。

(3)图像抓拍线圈处于启动状态。

(4)过车线圈处于启动状态。

(5)读卡器失效。

下班操作完成后,如果有新版车道程序,车道软件会自动重新启动。

13. 异常和故障

如果发生下列几种现象,车道控制机将认为发生了异常。

(1)与收费站计算机的通信发生故障。如果车道机检测到通信故障,则会显示网络故障图标提示,收费员需要将该情况报告给站监控室。

(2)IC卡读写器故障。如果车道机检测到IC卡读写器故障,则会显示IC卡读写器故障图标来作提示,收费员需要将该情况报告给站监控室,由维修人员及时处理。

工作任务二　出口车道程序操作流程

一、硬件环境介绍

1. 车道控制器

车道控制器是车道收费软件系统的核心单元,主要负责收费流程的处理、收费数据的存储、车道外设的控制等。车道计算机为工控机。

车道程序运行在原有车道控制器上,主要技术指标如下:

(1) CPU:PⅢ800 或以上。

(2) 内存:256M 或以上。

(3) 硬盘:20G 或以上。

(4) 显卡:支持 1024×768,24 位真彩色。

(5) 网卡:10/100M 自适应。

(6) 声卡:16 位或以上。

(7) 视频采集卡。

(8) 串口:6 个或以上。

(9) 并口:1 个。

注:如考虑银联卡、收发卡机等应用,串口应为 8 个或以上。

2. 显示器

车道显示器主要负责车道收费数据、信息的显示,收费员进行收费操作的过程中必须时刻注意显示器的数据显示,在收费员进行每一步操作之前和之后都会有相应的提示信息,收费员必须按照收费操作手册和显示器信息提示正确规范地操作。在操作过程中如果出现异常的信息提示或报警信息(如设备发生故障等),收费员应该立刻与站级管理员联系,由管理员来检查系统是否出现了异常。

显示器显示界面如图 6-2-1 所示。

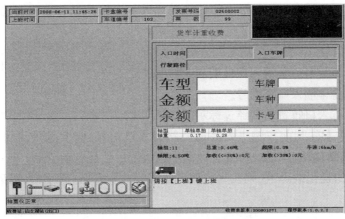

图 6-2-1 出口车道收费显示器界面

1) 车道基本信息

(1) 当前时间和上班时间:自然时间。

(2) 卡盒编号:当前卡盒信息。

(3) 发票号码:当前发票号码,即下一张要打印的发票号码。

车道基本显示的主要是跟本车道相关的信息,当前时间是自然时间,整个收费系统内所有计算机的此时间值都是相同的,如果收费员发现车道显示的时间与其他车道不同,需要及时与站级管理员联系,由管理员检查是否需要调整车道机的时间。

在散卡模式下,卡盒编号区域显示"散卡模式";在未上卡盒时卡盒号区域显示"无卡盒"。

2) 上班登录信息

(1) 工作日期:本班次所属的工作日。

(2)在岗时间:本收费员上班后的时间累计值。
(3)卡数:当前的卡数。
(4)票数:当前票数。
　　上班登录信息只有在收费员上班登录成功后才显示,在收费员下班后此部分自动清除。出口票据张数不足时剩余数量以突出颜色显示;在临近下班前 10min 或下班后 10min,收费员还没有下班,在工作时间位置中,上班时间用红色显示并闪烁提示。

3) 视频图像信息
(1)视频图像信息区域动态显示本车道的过车信息,在收费操作过程中会有相应的收费数据叠加信息。
(2)入口抓拍图片和车牌识别特写图片。

4) 公告栏
显示当前系统的公告信息。

5) 车辆收费信息
(1)车型:当前车辆车型信息。
(2)金额:当前车辆应收金额。
(3)车牌:当前车辆车牌号。
(4)卡号:IC 卡卡号。
(5)车种:当前车辆车种信息。
(6)轴组:当前车辆的轴组信息。
　　车辆收费信息显示收费员收费操作过程中输入的车辆信息。在收费确认、车辆放行或者取消本次收费后信息自动清除。

6) 车辆入口信息
(1)日期和时间:当前车辆入口日期和入口时间。
(2)车牌:当前车辆入口车牌号。
(3)行驶路径:入口收费站和经过标示站。
　　车辆入口信息显示当前车辆进入高速公路的入口信息,此信息是从驾驶员所持"通行卡"中读取。在收费确认、车辆放行或者取消本次收费后信息自动清除。
　　若入口发放的是预编码卡,则在入口时间处显示"预编码卡"字样,以确认该卡为预编码卡。

7) 计重信息
(1)计重收费状态:显示当前车辆收费状态。
(2)计重设备工作状态:显示计重设备工作状态信息。
(3)轴组信息:当前车辆轴组信息。
(4)轴限:当前车辆轴限信息。
(5)总重:当前车辆总重。
(6)超限率:当前车辆超限率。
(7)加收费:当前车辆加收费用。

8) 设备状态信息
(1)车道通行灯:车道通行灯的当前工作状态。
(2)自动栏杆:自动栏杆的当前工作状态。

(3)网络:车道网络的当前工作状态。

(4)IC 卡读写器:IC 卡读写器的当前工作状态。

(5)报警器:报警器的当前工作状态。

(6)票据打印机:票据打印机的当前工作状态。

设备状态信息主要显示本车道的外设当前工作状态。

(1)在无车状态下车道通行灯图标为红灯、自动栏杆图标为落下状态,在收费确认车辆放行后车道通行灯图标为绿灯、自动栏杆图标为抬起状态,当车辆通过后车道通行灯图标又恢复为红灯、自动栏杆图标恢复为落下状态。

(2)在车道出现异常车辆后(如冲岗车),系统产生报警信息,此时报警器图标显示为报警状态。车道正常状态下报警器图标显示为关闭状态。

(3)网络状态图标显示车道与本站站级管理系统的网络是否正常,在网络发生故障时,网络图标显示为有红色标志的故障状态,此时收费员需要立刻与站级管理员联系,由管理员检查网络线路,解决故障。

(4)IC 卡读写器图标显示车道控制器与 IC 卡读写器的通信是否正常,在通信发生故障后,IC 卡读写器图标显示为带有红色标志的故障状态,此时收费员需要立刻与站级管理员联系,由管理员检查 IC 卡读写器及其连接线路,解决故障。

(5)票据打印机图标显示打印机工作是否正常,当打印机发生断电、缺纸、卡纸等情况时,票据打印机图标显示为带有红色标志的故障状态,此时收费员需要检查票据打印机是否常。

9)系统状态信息

(1)站号:本站的站号。

(2)车道号:本车道的车道号。

(3)员工号:本收费员的员工号。

(4)班次:本班次的班号。

(5)费率版本:当前费率版本信息。

(6)程序版本:当前程序版本号。

10)操作提示信息

操作提示信息主要为收费员提示当前的操作状态和下一步应该进行何种操作。在收费员进行了异常或非法操作后,提示信息区会显示警告信息。如果提示信息区出现了其他异常的或收费员无法处理的信息,收费员需要立刻与站级管理员联系,由管理员检查系统是否出现了异常。

3. 收费键盘

与入口收费键盘相同。

4. IC 卡读写器

IC 卡读写器的功能是对收费系统中使用的 IC 卡进行读写,包括"通行卡"、"身份卡"、"公务卡"。当手持 IC 卡进行数据读写时,IC 卡卡面必须与读写器天线保持平行。如果在 IC 卡读写过程中发生错误,系统会有相应的提示信息和报警。

5. 自动栏杆机

自动栏杆机由车道收费软件系统自动控制。当收费确认放行后,自动栏杆自动抬起,当线圈感应车辆通过后,自动栏杆自动落下。

6. 车道通行信号灯

车道通行灯主要用于指导车辆通行和禁行,当收费确认放行后,车道通行灯变为绿灯,指示车辆通行,当车辆通过后,车道通行灯变为红灯,指示车辆禁行。

7. 报警器

报警器主要用于对车道上发生的异常情况进行报警,当车道上发生异常情况后,报警器自动报警,此时收费员可以按下<报警/解除>键解除报警,如果限定的时间内收费员没有任何操作,报警器自动解除报警。

8. 票据打印机

票据打印机用于打印收费票据,当收费员对收费车辆收费完成,按下<确定/放行>键后,打印机打印收费票据。打印机工作过程中有以下几种状态:

(1)当打印机正常工作时,其上方面板上的<POWER>指示灯和<ON LINE>指示灯都为绿灯,<ALARM>指示灯为关闭状态。

(2)当打印机断电时,其上方面板上的<POWER>指示灯、<ON LINE>指示灯和<ALARM>指示灯均为关闭状态,此时收费员需要检查打印机电源是否打开。

(3)当打印机缺纸、卡纸或发生其他故障时,<ALARM>指示灯均为红灯报警状态。

9. 字符叠加器

字符叠加器主要用于上级监控、管理部门实时监控车道收费软件系统的收费操作业务,当车道收费员进行正常收费业务处理或者车道出现异常情况时,车道系统将相关信息自动叠加到监控视频图像中,以便于管理部门及时了解当前车道的运行状况,了解收费操作及车辆的相关信息。

10. 车牌识别仪

在装有车牌自动识别系统的车道,系统将车牌识别结果反映到收费员的显示器上。收费员对车牌识别结果进行人工校核,如果识别结果与实际车辆车牌不符,或者车牌自动识别未能识别出车牌,收费员可以通过收费键盘人工输入正确的车牌号。对于无牌车辆,可以输入为"空"。

11. 费额显示牌

费额显示牌主要用于向驾驶员提示交费金额,对于预付卡用户还可显示预付卡剩余金额(预留接口,视实际硬件条件而定)。系统在显示器上显示收费金额,同时在费额显示牌上显示交费金额。

12. 抓拍线圈

安装在收费亭收费窗口下的检测线圈为抓拍线圈。抓拍线圈用于出入口车道的图像抓拍,当收费员进行操作时,系统检测车辆是否已经达到位置,启动抓拍系统,对车辆图像进行抓拍。

13. 落杆线圈

安装在车道尾部的自动栏杆下的线圈为落杆线圈。落杆线圈主要用于车道车流量计数和当车辆驶出车道后控制自动栏杆落下。

当车道关闭时,它仍然工作,如果此时有一辆车企图通过线圈,就会在收费员显示器和收费站实时监视软件界面中出现"冲岗"提示,并且车道报警器报警。

14. 雨棚灯

雨棚灯主要用于提示驾驶员车道是能通行还是禁行的指示灯,当雨棚灯变绿,驾驶员可以经过该车道。收费键盘上的<车道开/关>键是控制雨棚灯状态的。收费员上班后,雨棚灯变绿,如果需要关闭该车道,按<车道开/关>键雨棚灯状态就变红。

在下班状态下,雨棚信号处于红灯状态,不能通过<车道开/关>键控制。

二、软件环境

(1)操作系统:Windows 2000 Professional 中文版。

(2)应用软件:车道收费软件。

(3)其他支持软件:设备驱动程序。

三、通用操作流程

与入口通用操作流程相同。

四、出口车道收费操作流程

1. 未上班状态

收费员打开车道终端电源,收费车道设备处于如下状态:

(1)通行灯处于红灯状态。

(2)栏杆处于落下状态。

(3)报警器处于关闭状态。

(4)车辆检测器处于工作状态并检测所有冲岗车辆。

(5)收费键盘上除<上/下班><更改><功能><票号>键可操作外,其他键失效。

收费终端显示如下内容:

(1)收费站名称。

(2)车道号。

(3)费率版本号。

(4)程序版本号。

(5)公告信息。

(6)系统时间。

(7)提示"请按<上/下班>键上班"。

2. 上班操作流程

与入口上班操作流程相同。

上班状态下,按<功能>键显示的菜单增加"参数版本信息查看"一项。按取消键后,返回收费界面。

3. 现金车操作流程

(1)车辆驶入抓拍线圈区域,系统抓拍车辆图像,系统控制车牌识别仪识别车牌,接收并显示称重仪上报的称重信息;收费员按相应的<车型>键输入车型。

(2)如果提前输入车型,待车牌识别设备识别出车牌后,自动将车牌填充至车牌输入框(前提是车牌输入框为空,即没有任何手工输入字符),同时保留强制识别车牌功能。

(3)收费员输入车型以及全车牌信息后,系统进入刷卡前状态,提示"请刷通行卡或赣通卡"。

(4)收费员刷通行卡后,系统从卡中获取入口信息并计算通行费;控制费额显示器显示及报价;在收费界面上显示入口站名、时间、车牌、车型/轴组、车种、收费金额等信息后进入特情操作前阶段,并提示"请执行特情操作……"。

(5)如果卡内入口信息不正常,则提示刷卡失败并显示出错原因,若系统迟迟没有响应时,可以确定通行卡已损坏,收费员可以按<坏卡>键执行坏卡处理;系统发送报警信息到收费站、弹出卡号输入框、提示"坏卡,请输入卡号……";收费员输入卡号并单击<确定/放行>键确认。

(6)刷卡成功后,打印票据前,在显示应收金额的状态下,按<废票>键可以进行倒车操作,用于驾驶员发现下错收费站要求倒车的情况。此时应注意一定要先进行倒车操作,才可将原卡返还给驾驶员,否则必须完成收费业务操作。

(7)如果客车入出口车型不一致,弹出输入框提示"自然变档,请重新输入车型……";要求收费员重新输入车型;如果入出口车牌不一致,则系统自动查询入口信息;如果货车入出口轴组不符,则弹出轴组更改输入框,要求收费员重新输入轴组组成。信息修改后,系统重新计算通行费并显示出来。

(8)收费员收取现金后,单击<现金>键打印通行费发票,系统保存原始记录及抓拍图像数据。

(9)<现金>键和<放行>键分离,按<现金>键打印票据,进入等待放行状态,该状态按下<放行>键栏杆抬起,控制栏杆机抬杆、通行灯变绿灯、费额显示器播报文明用语。

(10)收费员将找零及打印发票交与驾驶员,系统进入车型输入前状态,收费员可以开始执行下一辆车的操作。

(11)出口票据打印失败时,提示信息变更为"打印失败!请排除打印机故障按<确认/放行>键重新打印!",若故障不排除,则一直提示"打印失败!请排除打印机故障按<确认/放行>键重新打印!",直到排除打印机故障,否则不允许执行下步操作。此时应首先排除打印机故障,然后按<确认/放行>键打印发票。

(12)若上一辆车的车种为免费车辆时,则在下面特情操作提示区显示为红色。

(13)当车辆通过过车线圈后,系统自动控制栏杆机落杆、通行灯变红灯,上传车辆原始记录信息及抓拍图像数据。

(14)如果在车辆放行之前,收费员发现判断错误或者票据打印不清楚,按下<废票>键,系统显示废票菜单,选择"修改"可以重新处理该车辆,选择"重打"可以重新打印发票,但只有在栏杆抬起,车辆尚未离开时才可按<废票>键选择"重打"。

(15)在特情处理状态下(显示应收金额时),如果车辆经过了标识站,按<功能>键可显示车辆经过标识站的详细信息。在出现识别错误时,可以删除指定的标识站通行记录重新计费。

(16)若计重车辆超限或超速,车速超过20km/h(默认为20,可配置)时以红色字体显示。货车计重收费模式下,如果车速超过限制速度,按车型键提示"货车计重超速",按<取消>键将删除该车的计重信息,按<确认/放行>键可以继续处理(暂不禁止继续处理);车辆超限30%以上时,超限率以红色字体显示。

(17)对于收费金额不为0的,打印前显示为红色,打印后显示为黑色,金额为0的显示为黑色,除现金车外,其他车种以红色字体显示。

(18)上班后,车型输入前状态允许更换票据或修改票据号操作。

现金车收费流程如图6-2-2所示。

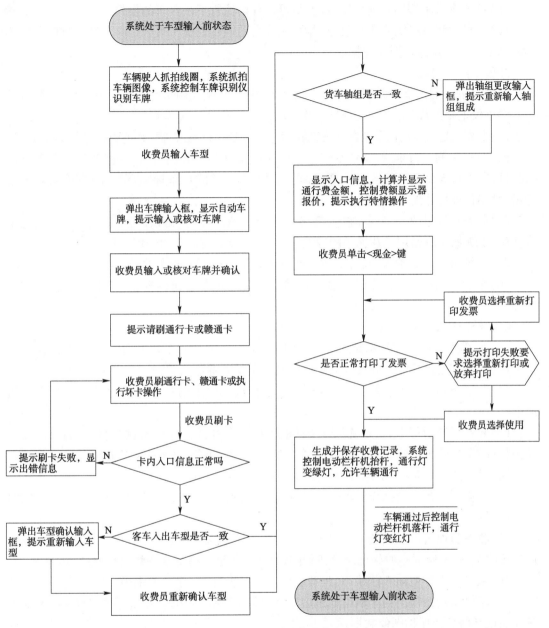

图 6-2-2　现金车收费流程图

4. 军车操作流程

(1) 车辆驶入抓拍线圈区域,系统抓拍车辆图像,系统控制车牌识别仪识别车牌,接收并显示称重仪上报的称重信息;收费员按相应的<车型>键输入车型。

(2) 收费员输入车型以及全车牌信息后,系统进入刷卡前状态,提示"请刷通行卡或赣通卡"。

(3) 收费员刷通行卡后,系统从卡中获取入口信息并计算通行费;控制费额显示器显示及报价;在收费界面上显示入口站名、时间、车牌、车型/轴组、车种、收费金额等信息后进入特情操作前阶段,并提示"请执行特情操作……"。

(4) 收费员通过人工判断车辆为军车后,按下<军车>键,确认后,系统发送报警信息至收费站,系统保存原始记录及抓拍图像数据,车道通行灯变绿灯,自动栏杆抬起。

(5) 系统进入车型输入前状态,收费员可以开始执行下一辆车的操作。

(6) 车辆检测器检测到车辆已通过后,系统自动控制栏杆机落杆、通行灯变红灯,上传车辆原始记录信息及抓拍图像数据。

5. 警车操作流程

(1) 车辆驶入抓拍线圈区域,系统抓拍车辆图像,系统控制车牌识别仪识别车牌,接收并显示称重仪上报的称重信息;收费员按相应的<车型>键输入车型。

(2) 收费员输入车型以及全车牌信息后,系统进入刷卡前状态,提示"请刷通行卡或赣通卡"。

(3) 收费员刷通行卡后,系统从卡中获取入口信息并计算通行费;控制费额显示器显示及报价;在收费界面上显示入口站名、时间、车牌、车型/轴组、车种、收费金额等信息后进入特情操作前阶段,并提示"请执行特情操作……"。

(4) 收费员通过人工判断车辆为警车后,按下<警车>键,确认后,系统发送报警信息至收费站,系统保存原始记录及抓拍图像数据,车道通行灯变绿灯,自动栏杆抬起。

(5) 系统进入车型输入前状态,收费员可以开始执行下一辆车的操作。

(6) 车辆检测器检测到车辆已通过后,系统自动控制栏杆机落杆、通行灯变红灯,上传车辆原始记录信息及抓拍图像数据。

6. 其他免征车操作流程

(1) 车辆驶入抓拍线圈区域,系统抓拍车辆图像,系统控制车牌识别仪识别车牌,接收并显示称重仪上报的称重信息;收费员按相应的<车型>键输入车型。

(2) 收费员输入车型以及全车牌信息后,系统进入刷卡前状态,提示"请刷通行卡或赣通卡"。

(3) 收费员刷通行卡后,系统从卡中获取入口信息并计算通行费;控制费额显示器显示及报价;在收费界面上显示入口站名、时间、车牌、车型/轴组、车种、收费金额等信息后进入特情操作前阶段,并提示"请执行特情操作……"。

(4) 在提示执行特情操作时单击<其他免征>键,系统弹出其他免征车选择菜单,如图6-2-3所示。

(5) 收费员通过数字键或<↑><↓>键选择并按<确定/放行>键后,系统发送报警信息至收费站,系统保存原始记录及抓拍图像数据,车道通行灯变绿灯,自动栏杆抬起。

(6) 系统进入车型输入前状态,收费员可以开始执行下一辆车的操作。

(7) 车辆检测器检测到车辆已通过后,系统自动控制栏杆机落杆、通行灯变红灯,上传车辆原始记录信息及抓拍图像数据。

7. 冲岗车操作流程

(1) 当系统处于上班状态且收费员未按流程完成收费业务操作时,车辆驶入过车线圈,系统启动黄闪报警,发报警信息,并显示冲岗菜单,如图6-2-4所示。

```
1:防汛救灾车              1:冲岗
2:国安车                  2:误冲岗需倒车
3:紧急车                  3:误冲岗不倒车
                         4:误报警
```

图6-2-3　其他免征车选择菜单　　　　　图6-2-4　冲岗菜单

(2) 收费员通过数字键或<↑><↓>键选择并按<确定/放行>键后,系统将保存原始记录及图片,解除黄闪允许执行后续操作。

8. 车队操作流程

与入口车队操作流程相同。

9. 绿通车操作流程

对于按政策规定可以减免收费的绿通车,在提示执行特情操作时单击＜绿通＞键,系统发送报警信息至收费站,系统弹出绿通类型菜单,如图6-2-5所示。

(1)收费员通过数字键或＜↑＞＜↓＞键选择并单击＜确定/放行＞键确认,系统重新计算通行费,控制费显报价,后续操作同现金车或赣通卡处理。

| 1：省内绿通车 |
| 2：省外绿通车 |

图6-2-5　绿通类型菜单

(2)客车和超限30%的货车不能按绿通车处理,按＜绿通＞键无效。

10. 无卡车操作流程

(1)车辆驶入抓拍线圈区域,系统抓拍车辆图像,系统控制车牌识别仪识别车牌,接收并显示称重仪上报的称重信息;收费员按相应的＜车型＞键输入车型。

(2)收费员输入车型以及全车牌信息后,系统进入刷卡前状态,提示"请刷通行卡或赣通卡"。

(3)如果驾驶员无法提供通行卡时,可以按＜无卡＞键通知系统执行无卡处理;系统发送报警信息到收费站,按车牌号查询入口信息,有以下几种查询结果:

(1)如果查询失败或查询过程中取消,系统提示查询识别,收费员按＜确定/放行＞后系统按最大里程计算通行费(拆账到本路段)。

(2)查询有返回结果但收费员认为查询结果有误,按＜Esc＞键后同查询失败一样处理。

(3)查询成功,收费员按＜确定/放行＞键确认并按查询结果处理。

(4)根据查询结果,收费员收取现金后,单击＜现金＞键打印通行费发票,系统保存原始记录及抓拍图像数据,控制栏杆机抬杆、通行灯变绿灯、费额显示器播报文明用语。

(5)收费员将找零及打印发票交与驾驶员,系统进入车型输入前状态,收费员可以开始执行下一辆车的操作。

(6)当车辆通过过车线圈后,系统自动控制栏杆机落杆、通行灯变红灯,上传车辆原始记录信息及抓拍图像数据。

11. 赣通卡操作流程

(1)车辆驶入抓拍线圈区域,系统抓拍车辆图像,系统控制车牌识别仪识别车牌,接收并显示称重仪上报的称重信息;收费员按相应的＜车型＞键输入车型。

(2)收费员输入车型以及全车牌信息后,系统进入刷卡前状态,提示"请刷通行卡或赣通卡"。

(3)如果驾驶员在入口领取通行卡,在出口将通行卡和赣通卡一起交给收费员时,应先刷通行卡,否则,如果只有一张赣通卡,可以直接刷赣通卡。

(4)收费员刷卡后,系统从卡中获取入口信息并计算通行费;控制费额显示器显示及报价;在收费界面上显示入口站名、时间、车牌、车型/轴组、车种、收费金额等信息,如果入口信息写在储值卡上,屏幕上还显示该卡余额,然后系统进入特情操作前阶段,并提示"请执行特情操作……"。

(5)收费员确认金额无误后,按＜赣通卡＞键,在系统提示"请刷赣通卡"时,将通行卡移开,再刷赣通卡扣款或记账,系统不打印通行费发票,保存原始记录以及图像信息,控制栏杆机抬杆、通行灯变绿、费显播报文明用语，允许车辆通行，在费显处显示实收金额、优惠金额、扣款后余额、"谢谢使用赣通卡"。

（6）如果储值卡内余额不足、过期卡、黑名单卡（如止付、挂失等），系统显示相应警告信息，需要驾驶员缴纳现金，收费员收款后按＜现金＞键打印通行费发票，后续操作同现金车处理。

赣通卡操作时应注意以下几点：

（1）从储值卡内扣款后无法更改，收费员应确信驾驶员对应收金额没有异议后再按＜赣通卡＞键扣款。如果确有错误，收费站要填写赣通卡异常交易单，驾驶员需持异常交易单去营业网点找回。

（2）列入黑名单的赣通卡在入口不能使用，在出口只可作为通行卡使用，先缴纳本次应收金额，收费员需根据管理规定填写赣通卡异常交易单后将赣通卡没收。

（3）如果收费员刷的赣通卡与车辆绑定，并且收费员输入或确认的车牌与赣通卡内记录的车牌不符，系统将提示错误，不能继续处理。若收费员输入错误，可按＜更改＞键修改输入的车牌后重新进行操作。

（4）在车流不大的情况下，入口车道应等待车辆到达，确认驾驶员不使用赣通卡后再发放通行卡。

（5）赣通卡有有效日期、黑名单、车牌绑定等保护手段，入口车道禁止使用不符合要求的赣通卡，遇到后应根据管理规定将挂失卡没收；出口车道可以使用此类赣通卡作为通行券，但不能扣款，应在收到现金后按＜现金＞键打票。

（6）出口刷正常赣通卡后，一般应按＜赣通卡＞键从卡内扣款，此时不打印票据。但对于余额不足等无法正常扣款的车，也可以按＜现金＞键收费，按＜现金＞键后需要再次确认才可以打印票据，以减少出现误操作的可能性。

（7）赣通卡扣款后无法进行修改，收费员应确信驾驶员对应收金额没有异议后再按＜赣通卡＞键扣款。

（8）如果驾驶员在入口领取通行卡，在出口将通行卡和赣通卡一起交给收费员时，应先刷通行卡，显示应收金额后再按＜赣通卡＞键，在系统提示"请刷赣通卡"时，将通行卡移开，再刷赣通卡扣款。如果扣款成功，则抬杆放行，将赣通卡还给驾驶员，此时不打印发票；如果提示为挂失卡，按管理规定没收；如果扣款失败，可尝试重新刷卡，或按＜更改＞键取消金额显示，重新输入车型并确认后，再次按＜赣通卡＞键。如确实无法扣款成功，征得同意后可转用现金或其他支付方式。

（9）出口刷赣通卡时不要刷卡太快，应将卡片放在读写器上，等待扣款成功后再将卡片移开，并交还给驾驶员。

（10）在显示器和费显上显示的应缴金额为折扣前的金额，在完成扣款操作后，在提示信息区域上一笔业务信息处会显示打折后的消费金额。对于储值卡，同时显示扣款后的卡余额。

12. U 型车操作流程

（1）车辆驶入抓拍线圈区域，系统抓拍车辆图像，系统控制车牌识别仪识别车牌，接收并显示称重仪上报的称重信息；收费员按相应的＜车型＞键输入车型。

（2）收费员输入车型以及全车牌信息后，系统进入刷卡前状态，提示"请刷通行卡或赣通卡"。

（3）收费员刷通行卡或赣通卡后，系统检测入出口收费站编号相同时，发送报警信息到收费站,按收费标准计算并显示收费金额、提示"U 型"信息。

(4)收费员收取现金后,单击＜现金＞键打印通行费发票,系统保存原始记录及抓拍图像数据,控制栏杆机抬杆、通行灯变绿灯、费额显示器播报文明用语。

(5)收费员将找零及打印发票交与驾驶员,系统进入车型输入前状态,收费员可以开始执行下一辆车的操作。

(6)当车辆通过过车线圈后,系统自动控制栏杆机落杆、通行灯变红灯,上传车辆原始记录信息及抓拍图像数据。

13. 超时车操作流程

(1)车辆驶入抓拍线圈区域,系统抓拍车辆图像,控制车牌识别仪识别车牌,接收并显示称重仪上报的称重信息;收费员按相应的＜车型＞键输入车型。

(2)收费员输入车型以及全车牌信息后,系统进入刷卡前状态,提示"请刷通行卡或赣通卡"。

(3)收费员刷通行卡或赣通卡后,系统检测行驶时间超过动态超时要求的时间时,发送报警信息到收费站,提示超时时间信息。

(4)收费员确认后,系统从卡中获取入口信息并计算通行费;控制费额显示器显示及报价;在收费界面上显示入口站名、时间、车牌、车型/轴组、车种、收费金额等信息后进入特情操作前阶段,并提示"请执行特情操作……"。

(5)收费员收取现金后,单击＜现金＞键打印通行费发票,系统保存原始记录及抓拍图像数据,控制栏杆机抬杆、通行灯变绿灯、费额显示器播报文明用语。

(6)收费员将找零及打印发票交与驾驶员,系统进入车型输入前状态,收费员可以开始执行下一辆车的操作。

(7)当车辆通过过车线圈后,系统自动控制栏杆机落杆、通行灯变红灯,上传车辆原始记录信息及抓拍图像数据。

14. 坏卡车操作流程

(1)车辆驶入抓拍线圈区域,系统抓拍车辆图像,系统控制车牌识别仪识别车牌,接收并显示称重仪上报的称重信息;收费员按相应的＜车型＞键输入车型。

(2)收费员输入车型以及全车牌信息后,系统进入刷卡前状态,提示"请刷通行卡或赣通卡"。

(3)收费员刷通行卡或赣通卡后,如果系统迟迟没有响应时,可以确定通行卡已损坏,收费员可以按＜坏卡＞键执行坏卡处理。

(4)收费员输入卡号并单击＜确定/放行＞键确认后,系统自动查询入口信息和入口图像,收费员同时将卡号及车牌信息上报监控员,有以下几种查询结果:

①查询失败或查询过程中取消,系统弹出入口输入框、提示"坏卡,请选择入口站",收费员询问驾驶员入口站,监控员查询并确认车辆入口信息后,通知收费员该车入口站;收费员选择入口站后,可以执行后续操作。

②查询有返回结果但收费员认为查询结果有误,按＜Esc＞后同查询失败一样处理。

③查询成功,收费员按＜确定/放行＞确认并按查询结果处理。

(5)收费员收取现金后,单击＜现金＞键打印通行费发票,系统保存原始记录及抓拍图像数据,控制栏杆机抬杆、通行灯变绿灯、费额显示器播报文明用语。

(6)收费员将找零及打印发票交与驾驶员,系统进入车型输入前状态,收费员可以开始执行下一辆车的操作。

（7）当车辆通过过车线圈后，系统自动控制栏杆机落杆、通行灯变红灯，上传车辆原始记录信息及抓拍图像数据。

15. 换卡车操作流程

（1）车辆驶入抓拍线圈区域，系统抓拍车辆图像，系统控制车牌识别仪识别车牌，接收并显示称重仪上报的称重信息；按相应的＜车型＞键输入车型。

（2）收费员输入车型以及全车牌信息后，系统进入刷卡前状态，提示"请刷通行卡或赣通卡"。

（3）收费员刷通行卡或赣通卡后，如果确定车辆换卡，可以按＜换卡＞键进行换卡处理；系统发送报警信息至收费站，重新计算并显示收费金额。

（4）收费员收取现金后，单击＜现金＞键打印通行费发票，系统保存原始记录及抓拍图像数据，控制栏杆机抬杆、通行灯变绿灯、费额显示器播报文明用语。

（5）收费员将找零及打印发票交与驾驶员，系统进入车型输入前状态，收费员可以开始执行下一辆车的操作。

（6）当车辆通过过车线圈后，系统自动控制栏杆机落杆、通行灯变红灯，上传车辆原始记录信息及抓拍图像数据。

16. 牵引车操作流程

（1）输入第一辆车的信息，在完成最后处理（打票抬杆放行）前，收费员按＜牵引＞键，系统标记当前正在处理牵引车，处理完成后不起杆，提示处理下一辆车，两辆车全部处理完成后才抬杆放行。

（2）系统待通过两辆车，或者收费员按＜模拟线圈＞键后才控制栏杆落下。

17. 欠费处理

如果驾驶员无款缴费，在特情操作前阶段，收费员按＜欠费＞键后，首先系统弹出身份认证框，要求具有特情操作权限的人员（如收费班长）进行授权，身份认证通过后，系统弹出欠费类型选择菜单（如果仅有1个有效选项，不显示该菜单），如图6-2-6所示。

收费员通过数字键或＜↑＞＜↓＞键进行选择，单击＜确定/放行＞键确认。

如果选择"欠费"，系统显示欠费操作确认框，按＜确定/放行＞后保存原始记录及抓拍图像数据；控制栏杆机抬杆、控制通行灯变绿灯，可以执行下辆车操作。

如果选择"无卡车免收卡成本"（仅在有卡成本时有效），系统重新计算总应收金额（减去卡成本）。如果重新计算后总应收为0，直接抬杆放行，否则后续处理同现金车。

18. 补票

当车道系统处于车型输入前状态时，收费员按＜补票＞键后，首先系统弹出身份认证框，要求具有特情操作权限的人员进行授权，身份认证通过后，系统弹出补票类型选择菜单，如图6-2-7所示。

```
1：欠费
2：无卡车免收卡成本
```

```
1：逃费车补费
2：一般补费
3：其他补费
```

图6-2-6　欠费类型选择菜单　　　　图6-2-7　补票类型选择菜单

收费员通过数字键或＜↑＞＜↓＞键进行选择，单击＜确定/放行＞键确认。

补费操作执行完成后栏杆不抬起,也不可以进行更改操作。

1)逃费车补费

系统弹出逃费车处理框,要求输入车牌,收费员输入车牌后,系统连接中心数据库进行查询(查询失败则无法继续处理),获取该车累计应缴金额(含加罚金额)和车辆图像,应缴金额在费额显示器上显示。收费员输入实补金额(至少要大于逃费金额)后按<现金>键,系统打印票据,在中心数据库中标记该车已补费,保存原始记录,重新进入车型输入前状态,允许收费员执行下辆车操作。

2)一般补费

如果为一般补费,系统弹出补费处理框,要求输入车牌,收费员输入车牌后,系统连接站数据库进行查询,获取该车的欠费记录(含入口站、入口时间、应收金额等信息),收费员收费后按<现金>键,系统打印通行费发票,保存原始记录,重新进入车型输入前状态,允许收费员执行下辆车操作。

3)其他补费

执行其他补费时,要求收费员收款后输入一个补费金额(不得大于99万),收费后按<现金>键,系统打印通行费发票,保存原始记录,重新进入车型输入前状态,允许收费员执行下辆车操作。

注意:其他补费要求输入的金额较大,且无法更改,操作时应注意不要输入错误。

19. 废票

按<废票>后,系统显示废票菜单,如图6-2-8所示。

```
1:修改
2:重打
3:跨车道重打
```
图6-2-8 废票菜单

1)修改

在打印发票后,在车辆离开之前,如果发现收费错误,可以按<废票>键选择"修改"。

系统落下栏杆,要求收费员重新处理该车辆。如果原先刷过通行卡,系统会按记录的上次的通行卡的信息进行收费,不能再刷其他通行卡。

注意:按<赣通卡>或<银联卡>扣款后无法进行修改。

2)重打

当出现废票或打印机故障未打票时,在车辆离开之前,可以修复打印机故障后,在本车道重打收费员上班后最近一次打印的票据。

收费员按<废票>键选择"重打"后,系统重新打印发票,原废票上缴。

20. 倒车处理流程

出口刷卡后,在显示金额的状态下,即没有打印票据前,按<废票>键可以进行倒车操作,用于驾驶员发现下错收费站要求倒车的情况。此时应注意一定要先进行倒车操作,才可将原卡返还给驾驶员,否则必须完成收费业务操作。

21. 入出口轴组组成不符

收费员刷通行卡或赣通卡后,系统检测货车的入口轴组组成与称重仪上报的轴组组成不符时,系统自动调取入口抓拍图像,提示轴组不符,弹出轴组更改对话框,要求收费员输入。

对于其他计重信息异常(如车辆分离错误、多车、少车),收费员应在车型输入前阶段判别出,然后按<改轴>键进行修改,详见"改轴操作"。

22. 货车选择按车型计费或按正常模式计费

在车辆检测线圈和红外光栅同时损坏,或者车道控制器与称重仪之间存在通信问题时,车道计算机无法收到称重数据,在无法关闭车道的情况下,如果需要按货车原车型分类标准收费,在按照管理规定做好申请和记录后,操作流程如下:

(1)在车型输入前阶段,按功能键,选择"货车按车型计费",系统发送警报信息至收费站,通过授权后,系统保存原始操作记录,在屏幕上显示相应信息,后续进行收费处理时,货车按车型计费。

(2)计重设备修复正常后,可进行同样的操作流程恢复至正常状态。

下班或程序重新启动后系统默认返回至货车按正常模式计费。

23. 改轴操作

当计重信息与入口的轴组组成信息不符或总重有误或想查看计重信息时,收费员均可以通过按<改轴>键进行处理。

<改轴>键在车型输入前阶段和特情操作前阶段有效,但在特情操作前阶段不允许将所有计重数据删除,至少要保留一辆车的计重数据作为当前车的计重数据。

在进行改轴操作时,只允许对当前车的数据进行修改。

改轴操作中的分离车辆、合并车辆、删除首辆车、删除全部车辆、恢复车辆发送车道操作日志至收费站。

```
1: 分离车辆
2: 合并车辆
3: 删除首辆车
4: 删除全部车辆
5: 恢复车辆
6: 增加空车
7: 查看详细轴重信息
8: 退出更改
```

图 6-2-9 改轴菜单

收费员按<改轴>键,系统弹出改轴菜单,如图6-2-9所示。

1)分离车辆

选择此操作,可以将牵引车辆分离成两辆车,系统提示输入分离信息后,收费员应按照"AAA·WWW·BBB"的格式进行输入,其中AAA为首辆车的轴组信息,WWW为首辆车的总重,BBB为下一辆车的轴组组成,分离车辆时,操作流水中第一辆车的自动识别轴组信息为分离前的轴组信息,分离出的第二辆车没有自动识别轴组信息。

注意:输入的首辆车的总重必须小于原车辆总重。

2)合并车辆

选择此操作,会将前两辆车的轴组组成和总重合并在一起作为首辆车的计重信息。

3)删除首辆车

将首辆车的称重信息删除,后一辆车将作为当前车。

如果处于特情操作前阶段,不能删除所有车辆。

4)删除全部车辆

将全部计重信息删除。

如果处于特情操作前阶段,不能删除所有车辆。

5)恢复车辆

恢复前一辆车的计重信息,作为当前车的计重信息,不管前车是正常处理完毕删除还是手工删除。

6)增加空车

选择"增加空车"后,系统增加一辆空车作为当前车,如果当前车是货车,按照货车最低收费标准计费。

7)查看详细轴重信息

选择"查看详细轴重信息"后,系统显示所有车辆的轴重信息,其中所有重量的单位都为千克。

8) 退出更改

更改完毕后按 <Esc/取消> 键关闭轴重数据对话框，在此之前的更改都会在更改操作完成后立即生效。

24. 特殊操作流程

1) 未复位卡

每张"通行卡"的发卡操作在出口只能进行一次，当收费员试图对已经进行过一次收费操作的"通行卡"作第二次收费操作时，系统显示未复位卡。

2) 强制变档

收费员刷通行卡或赣通卡后，系统没有提示"自然变档"信息，但驾驶员提出疑问，经核实确需更改车型或货车轴组组成时，可以按 <强制变档> 键，系统弹出输入框提示"强制变档，请重新输入车型或货车轴组组成……"。

对于按车型收费的车辆，收费员需重新输入车型；对于货车计重收费模式，收费员需重新输入货车轴组组成。收费员完成输入并按 <确定/放行> 键后，系统重新计算并显示收费金额。

3) 更改处理

出口在刷卡前、刷卡后放行前、放行后车辆未驶离收费区域前三个阶段进行更改处理。放行后车辆压到过车线圈后，不允许进行更改操作。

（1）刷卡前更改：按 <更改> 键删除以前输入的车辆信息。

（2）刷卡后更改：按 <更改> 键删除以前输入的车辆信息，重新输入后不必再次刷卡。

（3）放行后车辆未驶离收费区域前：按 <废票> 键选择"修改"重新处理该车辆。

4) 入口图像调用

当系统进入特情操作前阶段时，系统检测如果出现车牌不符、超时、轴组组成不符等情况时，能够自动显示入口图像。

在坏卡、无卡操作查询有结果时，也会根据查询结果调取入口图像，供收费员判断查询结果是否正确。在其他有正常入口信息的情况（非无卡、纸卡）下，收费员在特情操作前阶段可以按 <入口图片> 键调取车辆抓拍图片。

5) 标识站信息修改

当驾驶员对收费额和所经标识站质疑时，收费员可按 <功能> 键选择"标识站信息修改"，系统将显示驾驶员经过的标识站和所选择标识站的图像，按上下键可选择不同的标识站，按 <更改> 键删除单个标识站，按 <Esc> 键退出并取消所作更改，按 <确定/放行> 退出并确认所作更改。

标识站信息被修改后，系统重新计算通行费。

6) 银联卡处理

收费员刷通行卡后，进入特情操作前阶段，进行各种相关操作后，驾驶员申请银联卡缴费时，单击 <银联卡> 键，系统发送报警信息，提示"请刷银联卡……"；

收费员刷银联卡后，系统自动从银联卡中扣除应缴通行费金额、打印通行费发票，保存原始记录以及图像信息；控制栏杆机抬杆、通行灯变绿、费显播报文明用语，允许车辆通行。

银联卡处理应注意以下几点：

（1）刷赣通卡后不能从银联卡扣款。

(2)银联卡内余额不足时,系统不支持从多个银联卡扣款,也不支持部分扣款、部分缴纳现金。

(3)银联为预留功能,系统暂不支持银联卡处理。

7)锁杆键

收费员在收费过程中需要处理特殊的车辆(如拉超长原木的车辆)时,按下<锁杆>键就可以锁住栏杆,等该车经过栏杆线圈后,一定要再次按下<锁杆>键降下栏杆,系统才允许收费员进行其他收费操作。

操作时应注意以下几点:

(1)在下班状态和车队处理状态<锁杆>键无效。

(2)进入车队处理或者下班后,系统清除锁杆标记。

25.下班操作流程

与入口下班操作流程相同。

26.异常和故障

如果下列几种现象发生,车道控制机将认为发生了异常,屏幕上显示相应故障图标。

(1)与收费站计算机的通信发生故障。如果车道机检测到通信故障,则会显示网络故障图标提示,收费员需要将该情况报告给站监控室。

(2)IC卡读写器故障。如果车道机检测到IC卡读写器故障,则会显示IC卡读写器故障图标提示,收费员需要将该情况报告给站监控室,由维修人员及时处理。

(3)票据打印机故障。如果车道机检测到票据打印机故障,则会显示票据打印机故障图标提示,收费员需要将该情况报告给站监控室,由维修人员及时处理。

工作任务三　车道维护操作流程

维护员登录后,系统进入维护状态,显示维护菜单,维护员使用菜单选择合适的维护操作,而不能进行正常的发卡/收费操作。

维护状态下仅数字键、辅助键和<确定/放行>键有效。

维护菜单如图6-3-1所示。

一、设备测试

在维护主菜单中选择1可进行设备测试,设备测试菜单如图6-3-2所示。

1.IO测试

在设备测试菜单中选择1可进行设备IO测试,设备IO测试菜单如图6-3-3所示。

2.读写器测试

在设备测试菜单中选择2可进行读写器测试,读写器测试菜单如图6-3-4所示。

如读写器及测试卡均正常,则读卡后屏幕显示卡中读出的一些信息。

3.读写器测试

在设备测试菜单中选择3可进行费额显示器测试,费额显示器测试菜单如图6-3-5所示。

如费额显示器设备正常,选择1后会在费额显示器上显示一些信息,选择2则清除费额显示器上显示的内容。

```
┌─────────────┐
│ 1：设备测试  │
│ 2：关闭程序  │
│ 3：退出     │
└─────────────┘
```

图 6-3-1　维护菜单

```
┌─────────────┐        ┌─────────────┐
│ 1：IO 测试   │        │ 0：栏杆抬起  │
│ 2：读写器测试│        │ 1：栏杆落下  │
│ 3：费显测试  │        │ 2：通行绿灯  │
│ 4：打印机测试│        │ 3：通行红灯  │
│ 5：返回     │        │ 4：雨棚绿灯  │
└─────────────┘        │ 5：雨棚红灯  │
                       │ 6：报警打开  │
                       │ 7：报警关闭  │
                       │ 8：返回     │
                       └─────────────┘
```

图 6-3-2　设备测试菜单　　　　　　　图 6-3-3　设备 IO 测试菜单

4. 打印机测试

选择该功能后，屏幕上显示打印机测试成功或失败的测试结果，测试时建议使用样票。

二、关闭程序

在维护主菜单中选择 2 可关闭程序试，关闭程序菜单如图 6-3-6 所示。

```
┌─────────────┐   ┌─────────────┐   ┌─────────────────┐
│ 1：读身份卡 │   │             │   │ 1：重新启动计算机│
│ 2：读标签卡 │   │ 1：显示     │   │ 2：关闭计算机    │
│ 3：读通行卡 │   │ 2：关闭显示 │   │ 3：重新启动程序  │
│ 4：返回     │   │ 3：返回     │   │ 4：返回         │
└─────────────┘   └─────────────┘   └─────────────────┘
```

图 6-3-4　读写器测试菜单　　图 6-3-5　费额显示器测试菜单　　图 6-3-6　关闭程序菜单

附录一　收费系列岗位工作职责

稽查员岗位职责

一、严格执行稽查管理办法，遵守各项规章制度；

二、负责对本站的日常工作进行检查，并做好稽查记录；

三、负责检查票证人员是否按规定验收、发放、回收和保管票、卡及有关资料，手续是否健全；

四、负责检查收取的通行费是否按规定上缴或解送银行；

五、负责检查本站各项工作数据与报表反映的数据是否相符；

六、负责本站图像、录像、交易记录、特殊事件等审核工作并做好相关记录；

七、负责配合各级稽查人员开展稽查工作；

八、负责对各种逃费、漏费及绕路车辆进行查处；

九、完成领导交办的其他任务。

票证员岗位职责

一、负责收费站票证、通行卡的领用、发放、回收和保管工作；

二、负责每日对多发出票卡的使用和结存进行管理，登记有关账簿，保证账实相符；

三、负责每日对相关数据进行微机申报，打印报表，分析差额并进行登记，并按规定时间上报日报表；

四、负责收费站通行费足额上缴；

五、负责与收费票证相关的统计工作，汇总各类收费数据，填报各类票证报表及营运报表，月末进行数据分析；

六、负责按时准确上报日、旬、月、季、年等各类报表；

七、负责对值班全表中的特殊时间进行分析核对；

八、负责装订票证档案归档保管，并对作废的微机票、通行卡进行妥善保管以备核查；

九、协助业务副站长对收费员的业务操作、交款结账程序、各类特殊情况记录、班报、值班表等进行核查；

十、积极配合主管部门进行票证的核销工作。

监控员岗位职责

一、熟悉收费各方面的业务，包括监控系统、收费系统的各项功能；

二、严格监控各车道营运情况，及时处理所发生的异常情况并做相应书面记录；

三、指令收费员处理军免、报警及其他特殊情况，并做好相应的书面记录；

四、下达收费人员上、下岗，开放、关闭车道的命令；

五、设备出现异常时，会同维修人员下达停止或继续使用设备的命令；

六、监督收费员上岗期间的遵章守纪的情况；

七、负责全天候车道、广场情况录像和收费站与车道通信网络的监视；

八、负责填写各类报表，签字手续完整；

九、负责监控室的管理及日常清洁工作；

十、协助票证人员打印报表；

十一、完成上级下达的其他任务。

办公室文员职责

一、负责收费站的日常行政管理，做好上传下达，对上级下达的任务要先向站领导汇报，并做好记录，完成任务后，向站领导汇报；

二、负责各种会议的记录工作，检查、督促、催办会议决定事项的贯彻执行；

三、执行保密制度，负责做好机要文件的发放、传阅、保管工作、负责信函、信件的收发、登记、分发、做好立卷归档工作；

四、负责接待来站人员及办理来访事宜；

五、负责筹备各类会议及公务安排；

六、负责本站车辆管理、使用、安全和维修工作；

七、负责做好办公设备的使用管理工作；

八、负责收费站的办公用品的购置和管理工作；

九、对上级来电要及时做好记录，并向站领导汇报；

十、负责对所有工作人员进行签到，做好本站的考勤工作，并进行检查和督促；

十一、负责安排人员值班工作，并进行检查和督促。

收费班长岗位职责

一、负责组织、督促、检查本班人员落实文明服务规章制度，遵守规范服务章程，严格执行文明收费服务及礼仪手势标准；

二、负责本班人员列队上下岗，合理分配车道，并及时增开车道，确保车道畅通；

三、负责班内人员考勤；

四、负责当班期间收费亭、车道及广场卫生的检查监督；

五、班长对本班的安全生产工作负责，对出现安全事故要及时、如实报告，并承担相关责任；

六、关注当班期间机电设备运行情况，发现问题，及时上报；

七、负责对突发事件的处理及上报；

八、负责定期召开班务会，总结本班工作情况，及时调整班组工作计划；

九、负责组织、督促、检查本班职工落实节能减排规章制度。

收费人员岗位职责

一、遵守国家各项法令、法规、执行各项规章制度,坚守工作岗位,遵守工作记录;

二、依法收费,举止文明,着装整齐,服务热情;

三、负责收费设备及岗亭内、外的卫生整洁;

四、负责本岗亭的安全工作;

五、积极学习收费业务知识,熟练、准确、快速收费,提高对过往车辆的放行质量,确保车辆快速通行;

六、严格执行收费标准,不徇私情,不弄虚作假;

七、积极参加各种会议学习,不断提高自身素质,总结收费工作经验,提出合理化建议;

八、负责本岗位收费应急工作落实,认真执行本岗应急处置标准。

收费站职责

一、严格执行有关收费政策和收费标准,落实各项规章制度,保证收费工作正常进行;

二、严格执行各项管理制度,不断总结经验,及时解决存在的问题;

三、定期对职工进行职业道德教育,努力提高职工思想政治素质;

四、有计划地组织职工进行业务学习,开展岗位练兵,使职工不断拓宽知识面,提高业务技能;

五、落实安全措施,及时排除事故隐患,确保人生、财产安全;

六、建立本站自我约束机制,并接受监督检查;

七、定期召开站务会议,研究问题,落实上级指示,改进工作方法;

八、及时组织有关人员进行收费设备的保养和养护,保证收费设备正常运转;

九、对全站人员进行半军事化管理,加强组织纪律性;

十、加强收费站基础设施和环境的管理。

收费站站长岗位职责

一、公示相关管理规定,爱岗敬业;保证收费业务的正常进行;

二、负责对各岗位文明服务进行监督、管理;

三、负责组织开展站区美化活动,搞好站区美化工作;

四、落实安全措施,及时排除事故隐患,确保人身财产安全;

五、负责本站日常管理和收费业务的计划、组织、协助各部门之间的工作,组织安排对收费业务的检查,掌握收费任务完成情况,制定合理的收费营销活动,完成计划业务目标;

六、负责对各业务操作流程进行监督、管理;

七、负责对本站收费人员"星级达标考核"工作的实施和监督;

八、负责本站的文件、计划、工作总结及汇报宣传材料的审核、上报工作;

九、负责对收费站收费现场突发事件的处理。

收费站副站长岗位职责

一、严格执行收费管理办法和收费标准,落实各项规章制度,保证收费业务的正常进行;

二、协助站长搞好本站的组织管理工作;

三、做好分管工作以及对职工进行职业道德教育,提高职工的思想政治素质;

四、负责组织本站职工进行业务学习,开展岗位练兵,劳动竞赛活动,提高职工的业务技能;

五、负责组织有关人员对本站的收费设施进行维修、维护、保养、保证收费设施的正常进行;

六、加强站容站貌,军容军纪等管理工作;

七、做好站长交给的其他工作。

机电维修人员职责

一、负责机电设备的日常巡检、运行管理、按规定维护、维修及故障的应急处理,保证系统正常运行;

二、根据机电设备的运行情况,填写设备月、年维护、维修记录;

三、学习先进技术,熟悉机电设备的性能,掌握操作和维护方法;

四、及时处设备故障,发现隐患及时跟有关部门取得联系,妥善处理;

五、定期与其他有关工作人员进行业务交流;

六、掌握系统运行情况,严格记录制度;

七、负责收费系统、监控系统、通信系统数据库的管理及备份,并进行相关软件的维护、杀毒、升级等工作;

八、负责对损坏设备进行现场调查、技术鉴定和修复;

九、完成领导交办的其他工作。

机电维修人员职责

一、负责机电设备的日常巡检、运行管理、按规定维护、维修及故障的应急处理,保证系统正常运行;

二、根据机电设备的运行情况,填写设备月、年维护、维修记录;

三、学习先进技术,熟悉机电设备的性能,掌握操作和维护方法;

四、及时处设备故障,发现隐患及时跟有关部门取得联系,妥善处理;

五、定期与其他有关工作人员进行业务交流;

六、掌握系统运行情况,严格记录制度;

七、负责收费系统、监控系统、通信系统数据库的管理及备份,并进行相关软件的维护、杀毒、升级等工作;

八、负责对损坏设备进行现场调查、技术鉴定和修复;

九、完成领导交办的其他工作。

电工岗位职责

一、自觉遵守各项规章制度,严格执行电力部门有关规程及电业工作安全规程,熟悉配电室高低配电设备、主接线和 UPS 的操作;

二、负责工作区域内各项设施的电路维修、维护和安装;

三、负责站内电源、电路、UPS、发电机的日常检查、维修工作,及时处理电路隐患,并保证一个月进行 UPS 逆变操作一次,蓄电池充、放电一次;

四、保证工作区域内包括收费亭、收费广场等在内的建筑物照明设施的正常供电,负责及时处理电路隐患;

五、负责电路的日常检查工作,按规定定时检查配电变压器、低压配电设施,根据情况及时调整;

六、完成领导交办的其他工作。

维修员岗位职责

一、负责对机电设备进行日常维护和保养;

二、按时上报设备维护保养计划,填写维护保养记录,发现事故隐患及时处理;

三、负责数据的定期备份和归档管理工作;

四、协助检查人员对设备状况进行检查;

五、监督、检查收费员设备使用维护情况;

六、系统发生故障时,及时处理并上报领导,保证设备尽快投入运行;

七、解决收费员操作过程中出现的技术问题;

八、负责收费站计算机消耗材料的登记保管;

九、完成领导交办的其他工作。

附录二　收费员综合考核实施标准

一、考核目的

创建文明收费窗口、树立文明收费形象,促进费收工作健康发展,增强收费员竞争上岗意识,提高收费员、监控员绩效水平,提高文明服务质量,营造良好的收费氛围。

二、考核方案

(1)由收费所站、信息中心、管理处成立相应的费收工作考核小组,明确职责、责任到人。

(2)建立收费员、监控员费收综合考核档案,每月考核总分为100分。

(3)对信息中心监控员的考核,依据《信息中心监控员考核细则》,按月进行考核。

(4)所站考核小组对每位收费员按月进行考核,考核成绩汇总后,于下月七日前报信息中心,由信息中心每月对各所站考核情况进行抽查审核,由管理处每季度对信息中心抽查情况进行复核。

三、考核内容(100分)

(一)劳动纪律

1. 考勤

考核标准:

(1)病假、事假。

(2)劳动法规定的婚、丧、产、探、公、年等假种不扣分。

评分标准:

(1)病假、事假每天扣2分,半天扣1分,当月累计,扣完10分为止。

(2)法律规定的所有正常假种,当月累计5(含)天以上,从满分90分开始考核。

(3)旷工半天(含)以内按79分开始考核,旷工半天以上一天(含)以内按75分开始考核,一天以上按60分开始考核。

(4)经管理处人劳批准的请长假人员不列入考核。

2. 工作纪律

考核标准:

(1)劳动纪律:参照费收工作相关规定。

(2)廉政纪律:严格按照相关规定查验绿通车辆,坚持两人以上开箱查验和在岗亭监控下签字确认放行。

评分标准:违反第(1)项每次扣5分,违反第(2)项每次扣10分并补齐稽核差。

(二)业务技能

1. 废票

考核标准:非设备故障产生的废票。

评分标准:每张扣5分。

2. 长短款差错

考核标准:非系统故障产生的长短款。

评分标准:每次扣2分。

3. 误判率

考核标准:以监控分中心的明显误判报表为准。

评分标准:误判一辆车扣5分。

4. 车牌录入差错率

考核标准:车流量正常情况下准确录入车牌。

评分标准:每次差错扣2分。

5. 工作中其他差错

考核标准:未按收费工作要求造成的工作差错,如:票号录入错误、登录身份工号错误等差错。

评分标准:每项每次扣5分。

(三)文明服务

1. 考核方法

(1)由分中心考核小组对所站收费员每天进行实时监控检查,每周二信息中心将上星期检查情况反馈至各所站。

(2)由所站考核小组每天必须对每位收费员的文明服务进行现场检查和审带抽查,其中每次审带抽查,昌西南、南昌南站每人服务5辆车以上,胡家坊、梅林每人服务10辆车以上,其他所站每人服务15辆车以上。

2. 考核内容

(1)岗亭、车道卫生及内务宿舍卫生。

考核标准:参照相关费收考核规定,内务检查每周一次。

评分标准:检查一次不合格扣2分。

(2)收费速度。

考核标准:在正常情况下(因车牌识别错误,需重新录入车牌时间除外),平均发卡时间不超过5s/车,收费时间不超过20s/车。

评分标准:检查一次未达标扣2分。

(3)仪容、仪表。

考核标准:

①头发:清洁整齐,保持干净自然色,男性员工发梢不得遮眉及耳廓,后脑勺头发不得长过衬衣衣领;女性员工不得留奇异发型,短发不要遮住脸,刘海应在眉毛以上,长发用深色发结在颈后盘成发髻,佩戴深色发套;

②服装:着装必须保持干净平整,按统一配发的上下装配套穿着,不得与其他服装混穿,衬衣扎入腰带内,季节换装必须按管理处要求执行;

③鞋、袜:穿深色鞋子,保持清洁并和袜子颜色协调,女性员工穿裙装时,必须穿浅色长

筒丝袜,无破损,不得穿奇异鞋袜;

④饰物:上班不准佩戴耳环、手镯、项链、戒指、墨镜等饰物;

⑤坐姿:双肩平正放松,不准双手叉腰或交叉胸前,上身不准斜倚在椅子靠背或窗台上,不准架脚和跷二郎腿;

⑥服务牌:上岗前统一挂在胸前,胸徽统一佩戴条形胸徽,男员工戴在左上衣口袋上方离边1cm处,女员工戴在衬衣2~3粒纽扣中间;

⑦监督牌:必须使用自己的监督牌,接班后插在指定位置,不得混用。替班人员必须使用自己的监督牌。

评分标准:每次检查,一项未达标扣5分。

3. 文明服务操作规范

考核标准:微笑服务要自然,不得绷住脸,眼睛要正面平视驾驶员,语气要平和,声音要自然,吐字要清晰。

考核内容:

(1)迎的手语:车辆进入车道(车头驶入安全岛头),售票窗必须打开,同时以正确坐姿做迎的手语,左手贴靠窗沿,手心向前五指并拢立臂成90°,示意车辆停车,车辆在收费窗口停稳后才能收回手势。

(2)微笑服务:必须面对驾驶员,微笑点头示意,同时使用迎的问候语。

(3)迎的问候语:必须使用规范用语,如:"您好,请领卡"或"您好,请交卡"或节日问候语等。

(4)窗收、窗付:收费员接钱后,必须做到窗收窗付。

(5)接卡(钱)、送卡(钱):收费员必须面对驾驶员,掌心向上,四指并拢,拇指压住通行卡(钱),将通行卡收回或送出。

(6)送别语:必须面对驾驶员使用"请走好""一路顺风"等规范文明用语。

(7)送离手语:微侧身,面对驾驶员,左手五指并拢伸直手臂成180°向左顺势摆动30°左右做送的手势,要停顿2~3s后收回;小车、客车待车尾驶离岗亭后方能关窗,货车待车头驶离岗亭后方能关窗,如后方紧跟车辆则不能关窗。

(8)因交接班、换零钞、装新票、系统重启等原因耽误车主时间时,必须使用致歉语(对不起、让您久等了、请稍候等)。

(9)严禁在收费服务过程中接打电话,如正在通话中遇车辆进入车道,必须立即停止通话。

(10)因文明服务不到位引发的投诉或纠纷。

评分标准:(1)~(9)项每次检查,1项未达标扣5分;如发生第(10)项一次扣30分。

四、考核办法

(1)各所站考核小组每月将考核汇总表按规定时间报信息中心。

①各所站、信息中心考核小组按照相关职责、责任落实到人对收费员和监控员每月进行综合考核。

②考核内容:分为现场检查、后台审带抽查、内业资料整理、考核结果公示、考核汇总上报等内容。

③各所站考核小组应按照考核内容及评分标准认真履行职责,原始记录要真实可信,内

容翔实,每日检查情况必须有检查人、部门负责人签字。

④审带必须按照规定的数量进行,审带记录必须标明抽查时间段、审带员姓名及发现的问题,以备复核。

⑤考核小组按规定考核内容、时间要求完成相应的考核工作,形成每月基础考核档案,月末评分结果经所公示,在规定时间内传真至信息中心以备复核。

⑥当次考核如有扣分情况,应及时下发整改通知单,并由当事人签字认可。

(2)由信息中心每月根据各所上报的考核汇总表组织复核、抽检。

①信息中心每月4日前必须将上月中废票、误判、长短款纪录等情况下发至各所站。

②信息中心每月10日前完成对各所站考核结果的复核工作,每月15日前对各所站进行内业检查,并进行现场检查和审带抽查。

③每周二定期反馈上星期对各所站的实时监控、审带检查情况。

④加强实时监控力度,强化监控管理,信息中心按照监控员考核细则,每月对监控员进行考核,考核结果报管理处审核。

(3)由管理处组织征费、人劳、监审及相关部门组成联合考评组对所站及信息中心上季度考核情况进行复审。

①各所原始检查记录、整改通知单,是否按标准进行考核。

②抽查、复核各所站及分中心的考核记录,并进行现场检查,如发现问题有权对考核结果进行修改。

③联合考评组对所站奖惩情况是否按规定执行,进行督查。

附录三　高速公路收费相关规范

高速公路收费人员操作规范

1　范围

本标准规定了高速公路收费人员的术语和定义、基本要求、收费操作工作流程、收费人员操作规范。

本标准适用于高速公路收费人员的操作。

2　规范性引用文件

下列文件中的条款通过本标准的引用而成为本标准的条款。凡是注日期的引用文,其随后所有的修改单(不包括勘误的内容)或修订版均不适用于本标准,然而,鼓励根据本标准达成协议的各方研究是否可使用这些文件的最新版本。凡是不注日期的引用文件,其最新版本适用于本标准。

DB41/T 611—2009 高速公路收费服务

3　术语和定义

下列术语和定义适用于本标准。

3.1　收费人员

主要指高速公路收费站领导、班长、收费员、票据(款)员、监控员、稽查员。

3.2　站领导

高速公路收费站站长、副站长及站长助理等。

3.3　班长

高速公路收费站收费班的负责人。

3.4　收费员

高速公路收费站入口发卡和出口收费的人员。

3.5　票据(款)员

负责收费站财务、通行费票据、票款和通行卡管理并具有会计资格证的人员。

3.6　监控员

对高速公路收费广场秩序、收费运行状况、收费员收费情况等实时监控,完成信息收集、传输、核对和处理,为司乘人员和通行车辆提供信息服务的人员。

3.7　稽查员

负责对高速公路收费工作惊醒监督检查的人员。

4 基本要求

4.1 收费人员应严格执行收费政策、遵守各项规章制度。

4.2 坚守工作岗位,服从管理,做好高速公路收费工作。

4.3 对收费操作实行"全过程监督",严禁擅自在监控范围外收费,自觉做到"应收不漏、应免不收"。

4.4 收费人员坚持文明服务、热情服务、微笑服务,杜绝服务忌语;收费人员按规定统一着装,行为举止端庄、大方。服务用语、服务礼仪按 DB41/T 611—2009 中附件 A、附件 B 的规定。

5 收费操作工作流程

5.1 通行卡发放工作流程

通行卡发放工作流程见图1。

图1 通行卡发放工作流程

5.2 收费工作流程

收费工作流程。

6 收费人员操作规范

6.1 站领导

6.1.1 接班

6.1.1.1 接班站领导佩戴胸牌,整理着装。

6.1.1.2 听取交班站领导当班期间工作情况和未尽事宜。

6.1.1.3 共同巡查收费设施、站区卫生等情况,并在收费工作日志上签名。

6.1.2 当班

6.1.2.1 检查收费人员着装情况。

6.1.2.2 听取班长上岗前工作安排,了解收费人员到岗情况,强调工作要求及注意事项。

6.1.2.3 调阅上一班组的监控录像,重点审核特殊车辆的录像并做好审核记录,发现问题及时处置,对重大情况,应及时向上级部门汇报。

6.1.2.4 根据实际情况,组织开展收费稽查工作。

6.1.2.5 及时处理权限范围内的特殊事件:

a)班长反映的各种问题及上一班遗留问题,妥善处理收缴矛盾,保持站区安全通畅;

b)遇到突发事件时,应及时到场,并启动应急预案,视情节及时报告上级领导必要时迅速报警。

6.1.2.6 参加收费班当天工作的汇总讲评,与票据(款)员一并审核当日收费班各科表、银行交款单,并签字确认。

6.1.3 交班

6.1.3.1 提前检查站区卫生、收费设施运行状况。

6.1.3.2 听取当班班长、票据(款)员的汇报。

6.1.3.3 审核当班收费工作日志并签名。

6.1.3.4 交班站领导与接班站领导进行交接的主要内容:

a)车道畅通情况。

b)收费设施、设备运行情况。

c)收费人员在岗履行职责情况。

d)非正常通行车辆登记处理情况。

e)有无遗留问题、值班记录填写情况。

f)收费安全(保安履行职责)情况。

g)突发事件的处理情况。

h)其他未尽事宜。

6.1.3.5 交班站领导应和接班站领导共同检查各岗位人员到岗和履行职责情况,巡查收费设施、站区卫生等,发现问题及时纠正,并在收费工作日志上签名。

6.2 班长

6.2.1 上班

6.2.1.1 组织收费员列队,进入票箱存放室。

6.2.1.2 清理私款和与工作无关的物品,并认真登记,不允许携带与工作无关的物品上岗。督促收费员打开票箱,检查工号牌、证件和其他工作用品,做好岗前准备工作。

6.2.1.3 向票据(款)员领取票据、色带、备用金等。

6.2.1.4 佩戴胸牌,整理着装,左手提票箱,带领收费员到指定地点列队。

6.2.1.5 进行岗前点名:

a)整理队列。

b)进行岗前教育。

c)向站领导报告。报告词见附件 A。

6.2.1.6 带领本班收费员按规定路线列队上岗。

6.2.2 接班

6.2.2.1 班长到达规定地点,与交班班长互相敬礼交接。

6.2.2.2 听取交班班长说明站区设施情况及上级临时交办的任务、未处理完的事宜等。

6.2.2.3 共同巡查收费设施、站区卫生等情况,并在收费工作日志上签字。

6.2.3 当班

6.2.3.1 巡查车道、信号灯的开启、收费亭门反锁和收费员工号牌是否正确插入等情况。

6.2.3.2 检查每个车道的票、卡使用情况,在当班期间备足各收费亭的发票、通行卡、色带、备用金。

6.2.3.3 负责当班期间站区的安全和卫生管理工作,及时督促保安和清洁工做好本职工作。

6.2.3.4 车辆高峰期安排机动人员开启备用车道,指挥车辆有序进入收费车道。

6.2.3.5 发生特殊和突发事件时,应及时上报监控室和站领导,并及时到场处理。处理时先敬礼后讲话,妥善处理收缴矛盾,做好记录,保证站区车道畅通,无堵车现象。

6.2.3.6 检查本班收费员的文明服务、廉洁自律、规范操作等工作情况。

6.2.3.7 检查站区设施、亭内物品的保管、摆放及服务承诺的落实情况。

6.2.3.8 当班期间应做好迎送工作,见领导要敬礼、致报告词。

6.2.4 交班

6.2.4.1 交班班长提前 30min 组织收费人员打扫卫生,做好交接准备工作。

6.2.4.2 检查收费系统运行及相关设施、设备完好情况,填写收费工作日志、班长票据记录单。

6.2.4.3 交班班长向接班班长说明站区设施情况及上级临时交办的任务、未处理完的事宜等,双方在收费工作日志、班长票据记录单上签字。

6.2.4.4 交班班长将相关物品清理装箱,左手提票箱,到指定地点集合。

6.2.4.5 接班班长将物品摆放到指定位置。

6.2.4.6 交班班长组织列队,清点人员,按规定路线列队返回票款室。

6.2.5 结算

6.2.5.1 填写现金交款单,填写时注明每个收费员耗用的票据数量及收取通行费的金额,全额上交通行费。

6.2.5.2 收费员与票据(款)员核对、清算完毕后,汇总填写收费工作日志。

6.2.6 下班

收费员将票箱锁入票柜,清点私款、物品后,班长通知票据(款)员反锁票箱存放室,组织收费员进行当天工作小结,讲评后下班。

6.3 收费员

6.3.1 上班

6.3.1.1 收费员列队,进入票箱存放室。

6.3.1.2 清理私款、与工作无关物品,认真登记,不允许携带上岗。

6.3.1.3 打开票箱,检查工号牌、证件等当班必需物品,到票据(款)员处领取通行卡、卡盒及备用金。

6.3.1.4 佩戴胸牌,整理着装,左手提票箱,到指定地点列队准备上岗。

6.3.1.5 在班长的带领下,按规定路线列队进入站区。

6.3.2 接班

6.3.2.1 根据班长安排按顺序离开队列到达指定收费亭。

6.3.1.2 喊报告进入收费亭,随手关门反锁。

6.3.1.3 检查收费设施及亭内卫生。

6.3.1.4 物品摆放到指定位置。

6.3.1.5 接班人员检查并填写车道票据交接登记本。

6.3.1.6 工号牌插入指定位置,新开车道应打开通行信号灯。

6.3.3 当班

6.3.3.1 入口

6.3.3.1.1 向监控员报告姓名、工号,进入上班状态。

6.3.3.1.2 按上班键→刷身份卡→输入个人密码→刷标签卡→进入发卡状态。

6.3.3.1.3 车停稳后,应向司乘人员使用"您好"等服务用语。

6.3.3.1.4 正确判断车型、车情,录入车号,按一车一卡发放通行卡。具体操作:

a)手工输入车牌:按车型键→输入车牌号→车情判别→刷通行卡交给驾驶员→按放行键→等待下一辆车(循环)。

b)车牌识别系统:按车型键→核对车牌号→车情判别→刷通行卡交给驾驶员→按放行键→等下一辆车(循环)。

6.3.3.1.5 车起步前,应使用"请走好"等服务用语,并打送行手势。

6.3.3.1.6 特殊情况按6.7的规定操作。

6.3.3.2 出口

6.3.3.2.1 向监控员报告姓名、工号,进入上班状态。

6.3.3.2.2 按上班键→刷身份卡→输入个人密码→刷标签卡→登记票据起始号码→进入收费状态。

6.3.3.2.3 车停稳后,向司乘人员使用"您好,请出示您的通行卡"服务用语。

6.3.3.2.4 收费操作具体步骤:

a)手工输入车牌:按车型键→输入车牌号→刷通行卡→核对车型→根据判断结果按对应的收费键→计算机显示应交费额→收费按现金车键-打印出票据交给驾驶员→放行→等待下一辆车(循环)。

b)车牌识别系统:按车型键→核对车牌号→刷通行卡→判别车情→根据判断结果按对应的收费键→计算机显示应交费额→收费按现金车键→打印出票据交给驾驶员→放行→等待下一辆车(循环)。

6.3.3.2.5 车起步前,应使用"请走好"等服务用语,并打送行手势。

6.3.3.2.6 特殊情况按6.7的规定操作。

6.3.4 交班

6.3.4.1 交班前30min,在班长的安排下,提前打扫卫生,做好交班准备工作。

6.3.4.2 检查微机收费系统及相关设备运行情况,并向接班收费人员说明当班中应注意事项。

6.3.4.3 填写车道票据交接登记本。

6.3.4.4 向监控员报告姓名、工号,按下班键,刷标签卡下班,无人接班车道应变更车道信号灯。

6.3.4.5 取回工号牌,清理物品装箱,整理着装,左手提票箱,出收费亭后,应随手关门,提醒接班人员反锁,到指定地点列队。

6.3.4.6 在班长的带领下,按规定路线列队返回票款室进行结算。

6.3.5 结算

6.3.5.1 入口

6.3.5.1.1 填写通行卡使用清单。

6.3.5.1.2 将在发卡过程中产生的异常卡和剩余通行卡上交票据(款)员。

6.3.5.2 出口

6.3.5.2.1 填写通行卡使用清单,将在收费过程中回收的通行卡及废票交给票据(款)员。

6.3.5.2.2 填写现金交款单,同时按编号顺序填写消耗的票据起止号。

6.3.5.2.3 上交通行费收入,待清算完毕后依次返回票箱存放室。

6.3.6 下班

收费员将票箱锁入票柜,清点私款、物品,由站领导、班长对当天工作情况小结、讲评后下班。

6.4 票据(款)员

6.4.1 岗前准备

6.4.1.1 佩带工号,整理着装。

6.4.1.2 票据(款)员进入票款室,打开票箱存放室,做好岗前准备工作。

6.4.2 当班

6.4.2.1 准备充足的票据、通行卡、色带、备用金等,并按班长填写的通行费票据领取单和收费员填写的通行卡使用清单,发放通行卡、票据、色带、备用金、卡盒。

6.4.2.2 发放当班收费工作日志、通行费票据备查账。

6.4.2.3 上班收费员离开票箱存放室后,锁好票箱存放室。

6.4.2.4 清理台面,做好收款前各项准备工作。

6.4.2.5 下班收费员到达票款室后,票据(款)员依次收取收费员上交的通行费,票款点清核实无误后,应在现金交款单上签字。

6.4.2.6 与班长核对定额发票使用情况,定额票据每用完一本,应及时回收整本票根,并填已用通行费票据清单。

6.4.2.7 收款后根据班长、收费员填写的现金交款单,录入收费员加收款项和交款金额,打印收费站通行费收入班次统计表(含预付卡)EF1、高速公路收费站入口交通流量班统计表 S1-9(环检测)、高速公路收费车道特殊情况班处理汇总表 T、收费站人工收费车道通行卡班统计表 C11,并核对签字。

6.4.2.8 收取收费员上交的通行卡、通行卡使用清单,将收费员上交的票、卡等做以下处理:

a)司乘人员不要的弃票(微机票、定额票),应注明作废并随高速公路收费站入口交通流量班统计表 S1 – 9(环检测)一并保存。

b)收费过程中产生的残票应粘贴在收费站通行费收入班次统计表(含预付卡)EF1,并附情况说明。

c)异常卡在通行卡管理系统进行处理后,正常卡继续使用,坏卡进行登记并单独保存。

6.4.2.9 核对票、款、报表及各项记录:

a)根据班长使用的定额票据填写的现金交款单,录入到收费员加收款项中,打印收费站通行费收入班次统计表(含预付卡),与收费员现金交款单进行核对。

b)打印高速公路收费车道特殊情况班处理汇总表T,与监控员进行核对后,双方签字确认。

c)打印高速公路收费站入口交通流量班统计表,根据收费员上交的废卡及收费员个人备查账,进行核对。

d)打印收费站人工收费车道通行卡班统计表与收费员上交的通行卡进行核对。

6.4.2.10 所有核对无误后,填写银行交款单,当日通行费及时足额上交银行,或存入收费站金库。

6.4.2.11 票款结算完毕后,打开票箱存放室,当下班收费员票箱锁入票柜整理完毕后,班长通知票据(款)员锁好票箱存放室。

6.4.2.12 整理当天收取的各种原始单据,按照财务规定,制作凭证。

6.4.2.13 登记各种账簿,按规定准时上报各类财务报表。

6.4.2.14 审核全部车道、使用票据、通行卡是否一致。

6.4.2.15 结算完毕后,打扫票款室卫生,保持室内干净整洁。

6.4.2.16 下班前关闭门窗、检查防盗设施,做好安全防范工作。

6.5 监控员

6.5.1 收费分中心监控员

6.5.1.1 岗前准备

整理着装、清理个人物品,做好上岗前准备。

6.5.1.2 接班

6.5.1.2.1 进入收费分中心后,查看收费分中心工作日志,检查设备运行状况。

6.5.1.2.2 听取交班监控员的情况说明,对交接事项无异议时,在收费分中心工作日志上签名。

6.5.1.3 当班

6.5.1.3.1 认真填写收费分中心工作日志。

6.5.1.3.2 及时接听值班电话,若配有无线对讲机的,应24小时开启。

6.5.1.3.3 对严重违规违纪行为应准确记录并报告。

6.5.1.3.4 应在室内摄像机的监控区域内工作。

6.5.1.3.5 对逃费车辆、紧急突发事件的资料和数据应及时进行备份,做好证据固定工作,保存时间应不低于两年。

6.5.1.3.6 接到司乘人员电话投诉时,态度应热情、礼貌,准确记录投诉内容,并给予答复;当场不能答复的,应在问询和请示相关部门后回复。

6.5.1.3.7 及时开展电子稽查,查找逃费车辆。

6.5.1.3.8 准确记录本路段设备故障情况,及时通知维护部门。

6.5.1.4 交班

6.5.1.4.1 打扫室内卫生,检查设备运行状况。

6.5.1.4.2 交接待办事宜,若有疑问,应和接班监控员当面讲清,并做好记录。

6.5.1.4.3 交接班期间若出现问题,以交班监控员为主,接班监控员协助处理。

6.5.1.4.4 交、接双方对交接事项无异议时,共同在收费分中心工作日志上签名。

6.5.2 收费站监控员

6.5.2.1 岗前准备

6.5.2.1.1 佩带胸牌,整理着装。

6.5.2.1.2 列队参加岗前点名。

6.5.2.2 接班

进入监控室后与交班监控员进行工作交接,填写收费站监控室交接班工作日志,并在收费站监控室交接班工作日志上签字。

6.5.2.3 当班

6.5.2.3.1 处理通过各车道的特殊车辆,做好记录,填写收费站监控室工作运行记录。

6.5.2.3.2 监控整个收费站的情况,确保20h(尤其是夜间)对票款室的监控,对可疑情况及时上报站领导。

6.5.2.3.3 对异常情况,应及时调整云台方位,跟踪目标,做好现场记录和录像,同时报站领导。

6.5.2.3.4 审核录像,随时对收费过程进行电子稽查。

6.5.2.3.5 做好来电接听和记录,根据来电内容及时向站领导报告。

6.5.2.3.6 监控收费站设施工作情况,发现故障及时上报,同时通知维修人员,并做好记录。

6.5.2.3.7 做好出入监控室人员的登记。

6.5.2.4 交班

6.5.2.4.1 做好值班记录,打扫室内卫生,检查设备运行情况。

6.5.2.4.2 交接待办事宜,若有疑问,应和接班监控员当面讲清,并做好记录。

6.5.2.4.3 交接班期间若出现问题,以交班监控员为主,接班监控员协助处理。

6.5.2.4.4 交班监控员在收费站监控交接班工作日志上签字后,方可离开监控室,参加收费班当天工作小结、讲评后下班。

6.6 稽查员

6.6.1 岗前准备

6.6.1.1 整理着装,清理私人物品,做稽查准备。

6.6.1.2 按规定的时间、地点集合。

6.6.1.3 接受领导稽查工作的安排。

6.6.2 当班

6.6.2.1 到达被稽查单位后,按照领导要求的稽查内容进行稽查。稽查内容:

a) 对国家收费公路有关法律、法规的贯彻落实情况。

b) 对上级文件精神的贯彻落实情况。

c) 当班人员到岗情况。

d) 车道开启情况。

e) 工作区域卫生及安全管理情况。

f) 各岗位文明服务情况。
g) 特情车处理情况。
h) 各岗位廉洁自律情况。
i) 审核收费站监控室工作运行记录填写的情况。
j) 审核监控录像资料及信息的完整情况。
k) 下班上交通行费的规范情况。
l) 票款室各类账目规范情况,各类报表及上传数据准确等情况。
m) 审核查看收费员、票据(款)员、监控员工作台账。
n) 车道发票及废票上缴情况。
o) 收费设施设备的维护管理情况。
p) 对倒卡、冲卡车辆的治理情况。
q) 对干扰和逃避计重车辆的治理情况。
r) 利用政策假冒免费车辆的治理情况。
s) 高峰期间维持收费秩序的能力。
t) 发生特殊情况时,启动相应的应急预案的能力。
u) 发生交通堵塞时,能否及时启动应急预案。

6.6.2.2 认真填写稽查记录。

6.6.2.3 稽查结束后认真编写稽查报告。

6.7 特殊情况操作规范

6.7.1 入口

6.7.1.1 通行卡刷卡后,收费员发现实际车型或车情与输入不符时,报监控室登记后,按模拟线圈键,强制落杆,重新进行发卡操作,产生的废卡单独保存,并做好详细记录,下班后上交票款室。

6.7.1.2 收费员发现坏卡,报监控室登记后,重新更换通行卡进行操作,该坏卡单独保存,下班后上交票款室。

6.7.1.3 遇到车队应报站领导批准后,进行车队操作。具体操作:输入车队领队车车型及车牌号→单击车队键打开自动栏杆→车队通过后单击车队键关闭自动栏杆。

6.7.1.4 发卡后,驾驶员因特殊原因,不再行驶高速公路,产生的废卡,报监控室登记后,单独保存,并做好详细记录,下班后上交票款室。

6.7.2 出口

6.7.2.1 当通行卡显示车型与实际车型不符需要降档或升档时,收费员报监控室做好登记,报班长并按实际车型收费。具体操作:

a) 降档
如中型客车持大型客车卡,操作方法:B客键→输入车牌号→刷通行卡(显示变档)→B客键(屏幕上显示××元,驾驶员出示有关证件证明是B型客车,报告监控员,并在班长监督下操作,监控员和班长详细记录降档理由)→按现金车键。

b) 升档
如大型客车持中型客车卡,操作方法:C客键→输入车牌号→刷通行卡(显示变档)→C客键→按现金车键。

6.7.2.2 当免费车持收费卡时,报监控室登记,通知班长处理,收费员核对车辆有效证件无误后按免费车处理。具体操作:车型键→输入车牌号→刷通行卡→按免费车键。

6.7.2.3　当收费车持免费卡时,报监控室登记,通知班长处理,收费员核对车辆有效证件无误后,按收费车处理。具体操作:车型键→输入车牌号→刷通行卡→按现金车键。

6.7.2.4　车队按6.7.1.3的规定执行。

6.7.2.5　无通行卡者按实际车型收取路网最远端通行费,同时收取通行卡工本费,具体操作:车型键→输入车牌号→双击无卡键→屏幕上显示应交路网最远端通行费金额→按现金车键。

6.7.2.6　对无卡免费车辆,应报监控室登记,交班长处理,做好记录,收取通行卡工本费。具体操作:车型键→输入车牌号→双击无卡键→按免费车键或军、警车键(通知监控作详细记录)。

6.7.2.7　对车牌不符车辆,报监控室登记,核对入口信息,信息相符按正常车处理;信息不符交由班长处理。具体操作:

a)无正式车牌号的车辆,必须出示临时车牌照,入口、出口均需输入临时车牌号。

b)无论什么原因造成车牌不符,收费员无权处理,一律报监控和班长,由班长以上人员处理,监控员应详细记录通行卡的站号、时间、卡号、工号、车牌号及处理结果。

6.7.2.8　遇有驾驶员交费不要票据的,将票据随时加盖作废章或写上作废,并通知监控室登记。

6.7.2.9　对于闯卡车辆,收费员将车牌号、车型、时间、车道等情况,报监控室登记备查。

6.7.2.10　对于"U"型行驶车辆:

a)救援等紧急情况确需"U"型行驶的车辆,经收费站请示后,同意在本站"U"型行驶,按紧急免费处理。具体操作方法:车型键→输入车牌号→刷通行卡→按免费车键选紧急车操作。

b)其他"U"型行驶车辆按路网最远端收费,具体操作方法:车型键→输入车牌号→刷通行卡→按现金车键。

6.7.2.11　对于不能读取数据的通行卡:

a)空卡:将通行卡号报监控室,通过通行卡路径查询,查出入站口,按正常车辆收费,具体操作:单击车型→输入车牌号→刷通行卡,系统检测通行卡内无入口信息,提示"入口空卡",同时显示卡内信息→将通行卡号报监控员,查询入站口→输入入站口编号→按相应车情键操作。

b)坏卡。

1)自然坏卡:将通行卡号报监控室记录,同时通过通行卡路径查询,查出入站口,按正常车辆收费;坏卡单独保存,下班后上交票据(款)员。

2)人为坏卡:除按规定收取通行费外,同时收取通行卡工本费。

6.7.2.12　当车辆驶入车道无重量时:

a)刷卡后前发现无重时,报监控室记录,要求驾驶员复磅,进行正常收费操作。

b)刷卡后发现无重时,报监控室记录,要求驾驶员复磅,复磅后有计重信息按正常流程操作;复磅后无计重信息要求使用"更改密码"键恢复通行卡,从其他车道通过。

6.7.2.13　事故清障车牵引故障车通过收费站时,收费员报监控室登记后,按免费车键选择紧急车放行。然后班长根据被牵引车的行车证和运货单据计算出货车的总重量,用手工计算的方法收费,并收回通行卡。

6.7.2.14　因设备故障或非人为因素,出现按"现金"键后未打印发票或打印出的发票为废票时,报监控室记录,由班长使用补票键打出发票,做好相关记录。

6.7.2.15 微机出现故障,收费员无法处理时,收费员应及时通知监控室和班长,在短时间内无法修复、影响车辆正常通行时,班长应及时上报站领导进行应急处理,并上报主管部门和维修部门。

(规范性附录)

班长报告词

致领导

报告领导:报告××(职务),××站×班正在执行收费任务,应到×人,实到××人(如有缺勤,简要说明原因,如:一人公休),请指示！报告人×班班长×××。

请示站长

集合完毕报告站长:报告站长,×班集合完毕,应到×人,实到××(如有缺勤,简要说明原因),请指示。

请示接班

点名完毕报告站长:报告站长,×班岗前点名完毕,是否接班,请指示。

班长交接班

班长交接班致词:×班全体人员准备完毕,能否接班。(交班班长回答)可以接班(或说明不能接班原因)。

请示下班

小结讲评完毕报告站长:×班班后讲评完毕,是否下班,请指示。

高速公路收费服务

1 范围

本标准规定了高速公路收费服务的基本内容和质量要求。
本标准适用于高速公路收费服务。

2 规范性引用文件

下列文件中的条款通过本标准的引用而成为本标准的条款。凡是注日期的引用文件,其随后所有的修改单(不包括勘误的内容)或修订版均不适用于本标准,然而,鼓励根据本标准达成协议的各方研究是否可使用这些文件的最新版本。凡是不注日期的引用文件,其最新版本适用于本标准。

GB 5768.1 道路交通标志和标线 第1部分:总则
GB 5768.2 道路交通标志和标线 第2部分:道路交通标志
GB 5768.3 道路交通标志和标线 第3部分:道路交通标线
GB 13495 消防安全标志

GB 16311 道路交通标线质量要求和检验方法
GB/T 19001—2008 质量管理体系要求
JT/T 367—1997 公路照明技术条件
JT/T 422—2000 公路收费亭
JT/T 428.1—2000 收费栏杆技术条件 第1部分:电动栏杆
JT/T 428.2—2000 收费栏杆技术条件 第2部分:手动栏杆
JT/T 602—2004 公路收费车道控制机
JTG D80—2006 高速公路交通工程及沿线设施设计通用规范
DB41/T 610—2009 高速公路收费人员操作规范

3 术语和定义

下列术语和定义适用于本标准。

3.1 组织

职责、权限和相互关系得到安排的一组人员和设施。

3.2 收费服务组织

提供高速公路收费服务的组织。

3.3 半自动收费方式

由人工进行收费操作,计算机系统对车道设备进行控制,并对收费数据进行自动统计管理的收费方式。

[GB/T 18367—2001]

3.4 电子收费

在无人值守的收费车道,应用无线电射频识别及计算机等技术自动完成对通过车辆的识别、收费操作、车道设备控制和收费数据处理的收费方式,也称为全自动电子收费方式、不停车收费方式。

[GB/T 20135—2006]

3.5 收费中心

负责省域路网联网收费结算、清分、管理等运营业务的机构。

3.6 收费分中心

负责省局域路网内收费、稽查、管理等运营业务的机构。

3.7 收费站

负责高速公路出、入口收费、稽查、管理等运营业务的基层单位。

4 总则

4.1 基本要求

4.1.1 收费服务组织应严格执行各项收费政策,按规定做好高速公路收费、稽查、管理工作。

4.1.2 收费服务组织应以安全、快捷、文明为目标,为司乘人员提供持续改进的服务。

4.1.3 收费服务组织应为司乘人员提供规范的服务设施和环境。

4.1.4 收费服务组织应为司乘人员提供及时、有效的高速公路路况信息,必要时应为司乘人员提供信息指导。

4.2 服务管理

4.2.1 收费服务组织应制定相应的规章制度、收费作业程序,按 GB/T 19001—2008 的要求建立服务质量管理体系。

4.2.2 收费服务组织应建立和完善收费稽查制度和工作体系,定期或不定期对管辖的收费站进行检查,并参加上级单位组织的全省高速公路收费联合稽查。

4.2.3 收费服务组织应对收费人员上进行岗前培训,考试合格后发放上岗资格证;对在岗人员应进行业务技能的继续培训。

4.2.4 收费服务组织应定期进行服务的自我考核评价,可通过第三方独立进行行服务评价,并根据评价结论不断改进服务。

5 基础设施

5.1 收费广场

收费广场应符合 JTG D80—2006 中 7.4.6(1)的规定。

5.2 收费车道

5.2.1 收费车道数量应满足实际车流量。

5.2.2 收费车道的宽度一般应为 3.0~3.5m。

5.2.3 车辆行驶方向右侧最外车道宜设置超宽车道,宽度为 4.0~4.5m。

5.3 收费岛

5.3.1 收费岛的宽度宜为 2.2m,侧面高度为 0.25~0.30m。

5.3.2 收费岛长度应根据收费广场类型及其安装的收费设备确定。

a) 半自动收费方式:主线收费广场收费岛长度应为 28~36m;匝道收费广场收费岛长度应为 24~28m。

b) 全自动电子收费方式:主线收费广场收费岛长度应为在 48~60m;匝道收费广场收费岛长度应为 36~60m。

5.3.3 收费岛的端部高度不应超过 1.0m 并敛成楔形,岛头和两侧应用水泥混凝土或护栏作防护。

5.4 收费亭

5.4.1 收费亭外表面离收费岛边最小距离应>0.3m。

5.4.2 收费亭的尺寸、材料、外观质量、内装饰、结构和性能应符合 JT/T 422—2000 的要求。

5.4.3 收费亭正面玻璃窗应保证收费人员的视线良好,侧面应方便收费员收费操作。

5.5 收费天棚

5.5.1 收费天棚的净高度为 5.5~6.0m,长度与收费广场的宽度保持一致,宽度应为 16.0~24.0m。

5.5.2 收费天棚上应有醒目规范的收费站名称。

5.5.3 收费天棚上应安装车道信号灯。

5.5.4 收费天棚上应标明采用的收费方式。

5.6 标志与标线

5.6.1 收费站预告及收费站标志应符合 GB 5768.2 中的规定。

5.6.2 收费广场入口处应设限高标志和最低限速标志,标志设置应符合 GB 5768.2 的规定。

5.6.3 收费岛应设置黄黑相间线宽各为15cm,由岛头中间以45°角向两边标划的斜线。收费岛迎车流方向的地面标线应符合 GB 5768.3 中的规定。

5.6.4 在收费广场垂直于行车方向应设置减速标线,减速标线应符合 GB 5768.3 中的规定。

5.6.5 收费站的其他标志、标线应符合 GB 5768.1、GB 57687.2、GB 5768.3 和 GB 16311 的规定。

6 服务设施

6.1 车道设施

6.1.1 收费终端(收费员专用键盘及显示器)、IC 卡读写器、票据打印机、对讲机应操作灵活,性能可靠。

6.1.2 车道应安装车道控制机、电动栏杆和手动栏杆。车道控制机应符合 JT/T 602—2004 的要求,电动栏杆应符合 JT/T 428.1—2000 的要求,手动栏杆应符合 JT/T 428.2—2000 的要求。

6.1.3 收费金额显示器、语音报价器应能正确显示,语音清晰。

6.1.4 车辆通行信号灯、收费天栅信号灯、收费雾灯等安装位置正确,满足功能需要。

6.1.5 车辆检测装置应能辅助收费员正确判断车型、车情。

6.1.6 采用全车牌自动输入系统时,读录入识别装置应能正确、清晰的读入全车牌。

6.1.7 车辆计重设备应符合有关国家计量标准;车辆分离器应能正确分离车辆;轮轴识别仪应能正确识别载重车辆的轮轴数量。

6.2 收费监控设施

6.2.1 收费监控系统由收费广场摄像机、车道摄像机、亭内摄像机、字符叠加器、视频切换、图像记录和图像显示等控制设施。

6.2.2 收费监控系统应能实时监控收费广场、收费亭内、车道收费等情况;应具有对车道收费情况进行图像审核和稽查的功能。

6.2.3 收费广场、收费亭、收费车道、监控室、票款室应按规定位置安装摄像装置,摄像装置应性能可靠。

6.2.4 收费亭内摄像机清晰度应满足收费工作需求。

6.3 照明设施

收费站应设置照明和应急照明设施。照明设施应符合 JT/T 367—1997 的规定。

6.4 供配电设施

收费站配备 UPS 电源和发电机,其供配电及备用电源设施应安全可靠,状态良好。

6.5 设施完好率

a)收费设施完好率应不低于95%。

b)监控设施完好率应不低于98%。

c)通信设施、供配电设施完好率应不低于99%。

6.6 服务环境

6.6.1 收费广场、收费岛应干净整洁,不应有杂物、杂草、废纸等,广场绿化应定期修剪。

6.6.2 收费广场应设置公告牌,公告牌上应有收费文件、收费标准、监督电话。有条件的收费广场可提供区域交通图、旅游景点线路图。

6.6.3 收费亭外部应整洁有序,门窗明亮;亭内必用物品应摆放整齐,地面应干净无杂物。

6.6.4 收费车道应及时清除油污、杂物等。

6.6.5 服务设施、设备表面应平净,不得有尘土、污垢。

7 收费人员

7.1 基本要求

7.1.1 身体健康,五官端正,无色盲。口齿清楚,有较好的语言表达能力。

7.1.2 严格执行收费政策,秉公收费,不徇私情。

7.1.3 遵纪守法,具有良好的职业道德。

7.1.4 岗位培训合格,具有相应的上岗资格。

7.2 业务技能

7.2.1 熟悉收费业务知识,能准确判断车辆类别、车型、车情并按相应的收费标准。

7.2.2 掌握安全指挥车辆停靠、通行知识,能熟练运用手势指挥车辆停靠、通行。

7.2.3 按规定的操作程序,熟练掌握计算机在收费工作中的应用技能。

7.2.4 掌握有关财务管理知识,及时上缴票款和作废的票据。

7.3 仪容仪表

7.3.1 着装:统一、规范、整齐、干净,各季节服装不得混穿,不得穿破损、不整洁服装上岗。

7.3.2 发型:头发应清洁、整齐,长短适中。不得留怪异发型,不得染怪异发色。

7.3.3 修饰:规范、得体、大方,不得佩戴饰物、染指甲、化浓妆。

7.3.4 胸牌:按规定佩戴胸牌。

7.4 行为

7.4.1 表情自然,举止文明,动作规范。

7.4.2 工作期间,不携带与工作无关的物品,不做与工作无关的事情,不擅离工作岗位。

7.4.3 不乱收费、乱罚款,不欺诈司乘人员,不在监控范围以外收费。

7.5 态度

7.5.1 热情、周到、有礼貌、目光友善,坚持微笑服务。

7.5.2 回答问题应准确、耐心、有问必答。

7.5.3 对有困难的司乘人员应主动提供服务。

7.6 语言

7.6.1 应按规定使用服务用语,语言简明、亲切。

7.6.2 应能够用普通话或外语与司乘人员交流,或能使用与司乘人员有效沟通的语言。

7.6.3 严禁使用粗话、脏话和服务忌语。

7.7 职业道德

7.7.1 爱岗敬业,忠于职守,履行应尽的责任和义务。

7.7.2 应遵守高速公路通行费收费的各项规章和纪律。

7.7.3 业务熟练,文明服务,维护司乘人员的合法权益。

8 服务质量

8.1 半自动收费方式

8.1.1 在正常情况下,单车道积压应≤5辆。

8.1.2 入口收费员应能正确判断车型、车情,按一车一卡发放通行卡。正常情况如下:

a) 入口车辆误判率应≤3.5%;

b) 单车发卡时间应为6~8s;

c) 发卡差错率≤1%。

8.1.3 自动发卡机应反应灵敏,动作可靠。

8.1.4 出口收费员,根据通行卡核对车型、车情,判别后对应收费,正常情况下,单车服务时间应为14~20s,省界联合收费站为20~26s。

8.1.5 车辆收改免率≤0.6‰。

8.1.6 收费员收费时应做到准确、规范并唱收唱付,同时在收费金额显示器上应正确显示车型、超载比率、收费金额等信息。

8.1.7 对于车型或车情与实际不符、坏卡、车队、无卡车、免费车持现金卡等应按DB41/T 610—2009中6.7的规定进行。

8.2 电子收费

电子收费系统应安全、方便、可靠。

8.3 专用车道

收费站根据工作情况应随时开通专用车道。

8.4 服务用语

收费服务用语按附件A的规定。

8.5 服务礼仪

服务礼仪按附件B的规定。

8.6 问询服务

收费站应提供现场问询服务和电话问询服务。

8.7 应急服务

8.7.1 收费服务组织的应急服务应以保证车辆安全快速通行为目标。

8.7.2 收费服务组织应分别就营运事故、重大活动、交通管制、恶劣天气、设备或供电系统故障等影响收费站正常运行的突发事件制定应急预案,并适时启动,必要时在收费站公告。

8.7.3 每年应进行至少一次相应的应急服务演练,并做好记录。

8.7.4 收费服务组织应建立收费信息传递和报告制度。

8.8 服务监控

8.8.1 监控收费站收费亭、车道、收费广场等设施,收费站设施发生故障时,应迅速向值班领导报告,同时通知相关人员排除故障,并做好详细记录。

8.8.2 监控收费人员执行工作纪律和行为规范,发现违章违纪、不文明服务行为,及时纠正,并做好记录。

8.8.3 做好突发事件等特殊情况的全过程录像工作,及时上报站领导处置,并做好记录。

8.8.4 每路监控录像信息在正常情况下保存时间不少于15d,特殊情况录像应永久保存。

8.9 服务监督

8.9.1 监督方法

8.9.1.1 收费服务组织应接受社会的监督,应设置服务监督(投诉处理)机构,公布服务监督电话。

8.9.1.2 收费服务组织应建立内部服务监督机制,将服务质量纳入日常工作评价、考核体系。

8.9.1.3 收费服务组织的自我服务评价,每年应不少于一次。

8.9.1.4 收费服务组织应有相关数据的统计,并应保证原始记录真实、准确。

8.9.1.5 对不合格的服务应制定改进措施,并将改进结果记录存档。

8.9.1.6 采用司乘人员满意度服务评价方法,司乘人员满意度应通过抽样调查和统计分析获得;收费服务组织或监督机构可委托第三方进行司乘人员满意度测评。

8.9.2 监督质量

8.9.2.1 司乘人员有理投诉率和司乘人员投诉回复率应满足下列要求:

a) 每百万车次司乘人员有理投诉率$\leqslant 1/10^6$;

b) 司乘人员投诉回复率应为100%。

8.9.2.2 司乘人员满意率$\geqslant 98\%$。

9 服务安全

9.1 设施安全

9.1.1 收费亭外前端应加防撞物,以确保收费人员、收费亭和收费设备安全。

9.1.2 收费亭房门应装有反锁装置。

9.1.3 报警器应反应灵敏、可靠。

9.2 用电安全

9.2.1 对电气电路系统进行安装、维修应由持证人员操作。

9.2.2 收费服务组织应及时组织安全检查,及时消除用电隐患。

9.2.3 收费亭及亭内设备安全应符合 JT/T 422—2000 中 4.2.2.4、4.2.2.5、4.2.2.6 的要求。

9.2.4 收费站其他电气设备应具有安全措施并设有安全标志。

9.2.5 发生漏电事故时,应立即切断电源,并报告值班领导。

9.2.6 收费站配电房应确保20h有人值班,任何人不准无故关闭电源或断电。

9.2.7 收费站在供电中断情况下,收费站 UPS 系统正常工作时间应不低于 60min,供电系统可手动或自动切换到发电机发电,确保收费系统正常运行。

9.3 消防安全

9.3.1 收费站应按规定配备消防设施和设备,消防设施和设备应有专人负责,并保证每位人员会正确使用。

9.3.2 收费站应建立防火制度,建立灭火和应急疏散预案。

9.3.3 火灾报警按钮标志、消防安全标志应符合 GB 1395 规定。

9.3.4 发生火灾时应立即切断电源,隔离火源,用消防器材灭火,必要时及时报警。

9.4 收费系统安全

9.4.1 收费系统应设置网络边界访问控制,实施内外网隔离与访问控制。

9.4.2 收费系统应设置入侵监测系统,及时发现违规访问、隐蔽攻击、内部越权访问,并详细记录。

9.4.3 收费系统应设置防火墙,宜采用预防、监测、杀毒三种网络反病毒技术。

9.4.4 各系统间传递的数据应采用加密传输,对接收方或发送方的数据应进行严格校验,校验不通过的数据应视为非法数据,并及时发出报警信息。

9.4.5 收费系统应有自动备份系统重要数据的功能。

9.4.6 收费系统应设分级操作权限。

9.5 安全信号装置

收费站安全信号装置和信号灯应安装规范,可靠。

9.6 警示安全

事故易发和危险区域应设警示和安全标志,非工作人员禁区应设禁行标志。

9.7 防盗抢

收费站应按规定设置报警系统,并保证处于正常运行状态;收费员应该做到以下几点:

a) 牢记报警电话110;

b) 上下班应列队,由保安护送,手持已上锁的票款箱;

c) 进入收费亭后:

——反锁收费亭门;

——检查报警装置是否良好;

——检查收费窗门开关是否灵活可靠;

——检查电气设备(电脑、照明灯等)是否正常,并办理交接班手续;

下班后立即将票、款清点上缴,票款箱应上锁后集中保管。

9.8 外勤人员安全

外勤人员应穿反光背心,熟知交通规则,处理特情车辆时应选择相应的安全地点,在穿过车道时,注意避让车辆。

10 收费稽查

10.1 稽查内容

10.1.1 收费服务组织应建立完善单位内外部、专兼职人员的收费稽查工作网络,定期或不定期开展全方位收费稽查工作。

10.1.2 收费服务组织应检查收费员、监控员工作情况。对检查情况做出书面报告,对检查出的问题要求限期整改。

10.1.3 收费服务组织应根据稽查工作情况,及时提出治逃、堵漏措施。

10.1.4 收费站具体负责偷逃费的认定和查实工作,出口对超时、车牌不符、近距离严重超载车辆、车型不符、计重数据不符等异常车辆,应查询入口信息,认真做好复核工作,依法处理偷逃费车辆。

10.2 稽查质量

10.2.1 严格执行国家收费政策,遏制擅自调高或调低收费标准的违规行为,收费标准执行率应达到100%,并且做到"应收不漏,应免不收",优惠政策执行率100%,漏费率为零。

10.2.2 特殊情况车辆收费操作全过程监督率应100%。

10.2.3 对于特殊情况车辆,收费站电子稽查率应为100%,收费分中心电子稽查率不低于60%,收费中心电子稽查率应不低于30%。

附 件 A

(规范性附录)

服 务 用 语

A.1 基本要求

A.1.1 收费服务用语应文明、规范。

A.1.2 声音应适中,态度应亲切,表情应自然,吐字应清晰。

A.1.3 注视驾驶员时,目光应自然,感觉应舒适。

A.1.4 无论车辆多少,与驾驶员和车辆是否认识,都应使用服务用语。

A.1.5 能够根据时间、天气、场合及人员特点,灵活自如地使用服务用语。

A.1.6 节假日应使用相应的节日情景问候语。

A.1.7 正确对待收费过程中司乘人员的不文明语言和行为,克制自己,坚持使用服务用语。

A.2 发卡员正常情况下的服务用语

a)您好(早上好/上午好/下午好/晚上好)。

b)请收好您的通行卡。

c)祝您一路平安。

A.3 收费员正常情况下的服务用语

a)您好,请出示通行卡。

b)请付××元。

c)收您××元,请稍等。

d)找您××元,请收好您的发票和零钱。

e)请走好。

A.4 监控员正常情况下的服务用语

a)您好!××监控室××号监控员为您服务,请问您需要什么帮助?

b)请稍候,我已通知(排障车;急救中心,路政中队、交警队等)救援。

c)请您注意安全,不要乱走动,救援人员马上赶到。

d)请您打开警示灯,设置好安全警告标志。

e)请您不要惊慌,看护好伤员。

f)您还需要什么帮助吗?

g)谢谢,再见!

A.5 特殊情况下的服务用语

A.5.1 对车辆判别存有疑义时:

a)请出示您的行车证。

b)您稍候,正与监控中心联系。

c) 对不起,让您久等了。
d) 谢谢您的合作。

A.5.2 车辆驶入车道后,停车位置影响工作时:
a) 请您将车向前靠点,谢谢合作。
b) 请您将车向后倒点,谢谢合作。

A.5.3 天气、路况较差,需要提示驾驶员谨慎驾驶时:
a) 前方有雾,请小心驾驶。
b) 路面结冰,请小心驾驶。
c) ××公里处发生交通事故,请减速行驶。
d) ××公里处道路维修,请减速行驶。

A.5.4 道路因天气或交通事故封闭时:
a) 对不起,因雾大(雪大),接主管部门通知,暂时封道,请等候或改行其他道路,谢谢合作。
b) 对不起,因前方道路发生交通事故,暂时封道,请等候或改行其他道路,谢谢合作。

A.5.5 节假日问候语
根据不同的节假日致不同的问候语。如春节期间,将"您好(早上好/上午好/下午好/晚上好)"改为"春节好",将"请走好"改为"祝您旅途愉快"。

A.5.6 因设备故障,需要车辆等候或换道行驶时:
a) 对不起,打印机故障,请稍候。
b) 对不起,设备故障,请换道行驶,谢谢合作。

A.5.7 上道车辆不符合行驶高速公路的规定时:
对不起,您的车辆按规定不能行使高速公路,请退回,谢谢合作。

附 件 B

(规范性附录)

服 务 礼 仪

B.1 微笑服务

B.1.1 在收费服务过程中坚持微笑服务。
B.1.2 微笑时机:车辆停稳,目视司乘人员打开车窗,向司乘人员点头微笑。
B.1.3 微笑要求:面对司乘人员,目光友善、微笑真诚、甜美、亲切;眼睛应礼貌正视司乘人员,不应左顾右盼,心不在焉。

B.2 站姿

B.2.1 头正颈直,双目平视,嘴唇微闭,下颌微收,面容平和自然。
B.2.2 双肩放松自然下垂,挺胸收腹,双腿直立,躯干挺直,人身应有向上的感觉。
B.2.3 肃立,身体挺直,双手置于身体两侧(或右手搭在左手上,贴在腹部),双腿自然并拢,脚跟靠紧,脚掌分开呈"V"字形。

B.3 坐姿

B.3.1 嘴唇微闭,下颌微收,面容祥和自然。

B.3.2 入坐轻稳,坐椅子面的2/3处,脊背轻靠椅背。

B.3.3 双肩平正放松,两臂自然弯曲,双手放于腿上,也可放在椅子或沙发扶手上,在收费亭时可放在桌面上,掌心向下。

B.3.4 坐在椅子上应立腰,上身自然挺直。女士:两手交叉相叠放于右腿上部前2/3处。男士:双手掌向下自然放于双腿上。

B.3.5 女士:双膝自然并拢,可以双腿正放、左右侧放、丁字步及小叠步(俗称跷二郎腿)。男士:两腿距离不大于双肩距离。

B.3.6 离座位时,自然稳当,两脚依次向后收半步,脚掌用力,自然站起。

B.3.7 谈话或接待司乘人员时,也可上身与腿转向一侧,面向谈话人。

B.4 走姿

B.4.1 双目向前平视,微收下颌,面容平和自然。

B.4.2 双肩平稳,两臂前后自然摆动。

B.4.3 停步、拐弯、上下楼梯时,应从容不迫,控制自如。

B.5 入口服务礼仪

B.5.1 当车辆临近收费亭时,应开始面带微笑,做好文明礼仪服务的准备。

B.5.2 当车辆驶近收费亭时,应坐姿端正,右手快速输入车型和车牌号。

B.5.3 车辆停稳后,左手应自然放下,面带微笑,双目注视驾驶员说"您好"等服务用语。

B.5.4 根据车情,迅速刷卡。递送给司乘人员通行卡时应:左手手心向上,四指轻托,拇指压着通行卡1/3处递出,面带微笑,双目注视驾驶员说"请收好您的通行卡"。

B.5.5 当驾驶员接过通行卡,打送行手势:大臂置于窗台上方,前臂自然展开100°~150°,手掌与前臂成一条直线。并送上祝福:"祝您一路平安",保持送行手势,目送车辆驶离收费亭。

B.6 出口服务礼仪

B.6.1 当车辆临近收费亭时,收费人员应开始面带微笑,做好文明礼仪服务的准备。

B.6.2 当车辆驶近收费亭时,应坐姿端正,右手快速输入车型和车牌号。

B.6.3 车辆停稳后,左手应自然放下,面带微笑,双目注视驾驶员说"您好,请出示您的通行卡"等服务用语。

B.6.4 在刷卡按规定程序操作后,面带微笑,双目注视驾驶员说"请付××元",左手接过驾驶员递过的现金,检查过现金后说:"收您××元,请稍等",将现金放于桌面键盘右侧,并用右手按键打票,找零。

B.6.5 左手手心向上,四指轻托现金和发票,拇指下压,发票在上,现金在下,叠在一起。面带微笑,双目注视驾驶员说:"找您××元,请收好发票和零钱"。

B.6.6 当驾驶员接过通行卡,打送行手势:大臂置于窗台上方,前臂自然展开100°~150°,手掌与前臂成一条直线。并说:"请走好",保持送行手势,目送车辆驶离收费亭。

参考文献

[1] 田杰,谭明.车辆通行费收费实务[M].北京:人民交通出版社,2010.
[2] 陈斌.高速公路联网收费系统及其应用[M].西安:西南交大出版社,2007.
[3] 郭敏.高速公路收费系统[M].北京:人民交通出版社,2002.
[4] 许宏科,赵详模,关可.高速公路收费系统理论及应用[M].北京:电子工业出版社,2003.
[5] 江西路通科技有限公司,江西省乐温高速公路机电项目收费系统培训教材.
[6] 山东中创软件工程股份有限公司,车道收费软件操作手册.